JÖRG HEYNKES

ZUKUNFT 4.1

Warum wir
die Welt nur digital retten –
oder gar nicht

Erscheinungsjahr 2018
1. Auflage
Copyright Jörg Heynkes
www.joergheynkes.de

Layout, Covergestaltung und Illustrationen: Extract Design
Foto: Andre Backer
Satz: Bettina Wahl
Verlag: Jörg Heynkes
Druck: Alföldi, Debrecen/Ungarn
Printed in Hungary

ISBN: 978-3-947572-05-2

INHALT

WEDER ENGEL NOCH SKLAVEN

Ein Vorwort von Robert Habeck

Technische Entwicklungen und Fortschritt sind weder gut noch schlecht an sich. Sie eröffnen Möglichkeiten. Es liegt nicht im Wesen von Technik oder Fortschritt, ob sie gut oder schlecht sind, welche wir Menschen nutzen wollen und welche wir lieber sein lassen. Diese Frage zu beantworten, ist Aufgabe der Politik. Und diese wird durch Digitalisierung und Roboterisierung vor neue ethische Diskussionen und vor fundamentale Fragen gestellt.

Vermutlich stimmen alle darin überein, dass wir Maschinen brauchen, die menschlichen Werten dienen. Aber was, wenn Maschinen diese besser befolgen als Menschen? Was, wenn die Maschinen selbst zu Personen werden? Wie definieren wir den Unterschied zwischen Mensch und Maschine oder ist es gar nicht mehr sinnvoll, solch einen Unterschied zu markieren?

Ich selbst wurde auf diese Fragen ganz leibhaftig gestoßen, nämlich als ich zum ersten Mal einem Roboter mit künstlicher Intelligenz gegenüberstand. Der Roboter gehört Jörg Heynkes, den ich in seiner VillaMedia in Wuppertal im Jahr 2016 besuchte. Der Roboter (oder war es eine Sie?) hatte Augen größer als 2-Euro-Stücke, tiefschwarz, und einen Mund zierlich wie der eines Kindes. Er (oder sie) hieß Pepper. Pepper analysiert selbstständig und permanent, wie unsere Mimik und Gestik funktioniert, und reagiert entsprechend auf unsere Gefühlszustände. Mit anderen Worten: Pepper lernt. Pepper sieht so aus, als ob er fühlt. Aber Pepper ist eben nicht nur darauf programmiert, wie ein Mensch zu agieren, sondern ist ein menschenähnlicher Roboter.

Ein halbes Jahr später traf ich einen zweiten Pepper-Roboter in einer Starter-Kitchen in Kiel. Er wurde in Pflegeheimen eingesetzt, um die Alten und Kranken zu unterhalten, für und mit ihnen zu tanzen oder mit ihnen zu spielen. Seine Stimmenerkennung war so programmiert, dass er sich immer denjenigen zuwendete, die am meisten mit ihm sprachen. Also nicht mir, ich war ja neu. Und als er immer wieder die Studierenden mir vorzog, registrierte ich so etwas wie Eifersucht bei mir. Die Maschine löste also menschliche Gefühle aus. Die großen Roboter-Augen berühren einen ganz eigentümlich. Und das, obwohl das Ding erkennbar aus Kunststoff und Kabeln bestand und mit einer blechernen Roboterstimme sprach.

Pepper war also weit, weit weg von künstlichen Intelligenz-Puppen, wie sie etwa in dem Film „Ex Machina" vorgeführt werden, in dem sich Menschen in Roboter verlieben, wissend, dass es Roboter sind. Und auch seine emotionale Tiefe war erkennbar nicht sehr ausgeprägt, so dass ich ausschließen kann, dass dieses Ding zu mir oder seinen Besitzern Gefühle aufbauen konnte.

Der Roboter in Kiel hieß „Emma". Er war für die Betreiber eine Frau. Aber hätten Roboter ein Geschlecht, haben sie dann auch Geschlechtlichkeit, Emotionalität, Empfindsamkeit? Nun, diese Diskussion gibt es schon von alters her, nämlich bezogen auf Engel. Welches Geschlecht haben sie denn? Putten-Engel sind meistens dickliche Jungs, Feuerschwert-Engel männlich, die guten Engel oft weiblich. Der Erzengel Gabriel hat im Laufe der Geschichte sein Geschlecht gewechselt. Insgesamt müssen Engel wohl geschlechtsneutral sein, sonst wären sie ja nicht göttlich, sondern menschlich. (Einige sagen, Engel seien zweigeschlechtlich, aber das ist nicht dasselbe wie geschlechtsneutral und würde, wörtlich genommen, eine interessante reformatorische Debatte in den Kirchen auslösen, dass nämlich Gott offensichtlich nicht nur Mann und Frau geschaffen hat, sondern auch etwas Drittes.) Aber mit der Geschlechtsneutralität wird die Debatte nur noch komplizierter. Sind dann Roboter die neuen Götter? Klüger als wir, weil sie das Google-Welt-Wissen beherrschen, raffinierter als wir, weil sie unsere Reaktionen anhand von Algorithmen vorhersagen können, und dazu selbst fehlerfrei, weil sie eben nicht durch Liebe, Lust und Leidenschaft gestört werden? Weil sie eben nicht fühlen?

Inzwischen finden Pepper und andere seiner Art ihren Einsatz in mehreren Bereichen der Öffentlichkeit. Die Roboter tanzen mit Kindern auf Kinderkrankenstationen, kommunizieren mit Alten in Altenpflegeheimen und tragen dabei Namen. Damit werden sie ganz anders eingesetzt als Maschinen zuvor.

Seit der Erfindung der Dampfmaschine sollten Maschinen die stumpfsinnige, serielle Arbeit machen. Schon diese Form der Automatisierung unterlag der Kritik. Pepper und die Generation neuer digitaler Maschinen, das Sprachprogramm Siri auf unseren Handys etwa oder auch neue Sex-Roboter, ersetzen nun emotionale Beziehungen.

Oliver Bendel, der zur Moral der Maschinen forscht, warf im Interview mit der dänischen Zeitung Jyllands-Posten einen Blick auf den Robotersex der Zukunft. „Imagination, Stimulation und Penetration" würden bald ununterscheidbar von menschlichem Sex sein. Roboter leisten Arbeiten, von denen wir – wir als Menschheit – noch vor Kurzem gesagt hätten, diese werden auf immer den Menschen vorbehalten bleiben. Das erweist sich jetzt als Irrtum. Bleiben sie nicht. Und wenn manch einem Mann schon lange nachgesagt wurde, er habe eine emotionale Beziehung zu seinem Auto, werden wir vielleicht bald Autos haben, die, basierend auf lauter Algorithmen, auf all diese Bedürfnisse eingehen – berechenbar, zuverlässig und perfekter sind, als ein Mensch das könnte. Und vielleicht fühlt sich das dann an, als würden sie diese emotionale Beziehung erwidern.

Das wirft völlig neue und dramatische, ja verstörende Fragen auf: Können oder dürfen wir Maschinen überhaupt so behandeln, als könnten sie fühlen? Wenn wir das verneinen, wer ist für das Lernen und Agieren von Pepper verantwortlich? Wer dafür, wie ein selbstfahrendes Auto handelt? Wenn ein selbstfahrendes, lernendes Auto ein Kind überfährt, ist es die Schuld des Autos? Der Software? Des Programmierers?

Wir sind an der Schwelle vom Homo sapiens zum „Homo Deus", wie der israelische Wissenschaftler Yuval Noah Harari schreibt. Wir können Identität, Bewusstsein, Willensfreiheit selbst erschaffen.

Technische Entwicklungen laufen nicht linear, sondern exponentiell. Nach einer Phase relativer Stagnation und nur mühseligem Fortschritt kommt es zu explosionsartigen Entwicklungsschüben. Der Zukunftsforscher Lars Thomsen hat dafür die Metapher vom Popcorn-Machen gewählt. Man erhitzt Öl und Maiskörner im Topf. Die Herdplatte wird langsam aber stetig entlang einer stetig linear aufsteigenden Temperatur wärmer – und lange passiert gar nichts. Verlängert man die Erwartungslinie nach einer Minute, muss man zu dem Schluss kommen: das wird nichts mehr. Erreicht der Topf aber den Schwellwert von 200 Grad Celsius, wird das Wasser im Maiskorn zu Dampf und das Korn poppt. Plötzlich und eruptiv ist der Topf voll. Und es wird der belohnt, der ausgeharrt hat und den Topf nicht nach einer Minute von der Platte genommen hat. So funktioniert technischer Fortschritt – bei konkreten Geräten wie dem Handy, Solaranlagen, dem Computer oder dem E-Mobil. Sie alle haben sprunghafte Entwicklungsschübe gemacht oder werden es tun. Und offenbar gilt das auch für die Entwicklung der Menschheit als ganzer. Auch wenn man die technischen Entwicklungssprünge insgesamt und über einen langen, langen Zeitraum anschaut, erkennt man unschwer die Exponentialkurve des Fortschritts. Von der Schreibmaschine zum PC, vom PC zum Handy, vom Handy zum Smartphone sind es nur wenige Jahre gewesen. Von der Dampfmaschine zum Computer etwa 15 Jahrzehnte, vom Buchdruck zur Dampfmaschine einige Jahrhunderte, von der Erfindung von Schrift und Geld zum Buchdruck waren es Jahrtausende … Selbstverständlich gab es jede Menge kleiner Entwicklungsschübe, Schießpulver, neue Waffen, die Windmühlen, gegen die Don Quijote kämpfte, waren eine Art agrarische Industrie-Revolution im Spanien des 16. Jahrhunderts, größere Städte, neue Schiffe, Handelswaren sorgten für Neuerungen. Aber keine Lebenserfahrung der Vergangenheit entspricht der heutigen – dass das, was wir heute als Standard der Technik unseres Lebens ansehen, morgen überholt sein wird. Dieses Wissen muss gar nicht bewusst sein, weder ausgesprochen noch zu einem politischen Programm geronnen. Aber als gelebte Wirklichkeit ist es da. Es ist aufregend und verunsichernd. Es ist wie Laufen über einen schwankenden Boden. Irgendwie faszinierend, vielleicht sogar lustig, irgendwie verunsichernd, bedrohlich. Ich erkenne dieses changierende Gefühl in so vielen

Gesprächen wieder und im politischen Diskurs, genauer im Verdruss über den politischen Diskurs. Politik erscheint so langweilig und visionslos. Die großen Veränderungen, die Utopien und Visionen, sie werden längst nicht mehr von der Politik, oder noch viel früher, von Religionen geschaffen, sondern von der Technologie. Künstliche Intelligenz von Demis Hassabis DeepMind. Das Programm zur Landung auf dem Mond war noch ein Regierungsprogramm und Wettlauf zwischen Staaten. Dass wir auf dem Mars siedeln, hat Tesla-Chef Elon Musk zu seinem Projekt gemacht.

Politik überschätzt die Möglichkeiten der Gegenwart und unterschätzt systematisch die Entwicklungen der Zukunft. Diese Entwicklungen aber sind dramatisch. Sie verändern alles. Die Art, wie wir über uns Menschen denken, sie schaffen die Möglichkeit, länger zu leben, anders zu töten, Kriege können zwischen Robotern und Drohnen geführt werden, Arbeit neu zu begreifen ... Wenn technische Entwicklungen wie Popcorn-Machen verlaufen, dann ist Politik eher wie mit Wasser kochen. Politik ist strukturell sehr stark in der Gegenwart verankert. Deshalb tut sie sich so schwer, zukünftige Möglichkeiten zu denken und unterschätzt sie permanent. Gleichzeitig überstrapaziert sie die Erwartungen an die Gegenwart.

Das wird dann zu einem politischen Problem, wenn sich die Lebenswirklichkeit der Menschen von den politischen Paradigmen entfernt.

Als ich so alt war wie mein jüngster Sohn heute, starteten die ersten privaten Fernsehsender in Deutschland. Damit verdoppelte sich die Programmvielfalt von drei auf sechs. Aber letztlich konnte man davon ausgehen, dass alle Deutschen, die Fernsehen guckten, mehr oder weniger das Gleiche sahen, die gleiche Seh- und damit Medienerfahrung hatten. Heute schaut niemand mehr, der so alt ist wie ich damals, Fernsehen. Man wählt aus der Vielfalt aller je gedrehten Filme und schaut sie zu einem Zeitpunkt seiner Wahl – nicht mehr dann, wann ein Programmmacher in Mainz es ein halbes Jahr vorher festgelegt hat. Das ist ein großes Mehr an Freiheit. Und so ist es ja mit so vielem: mit der Auswahl an Hotels in fremden Städten, der Restaurants am Abend, der politischen Informationskanäle. Und das ist eine politische Aufgabe. Wenn eine Gesellschaft in etwa das Gleiche erlebt, erfährt, liest oder schaut, werden zwar noch lange nicht alle Menschen in ihr die gleiche Meinung haben. Aber die verschiedenen Meinungen beruhen auf einer geteilten Wirklichkeit. Diese gibt es heute zunehmend weniger. An dieser Stelle tut sich eine grundsätzliche Dimension auf. Bisher funktionierte unsere Gesellschaft auf der Grundlage einer politischen Verallgemeinerung. Menschen sind frei. Vor dem Gesetz sind alle gleich. Es gibt unveräußerbare Rechte. Jede Stimme zählt gleich viel.

Diese Verallgemeinerung wird in unserer Welt zu einer immer stärkeren Subjektivierung aufgebrochen. Wir kriegen ja jetzt schon ganz unterschiedliche Werbeangebote auf Facebook. Wir kriegen auch unterschiedliche Informationen der Parteien. War es früher wichtig, dass an jeder Dorfkreuzung ein Plakat stand, so werden heute Haustürwahlkämpfer bewusst in die Gegenden geschickt, in denen die größten Effekte zu erzielen sind. Wenn sie in einer Hochburg oder einer politischen Diaspora leben, dann sind sie den politischen Parteien faktisch weniger wert. Und unsere Freiheit ... Wenn Freiheit bedeutet, zwischen verschiedenen Angeboten wählen zu können, dann ist sie eben manipulierbar.

Die Chancen und Herausforderungen der Zukunft macht Heynkes in seinem Buch deutlich. Und Politiker wie ich müssen dafür sorgen, dass wir neue gesellschaftliche Verabredungen treffen, was unsere öffentlichen Güter sind, was wir als Technik zulassen wollen, welche Werte wir verteidigen, welche Freiheiten wir nutzen wollen, für wen die Versprechen des Sozialstaates gelten sollen, ja was und wie Staat im 21. Jahrhundert sein soll. Wenn wir das Versprechen und die Möglichkeiten der Welt im 21. Jahrhundert wahrnehmen und den Schaden und die Verwerfungen gering halten wollen, dann brauchen wir neue Verabredungen und entsprechend neue politische Maßnahmen, die der Individualisierung eine weiter geteilte, gemeinsame Grundlage geben. Diese beziehen sich auf die Sozialsysteme und die soziale Sicherung, auf den Begriff und die Organisation von Arbeit, auf ein politisches Verständnis von Lebenszufriedenheit, auf einen neuen Pazifismus und nicht zuletzt auf ein neues Verständnis der staatlichen Institutionen und der Politik selbst.

Wir sind weder Engel, die sich nicht verführen lassen wollen, noch Sklaven der Technik. Wir können entscheiden, welche Form der Technik wir wie nutzen wollen. Jedenfalls können wir um unsere Entscheidungsfreiheit kämpfen.

DIE WELLE IN DER FERNE

Ich sehe ein Foto. Es zeigt strahlend blauen Himmel und einen wunderschönen Sandstrand.

Menschen stehen mit dem Rücken zur Kamera und blicken aufs Meer hinaus. Alte und junge, weiße und braune, reiche und arme. Auch kleine Kinder mit Sandeimern und Schaufeln sind dabei.

Sie stehen am Strand und blicken aufs Meer. Stehen dort wie angewurzelt, sie sind fasziniert und verstehen doch nichts.

Denn wenige Minuten bevor der Fotograf auf den Auslöser gedrückt hat, zog sich das Wasser bis an den Horizont zurück. Das Meer war auf einmal weg! Da, wo normalerweise kleine Wellen gemütlich an Land rollten, war jetzt nichts als Sand. Und zwar nicht nur ein paar Meter. Der Strand schien sich auf einmal bis zum Horizont zu ziehen. Nur ganz weit draußen war ein dunkler Strich mit Schaumkrone zu erkennen.

Das musste das Wasser sein.

Ein Ereignis, das die Menschen zutiefst irritierte und ratlos machte. Auf die Frage seiner kleinen Tochter, wann denn das Meer wohl wiederkomme, hatte ein Vater nur geantwortet: „Keine Ahnung. Aber bestimmt bald."

Und tatsächlich: In dem Moment, als der Fotograf auslöste, war das Wasser bereits wieder auf dem Weg zurück in die Bucht. Eine erste Welle ist zu sehen, die sich auftürmt.

Wenige Minuten nachdem dieses Bild aufgenommen wurde, waren die allermeisten dieser Menschen tot, verschlungen von einer mörderischen Riesenwelle.

Dieses Bild beschreibt eine Szene, die sich innerhalb weniger Minuten vielfach zugetragen hat. Am 26. Dezember 2004. An zahllosen Stränden im Südostpazifik.

Die Menschen hatten keine Ahnung von dem, was dort gerade geschah. Sie hatten keine Ahnung davon, was ein Tsunami ist und wie er sich entwickelt und auswirkt.

Sie wussten nichts davon, ahnten nicht, dass ein solcher Tsunami lange, sehr lange unterwegs ist, ohne dass wir ihn wahrnehmen. Denn er rollt unter der Wasseroberfläche, lange Zeit, und er entwickelt jede Sekunde mehr Energie. Und dann, irgendwann, wenn plötzlich ein Hindernis im Weg ist, dann türmt er sich auf und bricht mit unvorstellbarer Energie über alles das hinein, was noch da ist.

Er besitzt eine Veränderungsgeschwindigkeit und Energie, die ihresgleichen sucht. Er überrollt und zerstört alles, was ihm im Wege steht.

Glauben Sie mir, hätten die Menschen, die an diesem Morgen an diesen Stränden im Südostpazifik standen, gewusst, was ein Tsunami ist, hätten sie auch nur geahnt, was gerade auf sie zukommt:

Sie wären gelaufen.

Sie hätten um ihr Leben gekämpft.

Sie hätten alles Menschenmögliche unternommen, um irgendwie dieser unglaublichen Gewalt, dieser unfassbaren Veränderungsenergie zu entgehen.

Aber sie wussten es nicht, so wie die allermeisten von uns bis zu diesem schrecklichen Tag, dem 26. Dezember 2004, auch nicht wussten, was ein Tsunami ist.

1.

SCHÖNE
NEUE
WELT?

1.1
SCHLEICHENDES GIFT

Ich will mit Ihnen über die Zukunft sprechen.

Über Ihre, über unsere Zukunft. In Ihrer Familie, an Ihrem Arbeitsplatz, in diesem Land, in Europa, auf diesem Planeten.

Solche Gespräche über die Zukunft führe ich ständig. Mit meinen Mitarbeitern, meinen Freundinnen und Freunden, in den vielen Netzwerken, in denen ich aktiv bin. Mit Journalisten, die Artikel oder Filme zu Zukunftsthemen unterschiedlichster Art machen. Und besonders häufig bei den Veranstaltungen, bei denen ich als Speaker, als Redner, eingeladen werde.

Ich halte Vorträge und gebe Keynotes über Themen, die sich mit der Zukunft unserer Gesellschaft befassen, und nach den Vorträgen entwickeln sich dann häufig äußerst lebendige Debatten. Es sind Diskurse die sehr unterschiedlich verlaufen, so wie es eben ganz unterschiedliche Gruppen sind, auf die ich da treffe.

Vor wenigen Monaten stand ich zum Beispiel an einem Tag auf Einladung des Bistums Essen in der „Grand Hall" der Zeche Zollverein vor ca. 500 Priestern, kirchlichen Mitarbeitern und engagierten christlichen Laien. Am nächsten Tag dann vor Außendienstlern und Vertriebsmitarbeitern der Deutschen Telekom, die sich mit Cloud-Technologie beschäftigen. Und an anderen Tagen vor Betriebsräten und Gewerkschaftern, Stadtwerkechefs, Führungskräften eines Jobcenters oder hoch dotierten Bankern. Vor Mitarbeitern der GIZ, einer Gesellschaft, die Entwicklungshilfe für die Bundesrepublik Deutschland organisiert, oder vor Menschen, die für Berufsgenossenschaften die notwendige Unterstützung für Menschen mit Behinderungen organisieren. Natürlich unterscheiden sich die Themen, Fragen, Ängste und Hoffnungen dieser Menschen sehr.

Aber in einem sind sich alle einig: Sie sehen voller Sorge und Skepsis in die Zukunft. Sie haben das Gefühl, mit Problemen konfrontiert zu werden, für die keiner eine richtige Lösung parat hat.

Ratlose und ängstliche Gesichter

Zum Beispiel beim Klimawandel und allem, was damit zusammenhängt. Sie können heute nicht mehr übers Wetter reden, ohne ganz schnell bei dem Thema zu landen. Natürlich ist das auch ein ganz besonders wichtiges Stichwort in meinen Vorträgen, und ich sehe dann häufig in ratlose und zum Teil auch ängstliche Gesichter. Gesichter von Menschen, in denen ich die Sorge lesen kann, dass hier eine große globale Aufgabe besteht. Dass wir gerade dabei sind, die Zukunft zu verlieren und dass wir alle unserer Verantwortung derzeit nicht gerecht werden.

Oder wir kommen auf das Thema der sozialen Ungleichheit und Gerechtigkeit. Da reden wir zum Beispiel über Martin Winterkorn, den zurückgetretenen Vorstandsvorsitzenden von Volkswagen. Dieser Mann hat gemeinsam mit anderen so viele strategische Fehlentscheidungen getroffen, die die Existenz des ganzen Unternehmens gefährden. Und damit Hunderttausende Arbeitsplätze von Menschen, die einfach nur ihren Job machen wollen und an keiner dieser Fehlentscheidungen beteiligt waren. Er bekommt aber in Deutschland, zumindest bisher, keine Anklage vor Gericht oder Schadenersatzforderungen des Unternehmens, sondern eine fette Abfindung, die er mit der auskömmlichen Betriebsrente nach Hause trägt.

Da sprechen wir auch über die Ereignisse bei der Deutschen Bank. Zig Milliarden musste dieses Unternehmen in den vergangenen Jahren für seine unterschiedlichsten kriminellen Machenschaften an Strafe zahlen. Haben Sie mitbekommen, ob auch nur einer der Verantwortlichen mal dem Schaden entsprechend in angemessener Weise persönlich zur Verantwortung gezogen wurde?

Und wir schütteln den Kopf über Politiker wie Gerhard Schröder, Peer Steinbrück, Wolfgang Clement, Matthias Wissmann oder viele andere. Die gestern vermeintlich noch dem Gemeinwohl verpflichtet waren. Und schon kurze Zeit nach dem Ausscheiden aus der Politik ihre Leidenschaft für russische oder deutsche Großkonzerne der Energiewirtschaft und Lobbyistenvereinigungen entdecken. Denen das Wohl des Volkes und der Dienst an diesem plötzlich irgendwie schnuppe zu sein scheint.

Auf der anderen Seite hören wir dann Geschichten wie die von der Aldi-Verkäuferin, die nach den Festtagen einen Schoko-Weihnachtsmann für 69 Cent in ihrer Tasche verschwinden lässt. Und dann ihren Job und damit ihre wirtschaftliche Existenz verliert. Solche Beispiele zeigen, dass wir die Balance verloren haben, jede Verhältnismäßigkeit. Dass im Lande keine ausreichende Gerechtigkeit mehr spürbar ist. Auch darüber spreche ich in meinen Vorträgen und ich sehe verärgerte und empörte Gesichter.

Ein System am Ende

Wenn ich mit meinen Zuhörern über solche Themen spreche – zu denen auch die Notwendigkeit eines nachhaltigen Ernährungs-, Energieversorgungs- und Mobilitätsangebotes gehört –, dann spüre ich einen übergreifenden Konsens. Egal aus welchem Milieu, aus welcher Branche, aus welcher politischen Ecke die Leute kommen: Unsere Welt und unsere Gesellschaft funktionieren nicht mehr so richtig! Und immer mehr spüren: Da neigt sich ein ganzes System dem Ende zu. Es ist so krank, so pervertiert, dass es so nicht mehr lange weitergehen kann und wird. Es wird einen großen Knall geben. Es kann noch fünf, zehn oder fünfzehn Jahre dauern, oder vielleicht auch nur zwei. Aber es wird einen großen dramatischen Veränderungsprozess geben. Geben müssen!

Dieser Konsens endet bei der Frage, was eigentlich die Ursachen der Probleme sind. Da gibt es wieder ganz unterschiedliche Auffassungen und Einschätzungen. Hier liegt es wahlweise am Kapitalismus generell, an der Globalisierung oder am Werteverfall unserer Gesellschaft, dort mehr am Euro, an den Einwanderern und an den Bürokraten in Brüssel. Und dementsprechend unterschiedlich fallen die Meinungen darüber aus, was sich in welche Richtung ändern muss.

Wenn es überhaupt Meinungen und vor allem einen Austausch darüber gibt. Denn eine breit geführte und fokussierte Debatte, wie es stattdessen weitergehen könnte, findet zu meinem großen Bedauern in der Öffentlichkeit kaum statt. In kleinen Blasen schon, aber nicht gesellschaftlich übergreifend. Aus dem großen Unbehagen entwickelt sich deswegen auch keine spürbare Vorstellung, in welche Richtung das bestehende Gesellschafts- und Wirtschaftssystem transformiert werden sollte.

Ich will mit meiner Arbeit, meinen Vorträgen und mit diesem Buch meinen Beitrag dazu leisten, dass diese Debatte endlich in Gang kommt und wir zu einer gemeinsamen Vision gelangen. Einer Vorstellung davon, wo wir eigentlich hinwollen mit unserer Gesellschaft.

Lassen Sie uns gemeinsam darüber nachdenken, wie unsere Welt von übermorgen aussehen soll!

Genau deswegen spreche ich auch so gerne über die Folgen der Digitalisierung, künstlicher Intelligenz und der „vierten industriellen Revolution". Weil ich darin eine große Chance für viele positive Veränderungen in unserer Welt sehe. Und weil ich Begeisterung für und Lust auf die Chancen wecken will, die ich in diesen Themen sehe.

Aber natürlich stoße ich damit selten bei allen auf offene Ohren. Im Gegenteil. Ich merke, dass für viele meiner Gesprächspartner die Digitalisierung auf die aktuellen Sorgenthemen wie Klima, Gerechtigkeit, Migration, Ernährung, Energie und Mobilität noch eins draufsetzt. Es ist für sie der Tropfen, der das Fass endgültig an den Rand des Überlaufens bringt.

Die Digitalisierung gilt vielen spontan weniger als Chance, sondern als Gefahr. Nicht als Medizin, sondern als Gift, als Teufelszeug. Als etwas, was unsere Welt schleichend noch kälter, unpersönlicher und unkontrollierbarer machen wird. Als hätten wir nicht schon genug Probleme. Der Stoßseufzer dieser Leute lautet:

Oh no – und jetzt kommt auch noch die Digitalisierung!

Digitalisierung pur

Aber die so seufzen, irren sich gewaltig! Denen würde ich am liebsten zurufen: *Hallo, die Digitalisierung kommt nicht! Nicht heute, nicht morgen, nicht übermorgen.*

Sie ist nämlich schon da, sie hat längst begonnen.

Und zwar für alle. Oder sagen wir: für fast alle. In meinen Veranstaltungen frage ich zu Beginn immer meine Zuhörer, wer von ihnen *kein* Smartphone benutzt. Normalerweise gehen dann tatsächlich ein oder zwei Hände nach oben. Laut Umfragen haben aktuell rund 85 % der 14- bis 69-Jährigen in Deutschland mindestens ein Smartphone. Und auf diese oder eine andere Art sind alle Bürger schon längst aktive Teilnehmer oder Nutzer der Digitalisierung. Und doch antworten manche von denen auf meine Frage, ob sie von diesem Trend denn auch schon profitieren, mit: *Wieso, was hab ich damit zu tun?* Oder mit: *Keine Ahnung?!*

Und wenn ich sie dann darauf aufmerksam mache, dass sie ein Stück der von ihnen so sehr befürchteten Entwicklung längst in der Hosentasche tragen und ständig nutzen? Dann schauen sie verblüfft, aber auch ein wenig skeptisch, als wollten sie sagen: *Aber das ist doch was ganz anderes!*

Aber nein, das ist überhaupt nichts anderes. Das Smartphone ist Digitalisierung pur. Natürlich ist keiner von uns in einen Laden gegangen und hat gesagt: *Kann ich bitte ein Stück Digitalisierung haben?* Am Anfang war es einfach ein mobiles Telefon. Und das war sehr praktisch. Weil keiner mehr Lust hatte, sich vor einer Telefonzelle die Beine in den Bauch zu stehen oder kein passendes Kleingeld zu haben.

Nach und nach konnte dieses Ding immer mehr. Zum Beispiel die Nutzung des mobilen Internets ermöglichen. Dann konnte es bessere Fotos als der Fotoapparat machen. Dann hielt es alle Termine unkomplizierter als jeder Taschenkalender fest. Und so ging es immer weiter.

Es ersetzte die gedruckte Zeitung, das gedruckte Buch, die gepresste CD oder DVD, den Wecker und das Diktiergerät. Buchte Bahn- und Flugtickets und wurde selbst zum Ticket. Erledigte Bankgeschäfte, führte uns durch fremde Städte, navigierte unsere Fahrzeuge, bestellte ein Taxi, die Pizza, Blumen, neue Kleidung und Schuhe. Kommunizierte mit Freunden und zeigte lustige Katzenvideos oder Pornofilme.

Und mittlerweile kontrolliert es auch Körperfunktionen und Heizungsanlagen. Es kann bei Bedarf sogar die Liebeserklärung ins Chinesische, Arabische oder ins Niederländische übersetzen.

Es zeigt den täglichen Ertrag meiner Solaranlage genauso an wie den Batteriezustand meines Elektromobils und die nächste Ladesäule. Ich kontrolliere damit die Klimaanlage in meinem Elektroauto genauso wie meinen Rasenroboter, meine Drohne, Börsenkurse oder meine Fitnesswerte. Schaue Filme, höre Radio, drehe Filme, messe Temperaturen, kalkuliere mein Angebot, kaufe Autos, Häuser oder Waschmaschinen, beobachte die Sterne oder Flugzeuge auf ihrem weltweiten Weg … Stundenlang könnte man diese Auflistung fortsetzen und würde doch nie fertig werden, weil jede Minute neue Anwendungen hinzukommen. Es gibt kein Ende mehr.

Ja, wo denn sonst?

Toll! Und wahnsinnig bequem. Und völlig normal und selbstverständlich. Wir haben uns alle daran gewöhnt und können uns gar nicht mehr vorstellen, wie es vorher war, ohne Smartphone. Es ist jetzt gelebte Realität, es ist Gegenwart. Und keine Zukunft. Deshalb fühlt es sich so selten nach Digitalisierung an.

Übrigens gilt das auch für die wenigen Leute, die kein Smartphone oder keinen Computer haben. Neulich hat mir ein Freund von seinem computerabstinenten Vater im Altersheim erzählt. Der bittet ihn bei jedem Besuch, ein paar Sachen bei Amazon und in der Internetapotheke für ihn zu bestellen. So macht man das eben heute.

Auch meine Mutter nutzt weder Smartphone noch Computer. Doch selbst sie ist keineswegs erstaunt, wenn ich ihr erzähle, dass ich gerade Theatertickets online bestellt habe. Sie schaut mich dann an, als wollte sie sagen: *Ja, wo denn sonst?*

Und natürlich profitiert auch sie ständig von der Digitalisierung. An ihrer Bushaltestelle werden die Abfahrtzeiten digital angezeigt und laufend aktualisiert. Wenn das Navigationsgerät im Taxi sie ans Ziel führt und abends im Fernsehen der Wetterbericht mal wieder sehr verlässlich das Wetter von morgen vorhersagt, dann sind das alles positive Auswirkungen der Digitalisierung.

Wie steht es mit Ihnen? Kaufen Sie regelmäßig bei Amazon oder einem der zahlreichen anderen Onlineanbieter?

Ja, die meisten von uns machen das. Warum? Weil es geil ist. Weil es funktioniert. Weil es uns ganz offensichtlich viele Vorteile bringt. Wir wissen alle ganz genau, wie negativ sich dieses Verhalten auf die Entwicklung unserer jeweiligen Innenstädte auswirkt, dass viele unserer lokalen und inhabergeführten Einzelhandelsgeschäfte am Ende daran zugrunde gehen.

Der Deal

Aber wir machen es trotzdem. Warum? Wir haben einen Deal gemacht!

Übrigens nicht zum ersten Mal. Das haben wir schon oft getan. Zum Beispiel als die Supermärkte und später die Discounter überall in unseren Städten wie Pilze aus dem Boden wuchsen, veränderte sich auch unser ganzes Einkaufsverhalten. Bis dahin gab es jede Menge Einzelhandelsgeschäfte in unseren Städten. In jedem Quartier gab es Metzger, Bäcker, Blumenläden, Getränkeshops, Haushaltswarenläden und natürlich den sogenannten „Tante-Emma-Laden".

Mit dem Aufkommen der Supermärkte wurde es möglich, den großen Teil eines Einkaufs in nur einem Geschäft zu erledigen. Das war für viele Menschen eine große Erleichterung. Später, mit den Discountern, wurde es auch noch sehr viel preiswerter und praktischer, denn in einer zunehmend automobilen Gesellschaft wurde natürlich der Parkplatz vor dem Geschäft ein wichtiges Argument für den dortigen Einkauf.

Übrigens, als ich in den 60er/70er-Jahren in meiner Heimatstadt Wuppertal aufwuchs, da hatten nur wenige unserer Nachbarn ein Auto. Wir Kinder hatten dafür viel Platz zum Spielen, wir alle hatten sehr viel Lebensraum zur Verfügung. Viele haben damals die Veränderungen in unseren Quartieren und Zentren bedauert, das Mitleid mit den Tausenden von insolventen Einzelhändlern und Vermietern der nun leer stehenden Ladenlokale war allerdings nur von kurzer Dauer. Der eigene Vorteil war den meisten Menschen schlichtweg wichtiger. So wie das eigene Auto. Das Auto wurde zum Symbol für Freiheit, Wachstum, Männlichkeit und Zukunft. Das ist noch nicht so lange her, und es ist spannend zu sehen, wie die Zeiten sich ändern.

Heute hat das Smartphone unseren Alltag erobert, weil es für viele Probleme, die wir vorher hatten, eine Lösung bietet. Zugegeben: auch für einige, die wir vorher noch nicht hatten. Und manchmal ist es auch total nervig, weil Mitfahrer in der U-Bahn in ihre Geräte intime Informationen hineinplaudern, die wir eigentlich lieber nicht gehört hätten. Oder weil es uns von der direkten Kommunikation Face to Face ablenkt. Aber es hat sich durchgesetzt. Weil es unterm Strich unschlagbar hilfreich ist.

So ist das auch in anderen Lebensbereichen. Die Digitalisierung ist schon näher, als es vielen bewusst ist. Mittendrin in unserem Alltag. Mit dem Smartphone, aber auch in der Küche, zum Beispiel mit dem Thermomix. In der ganzen Wohnung mit dem Staubsaugroboter, draußen im Garten mit seinem Bruder, dem Rasenmähroboter, oder im Pool mit dem Poolroboter. Im Auto mit dem Stau-Assistenten und dem Tempomat. Und vielen anderen netten Geräten und Anwendungen. Das ist längst gelebte und überwiegend auch geschätzte Auswirkung der Digitalisierung.

Natürlich nicht nur im Privatleben, sondern auch und erst recht in der Arbeitswelt. Ob als Büroangestellte oder als Fabrikarbeiter, sie alle profitieren längst in irgendeiner Form von digitalen Vereinfachungen ihrer Arbeit.

Und doch: Viele eifrige Smartphone-Nutzer stellen sich unter dem Wort Digitalisierung etwas ganz anderes vor. Etwas Bedrohliches. Etwas Diffuses. Irgendetwas in der fernen Zukunft. Das erst noch kommt.

Obwohl es schon vor vielen Jahren begonnen hat.

12 Tablets am Anfang

WANN hat die Digitalisierung denn eigentlich begonnen, Herr Heynkes?
Das fragte mich kürzlich jemand bei einer Diskussionsveranstaltung.

Die Frage ließ mich an einen meiner wichtigen Digitalisierungsschritte denken. Der ist noch gar nicht lange her. Es war wohl 2010. Da habe ich in einem meiner Unternehmen, der VillaMedia-Eventlocation, die Führungskräfte mit Tablets ausgestattet. Zwölf Stück waren es, und innerhalb kürzester Zeit veränderte dieses wilde Dutzend unsere Arbeitsprozesse grundlegend.

Die papiernen Ablauf- und Reviewbögen, nach denen wir im Anschluss an die verschiedensten Feierlichkeiten immer fahnden mussten, konnten wir nun in Exceldateien auf die iPads übertragen. Und dort konnten sie direkt ausgefüllt werden und landeten unmittelbar auf dem Server. Das Team war total begeistert: Die Daten waren schnell und für alle, die darauf zugreifen sollten, zugänglich. Abrechnungen wurden automatisch erstellt, statistische Auswertungen per Mausklick möglich. Eine irre Erleichterung.

Wir hatten mit einem Schlag und mit wenig Aufwand ein lästiges Stück Ineffizienz abgestellt. Durch ein geniales Hilfsmittel, das sich in den Ablauf einfügte, als wäre es schon immer da gewesen. Denn natürlich konnten die Mitarbeiter damit auch die Informationen zu ihren Veranstaltungen abrufen, Pausenmusik einspielen, dem Brautpaar die aktuellen Fußballergebnisse zurufen und direkt noch einige Fotos von der besonderen Blumendekoration machen.

Ich habe damals bestimmt nicht gedacht: *Wow, jetzt hat sie also endgültig bei uns Einzug gehalten, die Digitalisierung.* Aber ich fand das, was da auf einmal möglich war, total spannend und hilfreich. Und gewöhnte mich schnell dran. So, wie wir uns alle an das Smartphone gewöhnten. Unspektakulär und nutzbringend veränderte sich unser Leben.

Eine neue Epoche

Das war eines meiner bewussten Digitalisierungserlebnisse. Aber natürlich ist die Entwicklung 2010 nicht vom Himmel gefallen. Die Ursprünge der Entwicklung verorte ich zwischen den 1970er- und den 2000er-Jahren. Das war die Zeit der dritten industriellen Revolution mit der Entwicklung der Mikroelektronik. Mikroprozessoren wurden täglich kleiner und leistungsfähiger. Arbeiten, die vorher analog ausgeführt wurden, konnten auf digitalem Weg ausgeführt werden. So begann eine neue Epoche für die Menschheit: die Digitalisierung.

Als ich mich 1985 in meinem damaligen Beruf als Industrie- und Werbefotograf auf einem ehemaligen Bauernhof in Wuppertal selbstständig machte und meine Laufbahn als Unternehmer begann, waren wir noch mitten im analogen Zeitalter. Es sollte übrigens bis zum heutigen Tag der einzige Beruf sein, den ich wirklich von der Pike auf gelernt habe. Alle weiteren zehn Berufe bzw. Berufungen entstanden „Learning by doing". Auch hierbei hat mir die Digitalisierung sehr geholfen. Aber dazu später mehr.

Mein bordeauxrotes Bürotelefon hatte zwar schon eine Tastatur statt der bis dahin üblichen Wählscheibe, aber meine ersten Rechnungen schrieb ich tatsächlich noch über eine Schreibmaschine. Mein Anrufbeantworter hatte 2 Audiokassetten. Eine zum Abspielen meiner Nachricht und eine zum Aufnehmen der Nachrichten der Anrufer. Er stammte aus den USA und die Nutzung war natürlich illegal in unserem Land, denn jedes Gerät dieser Art hätte eine Zulassung der Deutschen Post benötigt. Es gab keine bezahlbaren und zugelassenen Anrufbeantworter in Deutschland. Als wenige Jahre später das erste Faxgerät, das mit 16 Graustufen auf Thermopapier druckte, auf den Markt kam, war ich sofort dabei. Mehr als 3.500 DM habe ich dafür investiert und ich war sehr stolz, als das erste Faxbuch Deutschlands mit meinem Eintrag erschien. Es war nur DIN A5 groß und nicht mehr als 1,5 cm dick. Ja, es war ein Quantensprung! Die vielen Werbeagenturen in Düsseldorf und anderswo konnten mir fortan ihre Vorlagen und Drehbücher in wenigen Minuten faxen, anstatt sie mit der Post oder dem Boten zu schicken. Heute finde ich es total lästig, wenn jemand mir etwas faxen will. Welch ein altertümliches Medium.

Mein erstes Mobiltelefon war ein großer Koffer von Siemens. Es gab mir tatsächlich über fast 8 Stunden akkugepuffert die Möglichkeit, im ganzen Bundesgebiet über das sogenannte „C-Netz" telefonisch unter ein und derselben Nummer erreichbar zu sein. Das muss Mitte der 1980er-Jahre gewesen sein. Natürlich galten die 8 Stunden nur für den Fall des „Nicht-Telefonierens". Wenn ich das viele Kilogramm schwere und viele Tausend Mark teure Gerät aktiv benutzen wollte, war ein Stromanschluss in der Nähe definitiv eine gute Idee. Aber für mich als Fotograf war das Gerät in meiner damaligen Lebenssituation ein Segen. Denn ich war sehr viel unterwegs, konnte mir eine Sekretärin nicht leisten und war auf diese Weise für meine Kunden im Inland jederzeit erreichbar.

Am Rande möchte ich kurz erwähnen, dass wir damals bzw. bis vor wenigen Jahren auch noch mit Rollfilmen mit je 12 Belichtungen oder sogenannten Kleinbildfilmen mit 36 Aufnahmen arbeiteten. Wie viel Lebenszeit ich und Hunderttausende andere Menschen früher in der Dunkelheit des „Fotolabors" verbracht haben, um aus diesen kostbaren Aufnahmen etwas Brauchbares herauszuholen! Ich will mich nicht mehr an diese finsteren Stunden erinnern, in denen meine Hände in den unterschiedlichsten chemischen Flüssigkeiten namens „Entwickler", „Bleichbad"oder „Fixierer" auf der Suche nach den erhofften Filmen oder Papierbildern waren. Die Geschichte der Fotografie ist nur eine von Tausenden von Geschichten der großen technologischen Transformation, die uns früher, heute und in Zukunft begleiten werden.

Deep Learning

Unbemerkt von mir, entwarfen in den 1980er-Jahren manche Forscher und Entwickler schon faszinierende Visionen von humanoiden Robotern und künstlicher Intelligenz. Doch noch bremste die Wirklichkeit sie aus: Die damaligen Rechner waren nicht schnell, nicht leistungs- und speicherfähig genug. Das änderte sich tatsächlich erst in diesem Jahrhundert.

Die gestiegenen Rechnergeschwindigkeiten und Speicherkapazitäten sind seither nicht nur gewaltig gewachsen, sondern die Preise hierfür sind eben auch dramatisch gefallen. Das hat erst die Voraussetzungen dafür geschaffen, künstliche Intelligenz ausreichend entwickeln und nutzen zu können. Das bedeutet heute, dass Algorithmen mit neuronalen Netzwerken, die unserem menschlichen Gehirn nachgebildet sind, programmiert und trainiert werden, um Dinge möglich machen, die bisher einfach nicht möglich waren: Zum Beispiel beim schwierigsten Brettspiel überhaupt, dem GO, die weltbesten Spieler zu schlagen. Weil sie eine unbeschreibliche Anzahl von Rechenoperationen in unfassbar kurzer Zeit durchführen kann. Weil sie sich damit selbst in neuen, ganz eigenständigen Strategien trainieren kann. Und nicht mehr nur bisherige Spielzüge und Strategien menschlicher Spieler analysiert und verarbeitet.

Das nennt sich „Deep Learning" und bedeutet, dass ein Algorithmus im Zusammenhang mit den neuronalen Netzwerken entwickelt wird und sich teilweise selbst programmiert und trainiert. Den Rest macht er dann mehr oder weniger alleine. Es dauert länger als beim üblichen Programmieren und braucht auch viel mehr Beispiele, aber es hat den riesigen Vorteil, dass der Algorithmus nicht die Fehler des menschlich entwickelten Systems übernimmt.

Wir lesen die Randnotiz über solche Ereignisse in unseren Online-Nachrichten. Und finden es ganz selbstverständlich und denken gar nicht mehr darüber nach, wie unvorstellbar so etwas noch vor kurzer Zeit war.

Eigentlich ist die Digitalisierung bis jetzt also eine Erfolgsstory. Eine Story von Innovationen, die das Leben vieler Menschen unendlich erleichtert hat. Warum eigentlich hat sie dennoch ein so schlechtes Image? Was ist das Problem mit der Digitalisierung? Warum tun sich so viele Menschen schwer damit? Woher kommt die Angst?

Big Data

Ein großes Problem ist die Unwissenheit! Unwissenheit darüber, was Digitalisierung eigentlich bedeutet, was sie bewirkt und verändert. Wie sehr wir davon profitieren können und wo sie uns auch ganz neue Risiken beschert. Frage ich Gesprächspartner, was für Bilder bei ihnen im Kopf entstehen, wenn sie das Wort hören, dann sprechen sie oft von riesigen, besonders leistungsfähigen Rechenzentren, von gigantischen Cloud-Systemen irgendwo auf der Welt und von Robotern aller Art. Dann fällt meist auch der Begriff „Big Data" oder „Big Brother". Aber es klingt häufig nebulös, geheimnisvoll und unkontrollierbar.

Und ich gebe zu: Wenn mich Menschen fragen, was denn eigentlich Digitalisierung genau ist, komme ich auch zunächst ins Stocken. Klar, rein technisch geht es darum, Informationen digital und nicht mehr analog zu speichern. Diese Daten maschinell zu verarbeiten und dadurch Prozesse zu vereinfachen, zu beschleunigen und deutlich effizienter zu gestalten. Aber so eine Erklärung hilft manchem nicht wirklich weiter. Weil damit die Vielfalt an Veränderungen und vor allem die unglaubliche Dynamik nicht deutlich wird. Für ein echtes Verständnis hilft es nur, den Blick auf die zu erwartenden technologischen Entwicklungen in der Zukunft zu richten. Und wie bei jeder relevanten technologischen Transformation der Vergangenheit folgt auch in der Zukunft immer eine entsprechende gesellschaftliche Transformation. Zur Wahrheit gehört hinzu, dass eine gesellschaftliche Transformation in der Regel deutlich mehr Zeit braucht als eine technologische. Es geht halt um Menschen, um deren vielfältige Beziehungen, komplexe Emotionen und gesellschaftlichen Strukturen.

Auf die vielen Chancen und Risiken dieser großen Transformationsprozesse zu schauen, das ist meine Perspektive. Ob nun in meiner Rolle als Unternehmer, als Beteiligter an zahlreichen Forschungsprojekten und Thinktanks, als Speaker auf der Bühne, oder im Ehrenamt: als Aktivist in meinem Quartier im „Klimaquartier Arrenberg", als Vizepräsident der Bergischen IHK, als Vorstandsmitglied im Landesverband Erneuerbare Energien. Und natürlich auch als Familienmitglied und Vater oder als Autor dieses Buches. Hinsehen, lernen, verstehen und antizipieren, Lösungen entwickeln, Menschen für diese wichtigen Themen begeistern und mitnehmen. Das ist es, was mich bewegt.

Die Mutlosen

Aber oft habe ich den Eindruck, dass viele Menschen da gar nicht so genau hinschauen *wollen*. Dass sie sich lieber ihre Unwissenheit erhalten möchten.

Der Grund dafür liegt meiner Meinung nach in der Angst. Der in unserer Gesellschaft ungeheuer tiefsitzenden Angst vor neuen, fremden und ungewissen Dingen. Die ist längst so typisch für uns, dass wir sie für selbstverständlich halten. Aber gehen Sie mal in die Metropolen in den USA und reden Sie dort mit den Menschen. Zum Beispiel über Digitalisierung. Dann erleben Sie wesentlich mehr Neugier, Offenheit, Agilität und viel weniger Angst.

Ich denke, dass es für diesen Unterschied auch kulturelle Gründe gibt.

Die heutige Gesellschaft in den Vereinigten Staaten von Amerika stammt zu großen Teilen von den Menschen ab, die einmal in die Boote stiegen. Sie sind die Nachfahren derer, die den unglaublichen Mut hatten, in die neue und unbekannte Welt aufzubrechen. Sie wussten nichts von dem, was dort auf sie zukommen würde, außer dass es viele Gefahren und Risiken sein würden. Aber sie gingen diese Risiken bewusst ein, weil sie auf die großen Chancen dort hofften. Ob sie nun Abenteurer oder Kriminelle waren, sie vertrauten ihrer eigenen Kraft, mancher auch Gottes Fürsprache und in jedem Fall glaubten sie daran, zu den Gewinnern gehören zu können.

Wir in Europa stammen ganz wesentlich von denen ab, die damals nicht ins Boot gestiegen sind. Unsere Vorfahren waren eher die Mutlosen. Oder die, die einfach schon zu viel Besitz hatten und deshalb schon damals unter großen Verlustängsten litten. Wir stammen von den Menschen ab, die nicht den Mut hatten, im 17. und 18. Jahrhundert auf die Schiffe zu gehen. Nach Amerika auszuwandern und dort ein neues Leben zu beginnen. Unsere Vorfahren sind dageblieben, in der Alten Welt. Und haben uns die Vorsicht, Skepsis und die Angst als wesentliches Erbteil mitgegeben.

Dieses defensive Trio ist auf jeden Fall etwas sehr Europäisches. Und bei uns Deutschen ist es ganz besonders ausgeprägt. Auch dafür gibt es mindestens eine weitere Ursache. Wir sind überwiegend ein Binnenland und haben kaum Küste, nur eine kleine Minderheit von uns lebt am Meer. Und das machte bis vor einigen Jahrzehnten einen ungeheuren Unterschied aus. Viele Jahrhunderte über gelangte neues Wissen hauptsächlich über den Handel und über die Ozeane nach Europa. Wer nahe am Meer und den dortigen Handelszentren lebte, der erfuhr viel früher die Neuigkeiten über neue Technologien und die vielen Errungenschaften der damaligen Zeit als diejenigen, die tief im Landesinneren lebten.

Und das hat die Menschen geprägt. Auch in den vergleichsweise wenigen deutschen Hafenstädten, die dadurch privilegiert waren. So entstand ein Unterschied zum Beispiel zwischen Hamburg und München. Den können Sie bis heute spüren, wenn Sie sich mit Menschen unterhalten, deren Familien schon seit Generationen in diesen Städten leben. Die Slogans *Tor zur Welt* und *Mir san mir* sind nicht nur Klischees. Sondern kennzeichnen ein Stück weit auch die Lebenshaltung vieler Bewohner.

Unabhängig von solchen regionalen Unterschieden: Innerhalb Deutschlands ist auch durch die überwiegende Binnenlage insgesamt eine spezifische deutsche Mentalität entstanden. Im Ausland ist sie als die „German Angst" bekannt. Die richtet sich gern gegen alles, was Veränderungen in der Zukunft bringen könnten. Auf das, was noch nicht klar eingeschätzt werden kann. Und da ist die Digitalisierung ein besonders geeignetes Objekt. Ein gefundenes Fressen.

Die zutiefst menschliche Reaktion auf Angst ist die Abwehr. Die äußert sich in ganz unterschiedlichen Mechanismen ...

Das dauert noch ...

Der eine Mechanismus ist schlichte Verdrängung. Erst neulich sagte ein sogenannter Top-Manager zu mir: *Klar, ich weiß schon, dass da was Heftiges auf uns zukommt. Aber das dauert doch noch lange, wir sollten uns da keinen Stress machen.*

Der Chefredakteur einer großen Zeitungsgruppe in NRW beschrieb die Situation in seinem Haus Anfang der 2000er-Jahre so:

Unsere Chefetage hatte zum Internet über viele Jahre diese eine ganz klare Haltung: „Das Internet kommt, das Internet geht!"

So einfach war die Lösung. So simpel die Selbstherrlichkeit und Ignoranz dieser Leute. Der Schaden, den sie für ihr Unternehmen, ihre Mitarbeiter und Shareholder dadurch angerichtet haben, ist kaum zu bemessen.

Diese Haltung war damals in fast allen Führungsetagen der deutschen Verlage anzutreffen und natürlich auch in denen vieler anderer Konzerne. Viele Branchen haben durch diese fatale Haltung die notwendige Erneuerung verpasst und damit ihre eigene Zukunft zerstört.

Erstaunlich ist, dass wir Ähnliches auch heute wieder antreffen. Leider viel zu oft in den Führungsetagen der deutschen Wirtschaft. Manchmal noch ergänzt von Witzchen wie: *Wir können schließlich noch nicht mal einen neuen Flughafen bauen, da wird's mit der Digitalisierung auch so schnell nichts werden.* Oder: *Wenn es jemand verhindert, dass in Deutschland autonome Autos fahren, dann ist das der politische Widerstand gegen neue Funknetze.* Klar, das 5G-Netz ist eine Grundvoraussetzung für diese und viele andere neue Technologien. Aber der Sarkasmus, mit dem manche deutsche

Manager eine aktive Auseinandersetzung in Bezug auf Zukunftsfragen verweigern, weil es vermeintlich in Deutschland *sowieso nicht klappen wird*, ist schon abenteuerlich und unverantwortlich.

Da sitzt eine Generation von Managern Mitte 50 oder älter, von denen manche das Gefühl haben, sie müssten sich die Digitalisierung in ihrer Karriere nicht mehr antun. Die 5 bis 10 Jahre – denken sie –, kriegen sie auch ohne dieses neue Zeugs noch hin. Deswegen reden sie sich die Entwicklung klein. Verschließen die Augen davor. Und vertrauen darauf, dass die Schwierigkeiten, die sie in ihrem digitalen Alltag erleben, die Entwicklung verlässlich und ausreichend lange bremsen werden, damit sie selbst „davonkommen" können.

Und solche Schwierigkeiten gibt es natürlich tatsächlich. Wer wegen mangelnder Leitungsinfrastruktur daheim einige Minuten auf einen Videodownload warten muss, der unterschätzt nur zu leicht die Dynamik der Gesamtentwicklung. Und gibt sich womöglich im trügerischen Vertrauen darauf überhaupt gar keine Mühe, sich das notwendige Wissen darüber zu beschaffen, welche Innovationsprozesse auch sein eigenes Unternehmen im Wettbewerb wirklich voranbringen können.

Dieses Verhalten ist durchaus menschlich und nachvollziehbar. Gleichzeitig ist es zutiefst unwahrscheinlich, dass diese Strategie noch aufgeht. Und gefährlich ist sie noch dazu. Richtig lebensgefährlich sogar für das Unternehmen und die damit verbundenen Arbeitsplätze! Weil es seine Wettbewerbsfähigkeit verliert. Weil es die Chance nicht ergreift, sein Geschäftsmodell an die Veränderungen anzupassen. Und das rächt sich in dem Moment, in dem der Wettbewerber es eben besser und schneller macht. Spätestens dann gerät das betroffene Unternehmen ins Hintertreffen.

Doch auch für den Unternehmer selbst ist die Haltung gefährlich. Er läuft damit Gefahr, noch vor dem Hafen der Rente unterzugehen und seine wirtschaftliche Existenz zu verlieren. Einfach weil er nicht mehr auf der Höhe der Zeit ist! O.k., sollte es sich bei diesem Betroffenen nicht um einen Unternehmer, sondern um einen der Spitzenmanager der Industrie handeln, dann bekommt er wohl eher eine großzügige Abfindung als Zugabe zu seiner üppigen Betriebsrente.

Wat kütt, dat kütt!

Manchmal habe ich den Eindruck, je älter ein Betroffener ist, desto größer ist die Versuchung, die Augen vor der Gefahr des Jobverlustes zu verschließen. Dahinter steckt vermutlich auch ein Gefühl der Ohnmacht. Als wäre die Digitalisierung eine Entwicklung, die völlig unbeeinflussbar ist. Nach dem rheinischen Motto: *Wat kütt, dat kütt! Und et hätt och immer jut jejange!* Aber es geht nicht mehr gut und das, was kommt, wird auch nicht mehr automatisch gut sein, wenn wir so weitermachen und mit dieser Einstellung agieren!

Wenn wir uns die aktuelle Dynamik der asiatischen Märkte und Akteure ansehen und dieses mit der gepflegten Gemütlichkeit der deutschen und europäischen Lebenswirklichkeiten vergleichen, dann kann uns angst und bange werden! Wir werden von dieser Agilität und hemmungslosen Innovationsfreude dort restlos überrollt, wenn wir nicht ganz schnell die Kurve kriegen.

Es gibt natürlich zahlreiche Möglichkeiten der Einflussnahme für uns alle, aber wir müssen diese Möglichkeiten auch endlich nutzen!

Bei zu vielen Menschen in Deutschland führt die Angst vor der Digitalisierung direkt in die pauschale Ablehnung.

Einmal sprach mich die Frau eines Bankangestellten an: *Sie verherrlichen das alles so. Aber mein Mann wird einer der Ersten sein, der deswegen seinen Job verliert.* Ich gehöre zu denen, die diese Umbrüche weder leugnen noch kleinreden. Natürlich wird sich der Arbeitsmarkt durch die Digitalisierung und vor allem durch künstliche Intelligenz dramatisch verändern. Unzählige Jobs, von denen Menschen heute noch leben, wird es in wenigen Jahren nicht mehr geben.

Ja, das kann gut sein, sagte ich. *Aber genau deswegen ist es wichtig, dass Ihr Mann in die Zukunft schaut und jetzt schon überlegt, welche Alternativen er hat.* Ich meine das ernst. Keiner von uns kann diese Entwicklung aufhalten. Auch Menschen wie dieser Banker nicht. Es passiert! Aber wer die Entwicklung aufmerksam und aufgeschlossen verfolgt und sich aktiv damit auseinandersetzt, dem tun sich eher neue Chancen auf, als wenn er nur ablehnend beiseite steht.

Die Finanzindustrie ist mit allergrößter Sicherheit eine der ersten Branchen, die brutal erwischt wird durch die negativen Auswirkungen der Digitalisierung. Alle Routinetätigkeiten werden in Zukunft von Algorithmen und Robotern erledigt. Das machen diese schnell, sehr schnell und deutlich zuverlässiger und besser als Menschen. In der Finanzindustrie gibt es solche Jobs en masse. Die Menschen, die heute diese Jobs machen, müssen sich so schnell wie möglich mit dieser Tatsache vertraut machen und sich selbst entwickeln. Die Frage lautet: Wer bin ich? Was kann ich? Was macht mir richtig viel Freude? Was könnte mein viel besserer Job in Zukunft sein?

Aktuell suchen wir zum Beispiel überall in Deutschland Lehrer und in vielen Kommunen Verwaltungsangestellte. In Köln wurde im Frühsommer 2018 erstmals ein Pilotprojekt erfolgreich gestartet: Zahlreiche Mitarbeiter der örtlichen Stadtsparkasse, die dort keine Zukunft mehr hatten, wurden nach entsprechender Qualifizierung mit einem neuen Job in die Stadtverwaltung integriert. Warum sollte ein gut ausgebildeter Banker oder Versicherungsvertreter nicht auch in der Lage sein und Spaß daran finden, mit der notwendigen Weiterbildung zu einem hervorragenden Grundschullehrer zu werden? Mal abgesehen davon, dass in diesen Tagen die Arbeit eines Lehrers unter Umständen gesellschaftlich deutlich mehr Akzeptanz und Würdigung erfährt als die eines Bankers.

Sowohl eine drohende Arbeitslosigkeit als auch die Sorge um fehlende Datensicherheit führt bei vielen Menschen zur Ablehnung der Digitalisierung. Und diese Sorge ist wie so viele andere Ängste bei dem Thema auch nicht aus der Luft gegriffen.

Ja, aber!

Denn die unterschiedlichen Abwehrmechanismen gegen die Digitalisierung beobachte ich nicht etwa mit Sorge, weil ich eine kritische Auseinandersetzung mit dem Thema verhindern will. Im Gegenteil: Mir geht es ja gerade um eine intensive Diskussion. Und die darf superkritisch sein, kein Problem. Ja, sie muss es sogar sein, wenn sie etwas bewirken soll! Aber doch nicht mit abgewendetem Gesicht. Anstatt in Abwehrhaltung, sollten wir diese Diskussion zugewandt und begleitend führen. Wie bei einem guten Freund, der schließlich auch nicht zu allem, was Sie tun und denken, *Ja und Amen* sagt. Sondern der an entscheidenden Stellen auch mal Dinge wie *Ja, aber* oder *Echt jetzt?* oder *Denk doch mal* nach einwirft. Und Sie damit zum Nachdenken und manchmal auch einer Änderung Ihres Verhaltens bringt.

Dass die Abwehrmechanismen, die ich Ihnen beschrieben habe, eine solch konstruktive Diskussion verhindern, das macht mir Sorge. Dabei gibt es viele sehr berechtigte Einwände und Bedenken.

Ich nenne Ihnen mal exemplarisch drei Bereiche. Nehmen Sie zum Beispiel das Thema Datenkontrolle und Sicherheit. Ihr Einsatz im Spiel der Sozialen Medien, der Internet-Services und im App-Wunderland sind nun mal Ihre persönlichen Daten.

Und nein, eine *Wasch mich, aber mach mich nicht nass*-Lösung gibt es da nun mal nicht: Entweder Sie lassen die Finger von dem Spiel oder Sie nehmen einen Kontrollverlust in Kauf. Sie haben aktuell keinen echten Einfluss darauf, wer über Ihre Daten verfügt und was er mit ihnen vorhat. Sie wissen es einfach nicht. Und damit nehmen Sie in Kauf, dass einer darüber verfügt, der nichts Gutes damit vorhat. Jedenfalls nichts, was in Ihrem Interesse liegt. Das ist so, zumindest so lange, wie Ihnen die notwendige und mögliche Digitalkompetenz fehlt. Mit einer solchen Kompetenz haben Sie natürlich auch heute die Möglichkeit, einen Datenmissbrauch deutlich zu erschweren. Aber eine 100-prozentige Sicherheit gibt es auch bei diesem Thema nicht. Das ist wie im Straßenverkehr!

Nächstes Thema: Ja, es stimmt, dass wir manche kulturelle Fertigkeiten verlieren. Wie viele Telefonnummern kennen Sie heute noch auswendig? Wann haben Sie zum letzten Mal einen Faltplan studiert, um an Ihr Ziel zu kommen? Das Lernen von Fremdsprachen erübrigt sich auch bald, weil die immer besser werdenden Übersetzungsprogramme uns die Mühe ersparen. Spätestens, wenn die Kinder mit der Schule fertig sind, hören sie auf, mit der Hand zu schreiben. Die zunehmende Qualität der Spracherfassungssysteme mag eines Tages dazu führen, dass wir gar nicht mehr schreiben lernen werden. Und die Kompetenz, einen Dreisatz im Kopf zu rechnen, verliert sich schon in und nicht erst nach der Schule.

Und so macht schon das Gespenst von der Verblödung der Menschheit die Runde. Aber ich teile das nicht. Ich habe nicht den Eindruck, dass wir angesichts der explodierenden Entwicklung und Zunahme von Informationen verdummen. Im Gegenteil: Wir sind durch die Digitalisierung an anderer Stelle so sehr gefordert, dass wir froh sein können, wenn wir all das gewuppt kriegen, was täglich so über uns hereinbricht. Aber wir verändern uns dabei massiv, kein Zweifel! Und wir überblicken mit Sicherheit noch zu wenig, welche Auswirkungen dieser Verlust an Fertigkeiten auf unser Denken, Fühlen und unsere Kommunikationsfähigkeiten hat. Also müssen wir das kritisch beobachten und hinterfragen.

Und ich denke noch an einen dritten Bereich: Überlegen Sie einmal, was allein die Nutzung der sozialen Medien für einen unglaublichen zusätzlichen Informationsfluss ausgelöst hat, den wir alle täglich verarbeiten müssen. Die Flut an immer neuen Informations- und Kommunikationswegen überfordert manchen von uns. Weil wir eigentlich traditionell Blasenmenschen sind. Jeder von uns hat seine Lebensblase, in der er oder sie lebt. Die besteht aus der Familie, dem unmittelbaren beruflichen Umfeld, vielleicht der Gemeinde oder dem Fußballverein, den Menschen im Quartier. Das ist ein ziemlich kleiner Kosmos aus Beziehungen, Haltungen und Bewegungsradien. Wir nehmen die anderen in ihren Blasen bestenfalls aus der Entfernung wahr, doch die meisten von uns begeben sich nur selten in andere Blasen hinein und schon mal gar nicht aus der eigenen Blase heraus. Das klingt vielleicht etwas provinziell und hausbacken, aber so haben sich Menschen über viele Jahrhunderte organisiert und Sicherheit und Geborgenheit daraus gezogen.

Über die sozialen Medien kriegen wir Blasenmenschen nun auf einmal viel mehr von viel mehr Menschen aus anderen Blasen mit. Wir erfahren nicht mehr nur beim Plausch über den Gartenzaun alle paar Tage davon, was in dem nahen und weiten Bekanntenkreis unseres Nachbarn vor sich geht. Wir erfahren es jetzt direkt von jedem einzelnen unserer Tausenden von Facebook-, Instagram- oder Snapchat-Freunden und aus unzähligen anderen Nachrichtenquellen. Das ist einerseits schon spannend! Aber es kostet uns gleichzeitig auch viel Zeit, Energie und Nerven. Und es ist zuweilen eine emotionale Überforderung für uns. Wir werden mit Taten,

Meinungen und Nachrichten konfrontiert, die wir alle nur schwer auf einmal verarbeiten können. Und bei denen wir auch gar nicht mehr beurteilen können, ob sie nun wahr sind oder nicht. Das ist eben nicht nur spannend, sondern macht uns auch traurig, wütend und müde. Und zuweilen macht es uns auch depressiv und erzeugt Wut, Neid oder Hass. Bei manchen von uns führt das dann dazu, dass sich plötzlich unsere sorgsam antrainierten Umgangsformen in Beleidigungen oder Hate Speech verwandeln, um uns vermeintlich zu schützen oder um andere zu attackieren. Und weil das wiederum Tausende andere lesen, erzeugen wir damit ab und an shitstormende Dynamiken, die der ein oder andere womöglich nicht beabsichtigt hatte und dann unter Umständen nicht mehr unter Kontrolle bekommt. Auch bei diesem Thema gilt natürlich, dass eine Digitalkompetenz so dringend erforderlich wie auch nützlich ist, am Ende aber bei den Bösartigen und Radikalen auch nichts nutzt.

Das sind nur drei Ausschnitte für Veränderungen durch die Digitalisierung, mit denen wir noch nicht richtig umgehen können und von denen wir noch nicht wissen, wie sie sich dauerhaft gesellschaftlich auswirken. Sie stellen Fragen an uns, auf die wir noch keine abschließende Antwort gefunden haben.

Und solange wir selbst keine Antwort haben, passieren diese Veränderungen mehr oder weniger unkontrolliert. Die Entwicklung wartet nicht, bis wir uns eine Antwort überlegt haben. Sie schert sich nicht einmal darum, ob wir überhaupt Überlegungen anstellen oder doch lieber den Kopf in den Sand stecken. Sie wird auch nicht nach und nach kommen, sodass uns noch genügend Zeit bleibt. Denn sie ist wie der Tsunami, der auf die Menschen am Strand zukommt, während diese gerade fasziniert aufs Meer hinausblicken …

Das Mooresche Gesetz

Warum tun wir uns eigentlich so schwer, die Wucht und Schnelligkeit des Tsunamis richtig einzuschätzen? Die Antwort liegt in der Dynamik der Vergangenheit. Der technische Fortschritt der letzten Jahrhunderte war geprägt von linearen Entwicklungszyklen: Wenn ich die in einem Diagramm aufmale, zeichne ich einen weitgehend gleichmäßigen Strich von links unten nach rechts oben. Unsere Gesellschaft heute lebt jedoch in einer ganz neuen Zeit. Und diese Zeit ist geprägt von einem sogenannten exponentiellen Wachstum – und das kann ich nicht als so einen gleichmäßigen Strich zeichnen, sondern nur noch als steil in die Höhe schießende Kurve.

So ein Prozess entzieht sich unserem Erfahrungswissen. Wir können das grafisch darstellen, aber wir können es uns nur schwer vorstellen, was das wirklich bedeutet. Die alte persische Reiskornlegende ist ein Bild, das bei der Vorstellung helfen kann: Stellen Sie sich ein Schachbrett vor. Sie legen auf das erste Feld ein Reiskorn. Die Aufgabe ist, auf jedes der verbleibenden 63 Felder jeweils doppelt so viel Körner zu legen wie auf das vorherige. Wenn ich vorab frage: *Wie viel Reis brauchen wir denn dafür?*, schwanken die Schätzungen zwischen ein paar Hundert Gramm und einigen Hundert Kilogramm.

Tatsächlich würde für das letzte Feld des Schachbretts mehr Reis benötigt, als in einem Jahr auf der Erde geerntet wird. Es ist der Verdoppelungseffekt, der unser Vorstellungsvermögen übersteigt. Gordon Moore, der Gründer von IBM, hat diese Gesetzmäßigkeit 1965 beschrieben: Mit jeder Komponente in einem integrierten Schaltkreis verdoppelt sich die Komplexität. Diesem Mooreschen Gesetz folgt die Entwicklung der digitalen Revolution. Und hat damit eine unfassbar größere Dynamik, Gewalt und Schnelligkeit als alle technologischen Revolutionen, die es vorher auf diesem Planeten gab.

Diese Revolution steht uns nicht bevor, sie hat, wie ich Ihnen an Beispielen gezeigt habe, längst begonnen. Aber all das, was wir da an Innovation schon freudig nutzen und teilweise auch verängstigt abwehren, ist nur die Spitze eines Eisbergs.

Wenn Sie sich mal einen Moment vorstellen, dass die digitale Revolution einen Tag lang dauern würde, dann ist von diesem Tag gerade mal eine Viertelstunde rum. Es ist erst 0:15 Uhr, und 23 Stunden und 45 Minuten liegen noch vor uns! Bei der Exponentialkurve gibt es am Anfang noch einen sanften Bogen, der erst langsam und dann immer schneller steil nach oben schießt. In diesem sanften Bogen befinden wir uns noch. Oder, um noch einmal an das Tsunamibild zu erinnern, wir beobachten gerade erst halb fasziniert, halb beunruhigt, wie sich das Wasser zurückzieht. Aber die Rückkehr des Wassers in einer unvorstellbar mächtigen Welle steht uns erst noch bevor.

Und wenn wir als Bürger und als Gesellschaft das nicht endlich realisieren, dann wird diese Welle ihre fürchterliche Veränderungsenergie so entfachen, wie viele das befürchten. Dann wirkt die Digitalisierung wirklich wie ein schleichendes Gift, das unsere Lebensgrundlagen bedroht. Wenn wir die ungeheuren Veränderungspotenziale dieser Zeit nicht endlich konstruktiv annehmen. Wenn wir nicht wachsam beobachten, was passiert und was möglich wird. Wenn wir nicht anfangen, die Entwicklung in die Hand zu nehmen und zu gestalten! Dann wird uns dieser Tsunami überrollen.

Die erste Viertelstunde haben wir verschlafen. Wir haben durch unser Unwissen und unsere Ignoranz bereits zahlreiche Umwälzungen zugelassen, die tief in unseren Alltag, in unsere Wirtschaft und unsere Gesellschaft hineinreichen …

Wahnsinnig beunruhigend

Verschlafen hat es zum Beispiel die Politik. Der jüngste Facebook-Skandal im Frühjahr 2018 hat auch dem letzten Ignoranten gezeigt, dass die Datengiganten sich längst der demokratischen Kontrolle entzogen haben. Google, Apple, Amazon, Alibaba, Microsoft und Facebook haben sich verselbstständigt und agieren wie autonome Kraken, die immer mehr Daten und damit Geld und Macht unter ihren vielen Armen verschwinden lassen. Wenn Sie den Auftritt von Mark Zuckerberg vor dem US-Senat im April 2018 verfolgt haben, dann haben Sie gesehen, dass die Politikerinnen und Politiker, die für diese Kontrolle zuständig sind, noch nicht einmal eine leise Ahnung davon hatten und haben, wie das Geschäftsmodell der Zuckerbergs dieser Welt funktioniert. Es fehlt ihnen an grundlegendem Verständnis für diese Strukturen. Entsprechend sind sie gar nicht in der Lage, Regularien für deren Überwachung zu entwickeln. Wie wahnsinnig beunruhigend!

Dass die europäischen Politiker einige Wochen später bei der Anhörung Zuckerbergs im Europäischen Parlament sich deutlich besser vorbereitet hatten und zumindest den Anschein erweckten, nun endlich eine ernsthafte Auseinandersetzung mit den Geschäftsmodellen der Zuckerbergs beginnen zu wollen, macht etwas Mut. Wobei ich gestehe: Meine Skepsis in Bezug auf den möglichen Erfolg ihres weiteren Vorgehens bleibt groß.

Oder schauen Sie sich die Automobilbranche in Deutschland an, die Hunderttausende von Arbeitsplätzen in diesem Land stellt. Und die nun wirklich alle wichtigen Megatrends im Bereich der Mobilität verschlafen hat. Aus einer Arroganz der Macht heraus stemmt sie sich seit Jahren gegen die Entwicklung von alternativen und sauberen Antrieben und Fahrkonzepten. Lässt nur das zu, was unbedingt sein muss. Investiert aberwitzigerweise heute noch viel Kapital und menschliche Ressource in die Entwicklung neuer Verbrennungsmotoren.

Als das Tesla Model S auf dem Markt war und einschlug wie eine Bombe, soll Ferdinand Piëch, der ehemalige VW Chef, damit bei Audi auf den Hof gefahren sein und zu den Entwicklungsingenieuren gesagt haben: *Meine Herren, so ein Fahrzeug hätte ich von Ihnen erwartet.* Und wissen Sie, was die ihm als Antwort gegeben haben sollen? *Haben Sie sich mal die Spaltmaße angesehen?* Mit den Spaltmaßen ist der Abstand zwischen zwei Bauteilen, zum Beispiel zwischen der vorderen und der hinteren Tür gemeint. Die Perfektion in diesem Detail ist für die traditionelle deutsche Automobilindustrie immer ein Nachweis für Qualität gewesen. Und alle, die dieses Kriterium nicht liefern, können also – in den Augen deutscher Autobauer – von Haus aus keine wirkliche Konkurrenz sein.

Doch die technologische Entwicklung geht weltweit längst in eine andere Richtung. Und die Wahrheit ist: Wir erleben in Deutschland gerade die letzte Phase einer hochentwickelten automobilen industriellen Kultur, die dazu geführt hat, dass wir so einen bemerkenswerten Wohlstand entwickeln konnten. Deutschland verdankt seine marktbeherrschende Stellung ja nicht zuletzt einer ganz besonderen Kernkompetenz der deutschen Automobilindustrie: dem Bau von Benzin- und Dieselmotoren. Eine Domäne, in der deutsche Ingenieure immer die Weltmeister waren. Ähnlich war es beim Maschinenbau: Deutsche Maschinen haben maßgeblich zur Stärke der deutschen Industrie und zum Nimbus des „Made in Germany" beigetragen.

Aber Erfolg macht besoffen und bringt einen nicht weiter. Weil wir diese Stärke in den vergangenen Jahrzehnten hatten, haben wir in Deutschland nicht genügend aufgepasst, was draußen in der Welt an technologischer Entwicklung passiert. So kommt es, dass alle die neuen Technikgiganten der Weltwirtschaft nicht aus Deutschland oder Europa kommen, sondern aus Kalifornien und aus dem asiatischen Raum, unter anderem aus China, Südkorea und Japan.

Diese Technikunternehmen sind alle datengetrieben und laufen den bisherigen großen Marken den Rang ab. 2006 gehörten zu den 5 wertvollsten Marken der Welt laut einer Untersuchung des Marktforschungsunternehmens Millward Brown neben den IT-Marken Microsoft und China Mobile mit General Electric, Coca Cola und Marlboro noch drei Marken aus traditionellen Branchen. Sechs Jahre später, 2012, war es mit McDonalds nur noch ein Unternehmen, das nicht zur IT-Branche gehörte. Und 2017? Da waren die 5 wertvollsten Marken der Welt die Datengiganten Google, Apple, Microsoft, Amazon und Facebook.

Betriebssystem statt Antriebssystem

Für die Automobilindustrie bedeutet das im Besonderen, dass die klassische und so lange scheinbar unschlagbare deutsche Kernkompetenz immer weniger gefragt ist. Denn die wirkliche Innovation des Automobilbaus findet mittlerweile auf zwei anderen Gebieten statt.

Zum einen beim Motor. Da geht es immerhin noch um Antriebstechnik, der klassischen Domäne der deutschen Unternehmen. Allerdings mit einem entscheidenden Unterschied: Elektromotoren kann jeder bauen. Die deutschen Hersteller haben hier in ihrem ureigenen Kompetenzbereich den Wandel unterschätzt. Das ist ärgerlich und wäre leicht vermeidbar gewesen.

Das andere große Innovationsfeld ist das autonome Fahren. Und das vertrackte für die deutsche Automobilindustrie daran ist die Tatsache, dass das gar nichts mehr mit dem Antriebssystem des Automobils zu tun hat.

Sondern bei diesem Thema, das gerade die Mobilität revolutioniert und dem, davon bin ich felsenfest überzeugt, die Zukunft gehört, geht es um das Betriebssystem, um Sensorik, Radar- und Bilderfassungssysteme, um Konnektivität und vor allem um künstliche Intelligenz!

Hier findet eine Innovation statt, die eben nichts mehr mit der Motor- oder Karosserieentwicklung zu tun hat. Sondern mit intelligenter digitaler Steuerung. Das ist ein fundamentaler Wandel: Die Digitalisierung führt dazu, dass es nun auch in einem angestammten Feld wie der Mobilität um ganz andere Kompetenzen als bisher geht! Und zwangsläufig sinkt damit der Wert der deutschen Traditionsmarken – denn der gründete auf den traditionellen Kernkompetenzen.

Doch unbeirrt gehen Daimler, BMW, VW, Audi und Porsche immer noch davon aus, dass die Kunden auch in Zukunft vor allem deswegen ein Fahrzeug ihrer Marke fahren wollen. Das ist ja auch verständlich, denn schließlich war das auch über viele Jahrzehnte so. Aber so wie bei jedem Computer, bei jedem Mobiltelefon heute schon das Betriebssystem wichtiger ist als der Hersteller des Gehäuses, so drehen sich gerade auch in der Mobilität die Verhältnisse um. Jeder, der das wissen will, weiß, dass Apple noch nie selber ein Smartphone gebaut hat. All die Millionen Geräte werden in China von irgendwelchen Herstellern gebaut, deren Namen wir zwar kennen, aber die uns überhaupt nicht interessieren. Es geht um das Betriebssystem, das Design, die Funktionalitäten, den Nutzen, den diese intelligenten Geräte uns bringen. Wer sie wo montiert, ist völlig irrelevant.

Die großen Datengiganten wie Google oder Apple haben sich, wie man immer wieder lesen konnte, intensiv um eine Kooperation mit großen deutschen Automobilbauern bemüht, als es darum ging, autonom fahrende Fahrzeugsysteme eventuell gemeinsam zu entwickeln – vergeblich. Sie sind abgeprallt und haben sich allein und mittlerweile auch in Kooperation mit anderen Herstellern wie zum Beispiel GM oder Volvo auf den Weg gemacht.

Sie werden erfolgreich sein, davon muss man heute ausgehen. Mit jedem Kilometer, den ein Tesla oder ein Google-Auto fährt, sammelt es unendlich viele Daten, mit denen die Algorithmen gefüttert, trainiert und verbessert werden. Der technologische Vorsprung von Waymo, dem Tochterunternehmen von Google, wirkt zuweilen bizarr. Mehrere Millionen Meilen sind die Testfahrzeuge dieses Unternehmens in den vergangenen Jahren unfallfrei durch unterschiedliche amerikanische Städte gefahren. Natürlich mit einem Fahrer zur Sicherheit an Bord, denn noch haben diese Fahrzeuge ein Lenkrad zum Eingreifen. Im Schnitt mussten die Sicherheitsfahrer ungefähr alle 9000 Kilometer eingreifen, weil das Fahrzeug sich nicht optimal verhielt. Die Testfahrzeuge der deutschen Hersteller benötigten bisher nach Aussage entsprechender Statistiken, die man im Internet lesen kann, eine Unterstützung nach nur wenigen gefahrenen Kilometern.

Ich halte die Aussichten der deutschen Automobilindustrie, diesen Rückstand noch aufzuholen, inzwischen für ziemlich gering. Ich hoffe es zwar, doch ich habe große Zweifel, dass sie in zehn Jahren noch so dastehen wird wie heute.

Auf's Schafott geführt

Und mit der Lücke wächst die Gefahr für die Arbeitsplätze in einem unserer wichtigsten Industriezweige. Und das nur, weil zu viele Verantwortliche in der Automobilindustrie über einen langen Zeitraum die Augen verschlossen haben vor dem, was unweigerlich kommt. Weil sie die Entwicklung verschlafen haben und sie einfach die nötige Kreativität und Empathie haben vermissen lassen! Und weil es ihnen auch in Wirklichkeit egal war. Denn wir sehen das ja an den aktuellen Statistiken und Erfolgsmeldungen. Mit Verbrennungsmotoren wird aktuell global betrachtet mehr Geld verdient als je zuvor. Noch! Die hoch dotierten Herren in den Vorstandsetagen der deutschen Automobilindustrie verweigerten sich der notwendigen technologischen Transformation und Erneuerung in großer Einigkeit mit den Regierenden in Berlin, Düsseldorf, Stuttgart und München.

Die verantwortungslose und unbegreifliche Kumpanei großer Teile der deutschen Politik mit der deutschen Automobilindustrie ist unverzeihlich und grenzt an gemeinsames kriminelles Handeln.

Leute wie Kanzlerin Angela Merkel oder Alexander Dobrindt in seiner unsäglichen Rolle damals als Verkehrsminister haben sich bei diesen Themen genauso schuldig gemacht wie Hannelore Kraft und Horst Seehofer in ihrer damaligen Rolle als Ministerpräsidenten in einem Autoland. So, wie viele andere Akteure der deutschen Politik. Wir werden als Gesellschaft einen hohen Preis für ihre Versäumnisse bezahlen müssen. Sie haben durch ihr Handeln bewusst den Innovationsdruck von der deutschen Automobilindustrie genommen. Indem sie meinten, diese vor lästigem Wettbewerb beschützen zu müssen, haben sie diese Industrie in Wirklichkeit eingeschläfert oder besser gesagt auf das Schafott geführt.

Im Moment ist das noch schwer vorstellbar. Die deutschen Automarken wirken immer noch kraftstrotzend, auch wenn sie die diversen Abgasskandale schon ins Straucheln gebracht haben. Aber wer hätte vor ein paar Jahren gedacht, dass die scheinbar unangreifbare Deutsche Bank so in die Defensive geraten könnte? Wer hätte es noch in den Sechzigerjahren des vorigen Jahrhunderts für möglich gehalten, dass deutsche Industriegiganten, wie z. B. Grundig, Hoechst, AEG, Telefunken, Agfa und Co. so komplett vom Markt verschwinden könnten. Das geht viel schneller, als wir es alle uns im Moment noch vorstellen können und wollen.

Wie sehr würde ich mir wünschen, dass die Verantwortlichen solcher Entwicklungen endlich einmal persönlich zur Verantwortung gezogen würden. Das wäre vielleicht der Beginn einer neuen Ära von Gerechtigkeit in unserem Land.

Wertschöpfung ade

Dieses gefährliche Verschlafen von Zukunftschancen gilt leider auch für andere Industrien in unserem Land, denn im Bereich der Digitalisierung sind wir generell ein Entwicklungsland mit wirklich schlechten Aussichten. Egal welche Statistik sie beim Thema Digitalisierung zurate ziehen, wir sind in Deutschland im besten Fall miserabler Durchschnitt. In der Regel kurz vor oder bereits auf den Abstiegsplätzen.

Das ist nicht nur irgendeine statistische Petitesse. Da geht es um wahnsinnig viel Geld. Geld, das an uns vorbeifließt. Wir lassen uns die Wertschöpfungsketten der datengetriebenen Wirtschaft weitestgehend entgehen! Und das nicht nur, weil Firmen wie Google, Amazon und Co. sich immer dreister den nationalen Steuergesetzgebungen entziehen. Das ist schon schlimm, ja.

Aber noch viel schlimmer ist es, dass die wesentlichen wertschöpfenden Aktivitäten dieser Branche gar nicht bei uns, sondern woanders stattfinden. Die Arbeitsplätze, die diese Firmen schaffen, entstehen nur zu einem ganz unwesentlichen Teil in Deutschland. Twitter zum Beispiel beschäftigt weltweit ca. 3.400 Menschen. In Deutschland arbeitet davon, wie zuletzt berichtet wurde, nicht mal ein Dutzend. Dieses Unternehmen betreibt hier aber sehr viel Wertschöpfung. Bis zu 12 Millionen Nutzer pro Monat verzeichnete Twitter zuletzt in Deutschland. Auch wenn nicht alle dort eingeloggt sind, so sind es die Nutzerzahlen, die für die Werbeschaltungen verschiedener Unternehmen sorgen und dem Unternehmen gute Umsätze bescheren. Mehr als 2 Milliarden Dollar weltweit im vergangenen Jahr. Wie viel davon in Deutschland umgesetzt wurde ist nicht bekannt. Aber eines ist erkennbar, die Gewinne, die Steuern und die Arbeitsplätze landen nicht bei uns.

Aber wir lassen uns damit nicht nur die Wertschöpfung entgehen. Sondern auch Einfluss. Das ist mir im Zusammenhang mit der neuen Europäischen Datenschutzverordnung wieder einmal bewusst geworden. Wir verwendeten nämlich in meinem Unternehmen den Google-Kalender, so wie das unzählige andere Unternehmen auch tun. Aber nach den neuen Bestimmungen dürfen wir den Kalender nicht mehr verwenden. Und wissen Sie, warum? Weil die Daten nicht in Deutschland, nicht in Europa liegen, sondern irgendwo in den USA. Genau wie alle Facebook-Daten.

Wir verlieren Wertschöpfung, Arbeitsplätze, Steuergelder, Einfluss, Macht – und natürlich Zukunftsperspektive. Weil der Vorsprung, den die großen Unternehmen jetzt schon haben, so gewaltig ist, dass es sowieso schon sehr fraglich ist, ob wir das jemals aufholen können. Aber ich denke, wir müssen es zumindest mit aller Macht probieren. Weil die zentralen Bereiche der Ökonomie der Zukunft in sogenannten „Plattformökonomien" stattfinden werden. Ökonomien also, die von Onlineplattformen bestimmt sind. Und die samt der damit verknüpften Prozesse in digitaler Form organisiert sein werden.

Aktuell haben in diesem Bereich die US-amerikanischen Unternehmen wie zum Beispiel Google, Apple, Facebook, Amazon und Co. mit ca. 64 % Weltmarktanteil die Nase klar vorne. Aber die Asiaten holen mit Tencent, Alibaba, Samsung und Co. gewaltig auf und steigern ihren Weltmarktanteil kontinuierlich auf mittlerweile 31 %. Und wir? Wissen Sie, welchen Anteil wir in Europa haben? 3 %! Wir sind etwas besser als Afrika mit 2 %. Aus Deutschland kommt aus dieser Gruppe mit SAP überhaupt nur ein Unternehmen, das weltweit noch eine wesentliche Rolle spielt. Das aber jederzeit von einem der 8 Giganten mal eben so gekauft werden könnte, wenn sie es wollten.

Dumm und unbedacht

Dies ist das Resultat eines fürchterlichen Versagens von Politik und Industrie in Europa. Es fehlt bisher jede industriepolitische Konzeption, die dem entgegenwirkt.

Es darf nicht sein, dass wir das Rennen aufgeben, dass wir sagen, ja gut, das kommt jetzt halt in Zukunft immer alles von den anderen. Aber de facto tun wir das schon. Wir verlieren auch in anderen Zukunftsbranchen den Anschluss oder verzichten sogar von vornherein darauf, mitzumischen.

Können wir zum Beispiel, wenn wir schon die Entwicklung leistungsfähiger Elektromotoren anderen überlassen, an den Batterien der Elektroautos mitverdienen? Nein, selbst das nicht. Wir schaffen es in Europa im Moment nicht, auch nur eine einzige vernünftige und relevante innovative Batteriezellenentwicklung auf die Beine zu stellen. Das ist ein weiteres industriepolitisches Großversagen der deutschen und europäischen Industrie und Politik. Denn 30 % der Wertschöpfung eines Elektroautos befindet sich in der Batterie. Das läuft an uns vorbei. Und schlimmer noch: Speichertechnologie hat über die Mobilität hinaus für die gesamte Energieversorgung der Zukunft eine ungeheure Bedeutung. Im Zusammenhang mit der dringend notwendigen intelligenten Energiewende ist das ein herausragendes Thema der nächsten 50 Jahre! Ohne uns!

Im Juni 2018 vermeldete der chinesische Hersteller von Batteriezellen CATL, dass er jetzt ein Werk zur Herstellung von ebensolchen Zellen in Thüringen bauen will. Das ist sehr erfreulich, weil dadurch wenigstens ein Teil der Wertschöpfung in den Osten der Republik kommt. Dass BMW diese Investition nach eigenen Aussagen durch eine Bestellung von Batterien in Milliardenhöhe möglich gemacht hat, ist einerseits erfreulich, andererseits ein Armutszeugnis. Zeigt es doch wieder einmal, dass die deutschen Hersteller es sich nicht zutrauen, eine solche Investition selbst zu stemmen und die dafür erforderliche technologische Entwicklung voranzutreiben.

Wenn wir das so weitermachen, dann wird nicht nur viel Wertschöpfung an uns vorbeilaufen, sondern wir haben auch keinen direkten Einfluss auf die weitere technologische Entwicklung, wir bleiben weiter abhängig und erpressbar, so wie wir es jetzt schon lange bei den Themen Öl und Gas sind.

Bei der Solarenergie ist es ähnlich abgelaufen wie in der Automobilindustrie. Bis vor wenigen Jahren hatte das deutsche Erneuerbare-Energien-Gesetz (EEG) für einen beispiellosen Boom der Solarindustrie weltweit gesorgt. Wir Deutsche haben das überhaupt erst möglich gemacht und wir haben es ganz wesentlich finanziert. Denn durch unser „EEG" ging die Fertigung von Solaranlagen endlich in die Massenproduktion! Die sogenannten Skaleneffekte und fortgesetzten Forschungen sorgten dafür, dass es zu einem nie da gewesenen Preissturz in der Energiewirtschaft kam. Weltweit! Dank uns!

Dieser Boom hält weltweit auch weiter an. Seit mehr als 10 Jahren haben wir im globalen Photovoltaik-Markt bei den installierten Anlagen ca. 40 % Zuwachs pro Jahr. In Deutschland hatte der enorme Zuwachs der Erneuerbaren Energien aus Sonne und Wind zeitweilig zur Folge, dass das Geschäftsmodell der großen Energiekonzerne zusammenbrach. Und die drohten damit, massiv Arbeitsplätze abzubauen. Deswegen beugte sich die Bundesregierung der Großen Koalition nach der Bundestagswahl 2013 dem massiven Druck der damals vier großen deutschen Energieversorger und verschlechterte die Bedingungen im EEG für die Solarindustrie, die keine starke Lobby hatte. Das gipfelte in der Einführung der sogenannten „Sonnensteuer", die eine Strafe für selbst genutzten Sonnenstrom bedeutete.

Diese Sabotagepolitik der Bundesregierung führte dazu, dass der Ausbau in Deutschland dramatisch einbrach, als Folge gingen in der deutschen Solarindustrie mehr als siebzigtausend Arbeitsplätze verloren und der Boom zieht nun weitestgehend an Deutschland vorbei.

Kurzfristig ist das dumm und unbedacht. Mittel- und langfristig aber bedeutet das den Verlust von Know-how und Zukunftschancen sowie eine dauerhafte Abhängigkeit von anderen Ländern und Konzernen. Und das alles, weil der Staat ängstlich agiert und meint, an alten Strukturen festhalten zu müssen. Das ist einer der Hauptgründe dafür, dass Deutschland den Anschluss in der Energiewirtschaft der Zukunft verliert!

Kopf in den Sand

Der andere Grund ist: Angst und Skrupel vor neuen Themen, deren Folgen nicht hundertprozentig einschätzbar sind. Haben Sie zum Beispiel schon mal von CRISPR/Cas gehört? Wenn nicht, geht es Ihnen wie den meisten Deutschen. Dabei ist das eine der bahnbrechendsten Innovationen in der Biochemie. Die Methode wurde 2012 entwickelt und macht es erstmals möglich, ungeheuer schnell, einfach, preiswert und zielgenau das Gen einer Pflanze, eines Tieres oder eines Menschen zu verändern.

Das kann sehr segensreich genutzt werden, da hier viele der Risiken, die wir bisher bei der Gentechnologie kannten, wegfallen. Zum Beispiel bei der Behandlung von genetisch bedingten Erbkrankheiten. Oder bei der Pflanzenzüchtung, zum Beispiel bei der Entwicklung von Pflanzen, die zum Wachstum nur ein Minimum an Wasser benötigen oder vielleicht gerade dort gut wachsen, wo die Luft besonders schlecht ist.

Aber natürlich ist das nicht unumstritten, denn Sie können damit im Prinzip auf einfachste Art den gesamten Baukasten der Natur auf den Kopf stellen. Ich will das auch gar nicht naiv schönreden. Aber bei uns in Europa stoßen solche Themen leider nicht etwa auf ein offenes, diskussionsfreudiges Klima. Sondern sie landen sofort auf dem Abstellgleis durch eine tiefsitzende Technik- und Fortschrittsskepsis, die nach dem Motto zu funktionieren scheint: *Was ich gar nicht erst diskutiere, gibt es auch nicht.*

Und für Europa funktioniert das auch. Das gesellschaftliche Klima führt dazu, dass sich kaum noch jemand traut, wegen der ethischen Bedenken und Risiken in solchen Themenfeldern zu forschen oder in sie zu investieren: *Wir lassen lieber die Finger davon, das ist ja GENTECHNIK ...*

Derweil werden in anderen Ländern diese Fragen beantwortet und Fakten geschaffen, an die wir wissenschaftlich und wirtschaftlich keinen Anschluss mehr bekommen. Das bedeutet nichts anderes als: Wir stecken den Kopf in den Sand!

Was wir nicht diskutieren und selbst gestalten, gibt es dadurch zwar tatsächlich in Deutschland nicht, allerdings lediglich, was die konkrete Wertschöpfung, den Wissensgewinn und die Jobs betrifft. Aber die entstehen dafür anderswo in der Welt. Und es lässt uns alt aussehen. Wir überlassen es den Forschern anderer Länder, hier die Entwicklung voranzutreiben und die Standards zu setzen

Dieselbe *Kopf in den Sand*-Strategie erleben wir bei der Entwicklung von In-vitro-Fleisch. Für mich eine der größten Hoffnungen für die Rettung unseres Klimas, auf die ich noch genauer eingehen werde. Aber in Deutschland ist das Thema überwiegend verpönt, weil die einen Vegetarismus für ethisch konsequenter halten und die anderen bei solchen Stammzellentechnologien grundsätzlich eine ablehnende Haltung einnehmen. Deswegen wird an dem Thema hauptsächlich nicht bei uns, sondern in Israel, in den Niederlanden und in den USA gearbeitet. In Kalifornien gibt es das Ersatzfleisch sogar schon zu kaufen – zu stolzen Preisen noch, aber da werden wichtige Erfahrungen gesammelt. Auf die wir uns von vornherein gar nicht erst einlassen.

Das Nichtstun und die Verdrängung der verantwortlichen Akteure haben aber keine aufschiebende Wirkung. Im Gegenteil: Sie entziehen uns Einflussmöglichkeiten, die wir heute noch haben.

Wir haben die Chance, mit der künstlichen Intelligenz die Welt zu zerstören, aber wir können sie ebenfalls retten. Die großen Fragen zu den entscheidenden Themen unserer Zeit lauten folgendermaßen: Wie schaffen wir es, 7,5 Milliarden Menschen – und es werden jeden Tag mehr – mit der benötigten Menge an sauberer Energie zu versorgen, damit diese möglichst alle so komfortabel leben können wie wir? Wie schaffen wir es, diese

Menschen gleicherweise mit gesunden Nahrungsmitteln zu versorgen? Wie schaffen wir es, diese Menschen mit der benötigten Mobilität zum Transport ihrer selbst, der benötigten Waren und Güter zu versorgen?

Wie schaffen wir all das, ohne gleichzeitig diesen wunderbaren Planeten endgültig zu plündern und uns, der Gattung Mensch, die Lebensgrundlage zu rauben? Diese nicht beantworteten Fragen sind das eigentliche schleichende Gift, das uns bedroht.

Nutzen wir die Chancen der Digitalisierung nicht und lassen die Dinge laufen, dann ist alles, was jetzt schon schiefgegangen ist, nur harmlos und unbedeutend im Vergleich zu dem, was auf uns zukommt. Dann wird der Klimawandel zu globalen Auswirkungen führen, für die unsere Fantasie nicht ausreicht.

Dann – aber nur dann – geht es für uns alle um Leben und Tod.

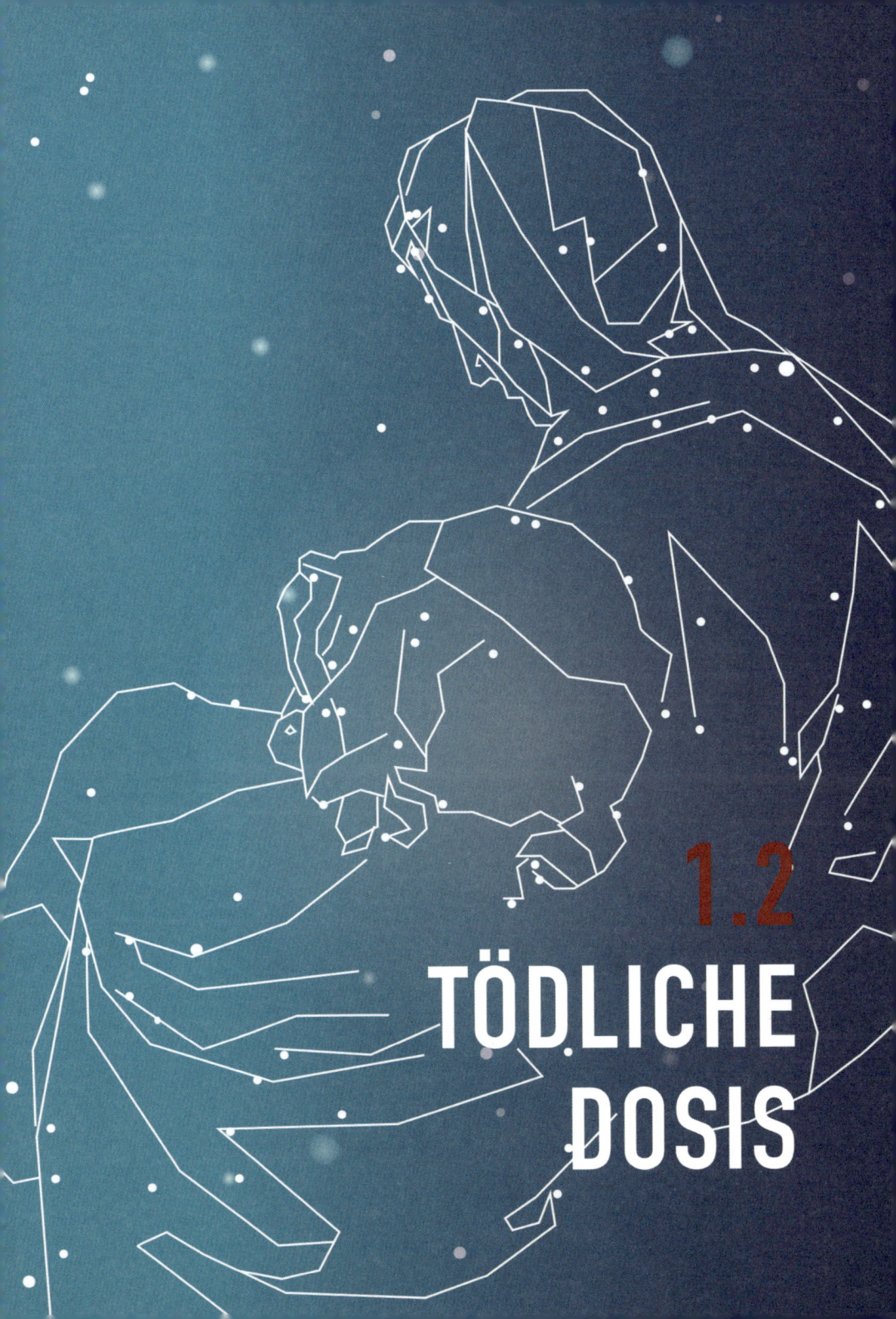

1.2

TÖDLICHE

DOSIS

Ich bin ein Optimist.

Denn: Ich glaube ganz fest an die Fähigkeit der Menschheit, sich – gerade mithilfe der Digitalisierung! – am Schopf zu packen und aus dem selbst geschaffenen Sumpf der fortschreitenden Zerstörung unserer Welt zu befreien.

Denn: Ich bin fest davon überzeugt, dass es möglich ist, den ungeheuren Machtzuwachs der Datengiganten wie Google, Apple, Alibaba, Amazon, Facebook und Co. zu kontrollieren und die Vorzüge einer demokratischen, freien und offenen Gesellschaft auch in der digitalen Welt zu bewahren.

Denn: Ich traue Wirtschaft und Politik in Deutschland und Europa unbeirrt weiter zu, dass sie erwachen und ernsthaft damit beginnen, den Rückstand zur technologischen Entwicklung in anderen Teilen der Welt wieder aufzuholen.

Aber ...

... manchmal bin ich auch ein Pessimist.

Denn mein Optimismus ist durch die vielen Gespräche, die ich mit Politikern und Wirtschaftsleadern führe, mittlerweile schwer angekratzt. Weil ich da zu viel Realitätsverweigerung und Ignoranz erlebe. Nach solchen Unterhaltungen fällt es mir häufig schwer, an den Sieg der Vernunft zu glauben.

Dann erlaube ich mir auch einmal, voller Pessimismus in die Zukunft zu schauen und eine düstere Vision an die Wand zu malen. Denn ich sehe schwarz dafür, wie sich unsere Welt und unsere ökologische und wirtschaftliche Situation unweigerlich entwickeln werden – wenn wir JETZT nicht umsteuern.

Damit dramatisiere ich nicht. Ich beschreibe nur ganz nüchtern eine real existierende Gefahr. Ich tue das nicht etwa, weil ich die Botschaft aussenden möchte: *Ach Leute, es ist eh zu spät, da ist nix mehr zu machen, die Welt geht so oder so den Bach runter ...*

Nein, ich tue es, gerade weil ich ja fest daran glaube, dass wir eine Chance haben, das Blatt noch zu wenden. Dafür ist es so wichtig, der Gefahr wirklich ins Auge zu sehen und sich klarzumachen, was uns sonst erwartet.

Overkill

Also, schauen Sie bitte mit mir in den Abgrund. Dazu gehört gar nicht viel Fantasie, denn die meisten ahnen die Lage schon. Aus vielen Gesprächen weiß ich, wie groß die Sorge um unsere Zukunft bei den Menschen schon ist – ich habe im ersten Kapitel ja auch schon davon erzählt. Viele Menschen, mit denen ich rede, bringen ihre Einschätzung auf die so pauschale wie hilflose Formel:

Alles spielt verrückt!

Und sie meinen damit viele verschiedene Dinge:

Das Wetter spielt verrückt, die Politiker spielen verrückt, die Weltwirtschaft, der Verkehr ... Wahlweise sind es auch die Bundesregierung, die Europäische Kommission, Donald Trump, Wladimir Putin, Recep Erdogan, Alice Weidel, Markus Söder, Horst Seehofer, die Migranten, die Muslime, die Rechten, die Autofahrer, die Radfahrer, die Vegetarier, die Veganer, die Immer-Noch-Fleischesser, die Energiekonzerne: Sie alle spielen für irgendwen verrückt.

Diese um sich greifende gegenseitige Für-Verrückt-Erklärerei ist der Reflex auf eine Welt, die ihre Probleme nicht mehr in den Griff bekommt. Die ganze Welt ist verrückt! Das macht Angst und verunsichert extrem. Da geht gerade etwas den Bach runter. Und ich kann mir ausmalen, dass diese Untergangsstimmung auch manche von Ihnen umtreibt.

Treiben wir auf also wirklich langsam aber sicher auf den Weltuntergang zu?

Ich fürchte, genau darum geht es. Unsere Welt steht kurz vor dem Kollaps. Der ganze Laden hier in diesem Land, auf diesem Kontinent, auf diesem Planeten, ist schwer vergiftet. Und das Gift hat bald eine tödliche Dosis erreicht. Es ist kurz vor knapp. Kurz vor dem ultimativen Overkill. Wenn wir nicht schleunigst die Herausforderungen der Zukunft annehmen, statt uns vor ihnen wegzuducken, dann erwartet uns eine unvorstellbare wirtschaftliche, politische, medizinische und ökologische Katastrophe.

Und die Katastrophe droht uns nicht nur aus einer Richtung. Ich sehe gleich drei verschiedene Problemfelder. Jedes für sich ist in den Auswirkungen schon katastrophal. Und doch haben sie alle auch miteinander zu tun, denn sie beeinflussen und verstärken sich auch noch gegenseitig ...

Mega-GAU

Das eine Problem ist der Mobilitätsinfarkt. Wenn ich über die Verkehrssituation in den Ballungsräumen dieser Welt spreche, sollte ich eigentlich nicht das Wort Mobilität verwenden. Immobilität wäre viel treffender. Raten Sie mal, wie viele Stunden Autofahrer heute durchschnittlich pro Jahr im Stau verbringen. In Los Angeles waren es 2016 im Schnitt 104 Stunden, in Moskau 91 Stunden. In den westeuropäischen Spitzenreiter-Städten London und Paris sind es 73 beziehungsweise 65 Stunden.

Weil wir in Deutschland nicht die Megacitys anderer Länder haben, klingt es bei uns noch etwas harmloser: München liegt auf dem ersten Platz mit fast 49 Stunden Stau. Aber das ist auch schon schlimm genug, denn das sind nur die durchschnittlichen Stunden in den Städten. Wenn Sie die ganzen Staustunden auf den Autobahnen dazunehmen und sich vorstellen, was das für Geschäftsleute oder Berufskraftfahrer bedeutet – denn deren Anteil ist natürlich um ein Vielfaches höher – dann ist das geradezu abenteuerlich.

Neulich telefonierte ich mit einem Freund und schlug ihm vor, dass wir uns noch zum Essen treffen könnten. Er meinte:

Ach, schöne Idee, aber ich bin eben erst nach Hause gekommen und habe zum ersten Mal vor meiner Haustür einen Parkplatz ergattert. Du glaubst doch wohl nicht, dass ich da nochmal wegfahre. Lass uns ein anderes Mal treffen ...

Das klingt lustig, und wir haben uns irgendwie an das Problem gewöhnt. Aber die Sachlage ist todernst. Denn wenn wir den Verkehr nicht schnellstens intelligenter organisieren, dann werden sich diese Standzeiten dramatisch erhöhen und es droht bald der ultimative Stillstand. Schon jetzt sind rund 33 % des innerstädtischen Verkehrs reiner Parkplatzsuchverkehr, der riesige Bedarf an Parkflächen kostet uns in jeder Stadt unzählige Hektar an Lebensraum. Und zwar jeden Tag mehr.

Kein Wunder: In Deutschland stieg die Anzahl der PKWs zuletzt um ca. eine Millionen Stück pro Jahr, und die Warentransporte über die Straße nehmen aufgrund der LKW-freundlichen Politik ständig zu, während sie – was für ein Wahnsinn! – auf der Bahn sinken. Die Straßenfläche kann überhaupt nicht in gleichem Maße mitwachsen, sodass sich der schon längst spürbare Verkehrsinfarkt unweigerlich ständig und dramatisch verschlimmert.

Das kostet uns aber nicht nur Lebenszeit und Lebensraum, sondern raubt uns den letzten Atem, weil es die Luft vergiftet. Die macht uns immer kränker, genauso wie der ständig zunehmende Lärm. Und die sich ständig steigernden Abgasemissionen beschleunigen den sowieso schon verheerenden Klimawandel, auf den ich gleich noch zu sprechen komme.

Wegen der Feinstaub- und Stickoxidwerte reden wir jetzt endlich auch über Fahrverbote, Elektroautos und alternative Mobilitätskonzepte, vor allem über mehr Radverkehr. Das ist alles gut und sinnvoll, ändert aber nichts daran, dass das Konzept des Individualverkehrs und der autogerechten Stadt angesichts der schieren Menge und der daraus resultierenden Probleme nicht mehr funktionieren kann. Eines ist klar: Wenn wir diese Wende nicht schaffen, dann steuern wir auf einen Verkehrs-Mega-GAU zu – mit weitgehender Immobilität sowie mit verheerenden Auswirkungen auf unser Leben und Wirtschaften.

Zu dieser dramatischen Situation gesellt sich der zweite Faktor, der unsere bequeme Welt bedroht ...

Irrsinniges Wachstum

Mehr als 7,55 Milliarden Menschen leben zurzeit auf der Erde.

Für das Lesen dieses Satzes haben Sie vermutlich noch nicht einmal eine Sekunde benötigt. In dieser knappen Sekunde sind es schon gut zwei Menschen mehr geworden. Und am Ende dieses Tages werden Sie nicht nur einige Kapitel dieses Buches mehr gelesen, sondern auch die Weltbevölkerung wird um 230.000 Menschen zugenommen haben.

Dieser gigantische Zuwachs hat sich nicht linear seit Beginn der Menschheit entwickelt. Vor ca. 2.000 Jahren, bei Jesu Christi Geburt, lebten weniger als 300 Millionen Menschen auf der Welt. Mitte des 18. Jahrhunderts waren es dann immer noch weniger als 800 Millionen – die Weltbevölkerung stieg also in ca. 1.750 Jahren um weniger als 500 Millionen Menschen. Aber dann änderte sich alles!

Mit der Erfindung der Dampfmaschine begann das Zeitalter der ersten industriellen Revolution, die uns aus einer bitterarmen Agrargesellschaft zu einer Leistungsgesellschaft machte. Und in deren Verlauf setzte ein ungeheures Wachstum ein: Es kamen noch einmal ca. 500 Millionen Menschen hinzu. In ungefähr 100 Jahren! Und im Verlauf der zweiten industriellen Revolution, die uns während einer Zeitspanne von ebenfalls ca. 100 Jahren endgültig in die Industriegesellschaft führte, legte die Weltbevölkerung dann schon um ca. 1 Milliarde Menschen zu. Warum diese Beschleunigung? Weil wir, die Menschen, Stück für Stück gesellschaftlichen Wohlstand entwickelten, Gesundheits- und Rentenversicherungssysteme, soziale Sicherheiten.

Und jetzt? Seit dem Jahr 2000 sind bis heute schon wieder ca. 1,5 Milliarden Menschen hinzugekommen. In gerade einmal 18 Jahren. Und warum? Weil wir es möglich gemacht haben. Durch drei industrielle Revolutionen innerhalb von ca. 250 Jahren, in denen nichts geblieben ist, wie es war. Weil wir Technologien, Bewusstsein, Wissen und Verstand erreicht haben, die eine solch ungeheure Entwicklung erst ermöglichten. Wir haben weitestgehend die großen Seuchen und vor allem die elenden großen Kriege besiegt.

Wir haben es sogar möglich gemacht, alle diese Menschen zu ernähren. Denn auch, wenn heute immer noch ca. 800 Millionen Menschen auf unserem Planeten an Hunger leiden, so liegt das nicht daran, dass wir sie nicht ernähren könnten! Sondern schlichtweg an der Gier der reichen Gesellschaften – und damit sind wir, die Bürger in den industrialisierten Ländern gemeint.

Aber natürlich stellt sich die Frage, ob wir diese ständig noch wachsende Anzahl von Menschen auch in Zukunft satt bekommen? Und vor allem: mit welcher Art von Lebensmitteln?

Immer mehr Fleisch

Leider gibt es dazu drei schlechte Nachrichten. Die erste ist: Spätestens bei 10 Milliarden Menschen wird das schwierig werden. Und diese Zahl werden wir in diesem Jahrhundert mit hoher Wahrscheinlichkeit noch erreichen!

Die zweite: 30 % der Lebensmittel, mit denen wir alle satt bekommen könnten, landen in Westeuropa und den USA auf dem Müll. Sie werden von uns vernichtet! Wir haben also ein gigantisches Verteilungsproblem, das auch auf mangelndem Bewusstsein der Verbraucher, der Politik und des Handels beruht.

Und die dritte schlechte Nachricht ist: Fast drei Viertel, nämlich 70% der landwirtschaftlichen Flächen dieser Welt, die theoretisch für den Anbau von menschlicher Nahrung zur Verfügung stehen könnten, sind für den Anbau von Futtermitteln blockiert. Futtermittel für Tiere, die wir erst züchten, dann töten und dann essen.

Und wir essen nicht etwa weniger Fleisch, wie Sie angesichts der vegetarischen und veganen Trends in unserer Gesellschaft denken könnten: Nein, der Fleischkonsum nimmt weltweit immer noch zu. Seit den Sechzigerjahren des 20. Jahrhunderts hat er sich mehr als verdoppelt – pro Kopf, also völlig unabhängig von der seitdem verdoppelten Anzahl an Menschen! Das heißt, de facto werden unterm Strich heute mehr als viermal so viele Tiere verspeist wie vor rund 50 Jahren.

Die Menschheit will immer mehr Fleisch essen, und das ist unser eigentliches Ernährungsproblem. Für 1 Kilogramm Fleisch werden laut Berechnungen des WWF unter anderem 2,6 Kilogramm Getreide benötigt. Sie könnten also mit demselben Aufwand mehr als zweieinhalbmal so viele Menschen satt bekommen, wenn Sie statt Futtermitteln Gemüse, Salate und andere Lebensmittel anbauen würden.

Aber der Fleischkonsum bewirkt nicht nur ein Ernährungsproblem, sondern auch eine Umweltkatastrophe. Für ein Kilogramm Fleisch werden 15.000 Liter sauberes Trinkwasser (!) und bis zu 45 qm an landwirtschaftlicher Nutzfläche benötigt. Und last but not least werden bei der Tierhaltung ungeheure Mengen an Treibhausgasen aus verschiedensten Quellen frei: durch die bei der Verdauung der Rinder entstehenden Methangase, durch den Anbau der Futtermittel, durch Düngung, durch Abholzung von Regenwald und Umwandlung von Savannen in Weideland. Rund ein Drittel des weltweiten CO_2-Ausstoßes entsteht in der Landwirtschaft und damit ganz wesentlich durch die Produktion von Schlachttieren – damit ist unser Fleischkonsum ein wesentlicher Treiber des Klimawandels.

Hinzu kommt noch die Vergiftung unseres Grundwassers durch die Überdüngung. Schon jetzt bedeutet es einen ungeheuren Aufwand, den wir alle mit unseren Gebühren bezahlen müssen, das Wasser in einen genießbaren Zustand zu bringen, und der Tag ist nah, an dem das nicht mehr gelingen wird.

Und als wäre das alles nicht schon schlimm genug, entstehen durch den Medikamenteneinsatz bei der Massentierhaltung Antiobiotikaresistenzen, die längst besiegt geglaubte Krankheiten wieder zu verheerender Aktivität führen können. Nach Überzeugung vieler Mediziner werden diese zu einem medizinischen Ausnahmezustand führen, auf den wir überhaupt nicht vorbereitet sind.

Viele Menschen, mit denen ich über diese üblen Folgen des Fleischkonsums rede, erzählen mir stolz, dass sie die ultimative Konsequenz gezogen haben: Sie beziehen ihr Fleisch ausschließlich vom Bio-Metzger. Das ist wirklich eine gute persönliche Entscheidung. Wir alle wären gut beraten, deutlich weniger und dafür dann deutlich besseres Fleisch zu essen – wenn wir denn noch Fleisch essen wollen. Ja, der Kauf von Bio-Fleisch ist allemal besser als der von konventionell produziertem Fleisch. Aber es führt kein Weg an der Erkenntnis vorbei, dass es schon allein flächenmäßig völlig unmöglich ist, die gigantische Menge an Fleisch, die die Menschen auf der Welt essen wollen, in der Bio-Landwirtschaft herzustellen.

Und die andere Lösung, an die viele meiner Gesprächspartner glauben, ist: Die Menschen müssten halt alle Vegetarier werden. Ja, stimmt, das wäre die allerbeste Lösung. Aber ich sage Ihnen mit aller Deutlichkeit: Ich glaube nicht, dass dies ein realistisches Ziel ist! Dafür ist der Fleischhunger einfach zu mächtig!

Wenn wir aber keine realistische Antwort auf den immer noch zunehmenden Fleischhunger der Menschheit finden, drohen neue Hungersnöte, kriegerische Verteilungskämpfe und Wanderungsbewegungen unvorstellbaren Ausmaßes. Und die werden vom letzten der drei Risikofaktoren noch verschärft.

Weinbau bei Kopenhagen

Sowohl der tägliche Mobilitätsirrsinn als auch unser Fleischkonsum tragen zum Klimawandel bei, aber genauso wichtig ist unser Energieverbrauch. Energieverbrauch in der Mobilität, der Landwirtschaft und darüber hinaus überall in unserer Gesellschaft. Ähnlich wie beim Wachstum der Weltbevölkerung gibt es hier seit Beginn der zweiten industriellen Revolution Mitte des 19. Jahrhunderts einen unfassbaren Anstieg im Verbrauch fossiler Energien. Und damit im Ausstoß von Treibhausgasen. Übrigens, ganz besonders angestiegen ist der Ausstoß von Kohlenstoff durch das Verbrennen fossiler Energien in den letzten 30 Jahren. Die Täter sind also unter uns: WIR sind das! Mit dem Klimawandel haben wir nach der Atombombe das zweite Tool geschaffen, um der Menschheit ein Überleben auf diesem Planeten extrem unangenehm oder sogar unmöglich zu machen.

Die Folgen sind uns allen bekannt und ja auch bereits spürbar: mehr Hitze, mehr Feuchtigkeit, mehr Stürme, mehr Starkregen. Was wir heute davon erleben, ist bereits unbequem und lästig, aber noch nicht wirklich katastrophal. Doch die Entwicklung geht rasant weiter.

Wenn wir nicht sehr schnell das Verbrennen von fossilen Energien beenden, dann hat das massive Konsequenzen:

- Durch die fortgesetzte Erwärmung unserer Atmosphäre wird der Meeresspiegel in den nächsten Jahren ansteigen. Gefährdet werden dadurch in Europa zum Beispiel Küstengebiete in England, an den Nordseeküsten der Niederlande, Belgiens, Deutschlands und Dänemarks sowie im ganzen Mittelmeerraum. Am schlimmsten wird es aber natürlich wieder einmal die eh schon benachteiligten an den Küsten der ärmeren Länder Asiens, Afrikas und Lateinamerikas treffen.

- Und zugleich wird die Hitze beispielsweise in den Ländern rund ums Mittelmeer auf unerträgliche Temperaturen ansteigen. Länder wie Spanien, Italien, Griechenland, die Türkei, Ägypten, Marokko, Algerien und Tunesien etc. sind davon massiv bedroht. Tourismus und Landwirtschaft werden in den Küstenregionen dort kaum mehr möglich sein, die Wirtschaftssysteme werden zusammenbrechen, die Menschen gezwungen sein, massenhaft zu flüchten. Wir werden es dann nicht mehr nur mit der jetzigen Dimension von 3–5 Millionen Kriegs- und Armutsflüchtlingen zu tun haben, sondern mit Dutzenden von Millionen Klimaflüchtlingen

- Die Völkerwanderungen der Zukunft, die uns bevorstehen, wenn wir nicht schnell Fundamentales verändern, werden dazu führen, dass wir im Norden schon bald beginnen müssen, neue Städte zu bauen. Für all die Völker, die aus den genannten Gründen zu uns kommen müssen, die ohne jede Alternative sind. Wenn es im Süden so heiß wird, wie wir es aktuell befürchten müssen, dann werden wir im Norden, in Niedersachsen, Schleswig-Holstein, Mecklenburg-Vorpommern, in Dänemark, Norwegen, Schweden oder Finnland große neue Städte bauen müssen. Neu-Marseille, Neu-Palermo, Neu-Algier, Neu-Athen, Neu-Istanbul, Neu-Kairo usw. ... So wie einst New York und viele andere Städte gebaut wurden für die Menschen, die aus Deutschland und vielen anderen Ländern in die Neue Welt gingen. Im Norden ist Platz und das Klima wird dort die notwendigen Voraussetzungen bieten, um Hunderten Millionen Menschen eine neue Zukunft zu ermöglichen. Die Landwirtschaft, die heute in Südspanien angesiedelt ist, wird irgendwann kurz hinter Kopenhagen betrieben werden. Es mag heute verwegen klingen, dieses so zu denken, aber glauben Sie mir: Es wird so kommen. Wenn wir so weiter machen wie bisher. Und der Wein, den die Bauern heute in Sizilien ernten, werden diese dann rund um Flensburg anbauen, und der Weinbau wird sich noch weiter nach Norden verlagern. Denn die die nördlichste Grenze dafür lag lange Zeit aus metereologischen Gründen am 50. Breitengrad im Rheingau und hat sich in den vergangenen Jahrzehnten schon bis Schweden zum 57. Breitengrad verschoben.

- Natürlich werden solche Veränderungen zu Unruhe, zu gesellschaftlichen Auseinandersetzungen, zu Verteilungskämpfen, zu großer Armut und vielleicht zu Kriegen führen.

Aber das sind nur Beispiele aus unserer unmittelbaren Umgebung. Für die ganze Welt gilt: Wenn wir unseren Energieverbrauch nicht reduzieren und auf Erneuerbare Energien umstellen, dann wird der Klimawandel zu einem Inferno führen. Unvorstellbares Leid, Hungersnöte, Kriege werden diesen Planeten zu einem Ort des Grauens machen. Ein Überleben der Gattung Mensch wird dann gar nicht mehr oder nur noch unter entsetzlichen Bedingungen möglich sein.

In diesen Abgrund führt uns jedes einzelne der geschilderten drei Probleme. Und je mehr die drei zusammenspielen, umso schwärzer werden die Aussichten.

Ist Ihnen das schon Abgrund genug, um die Herausforderung anzunehmen? Toll, denn wie gesagt: Noch ist die Entwicklung nicht unausweichlich. Und es ist vor allem kein Grund zur Panik, sondern es sollte uns alle animieren, mitzudenken, mit zu diskutieren, mitzumischen, und unsere Möglichkeiten endlich für unseren ganz persönlichen Beitrag einzusetzen. Damit wir es schaffen, das Steuer noch herumzureißen. Und zwar nicht trotz der Digitalisierung. Sondern nur mit ihrer Hilfe, mit ihr als Instrument haben wir überhaupt eine Chance, diese komplexe Gefahrenlage wieder in den Griff zu bekommen.

Doch selbst wenn es der Menschheit gelingt, die Chancen der Digitalisierung intelligent zu nutzen und dem Globus und der Menschheit die ultimative Klimakatastrophe erspart bleibt: Uns drohen ganz unabhängig davon weitere dramatische Szenarien. Die mögen im ersten Moment nicht ganz so katastrophal klingen, aber sie werden unser Leben dennoch völlig verändern und einschränken.

Im Google-Land

Manchmal provoziere ich meine Gesprächspartner mit der Einschätzung, dass ich mir gar nicht so sicher bin, ob wir in zehn, fünfzehn oder zwanzig Jahren noch in Deutschland leben: *Vielleicht leben wir dann in iOS-Land oder in Google-, Facebook- oder Amazon-Land.*

Die Reaktion? Fassungsloses Erstaunen, amüsiertes Kopfschütteln, vehemente Ablehnung. *Was soll das? Wollen Sie den Nationalstaat abschaffen?*

Nein, will ich nicht. Ich meine auch gar nicht, dass er wirklich formal abgeschafft wird. Wahrscheinlicher ist, dass sich eine Entwicklung fortsetzt, die längst schon begonnen hat: Der Staat als Bezugsraum verliert Stück für Stück seine Bedeutung für unser Leben. Weil unser Leben mehr und mehr von einem Betriebssystem bestimmt wird – es hat heute schon teilweise viel mehr unmittelbaren Einfluss und Wirkung auf uns als manche staatlichen Strukturen.

Der Zugriff des deutschen Staates oder der Europäischen Union auf die großen Datenkonzerne ist jetzt schon äußerst begrenzt. Die Institutionen bekommen es nicht hin, die früher einmal geschaffenen großzügigen Steuerschlupflöcher wieder zu schließen, durch die uns allen die Milliarden aus der Wertschöpfung der datengetriebenen Wirtschaft entgehen. Viele der uns regierenden Politiker sind gegenüber den modernen Datenkraken bislang völlig ahnungs- und hilflos.

Diese bestimmen aber längst unser Leben. Sie organisieren und kennen einen Großteil unserer Kommunikation, sie kennen unsere Interessen, unsere Krankheiten und unsere Laster, sie wissen, wo wir uns aufhalten und wie oft wir uns wohin und zu wem bewegen. Die großen wirklich relevanten politischen Debatten und Meinungsbildungsprozesse finden schon längst nicht mehr im Parlament, sondern auf Twitter und Facebook statt – aufgeheizt und gelenkt von Fake News, Trollen und Social Bots. Amazon kennt unser Einkaufsverhalten und die dahinter stehenden Bedürfnisse bereits besser als wir selbst und weiß im Vorhinein, was wir bestellen werden.

Die erforderlichen Daten liefern wir ihnen täglich freiwillig und ohne mit der Wimper zu zucken. Die Konzerne verfügen über diese leichte Beute ganz nach Gutsherrenart. Durch eine gut gemeinte und schlecht gemachte neue Regelung wie die Europäische Datenschutzverordnung lassen sie sich nicht davon abhalten. Die ist für sie nur mittelbar relevant, weil die Daten eh irgendwo in den USA gespeichert sind und der große Teil des globalen Marktes solche Einschränkungen nicht kennt.

Und das ist erst der Anfang. Ich gehe fest davon aus, dass Amazon demnächst erste, standardisierte Versicherungsprodukte zum Beispiel für Haftpflicht, Hausrat oder den PKW-Bereich auf den Markt bringen wird, und es wird auch Finanzierungsangebote geben – in den USA gibt es ja schon Apple Pay. Mit all diesen Angeboten werden diese Unternehmen noch viel stärkeren Einfluss auf unser Leben nehmen. Und vor allem werden sie dadurch zahlreiche weitere Branchen attackieren und zerstören.

Auch die Beantwortung der Frage *Mit welcher Währung bezahlen wir eigentlich?* ist mitten in einem fundamentalen Wandel. Kryptowährungen wie der Bitcoin haben bereits begonnen, die gesamte Finanzszene durcheinander zu wirbeln. Und ich würde mich überhaupt nicht wundern, wenn die Amazons, Googles und Apples in nicht allzu ferner Zeit auch eigene Währungen im Markt platzieren. Denn letztlich geht es bei Währungen immer nur um Vertrauen der beteiligten Wirtschaftsakteure in den, der die Währung ausgibt bzw. in die Märkte, in denen dieses Zahlungsmittel möglichst wertstabil eingesetzt werden kann – und da könnte ein weltweit erfolgreiches Unternehmen in Zukunft durchaus vor den kriselnden und schuldenbelasteten Staaten und Finanzinstituten die Nase vorn haben. Oder anders gesagt, wem würden Sie denn heute schon mehr vertrauen, dass er ordentlich auf Ihr Geld aufpasst und auch in 10 Jahren noch erfolgreich am Markt agiert? Amazon oder der Deutschen Bank?

Ich höre weiter, dass Uber-Chef Dara Khosrowshahi ankündigt, sein Unternehmen zum „Amazon der Mobilität" zu machen. Was – wenn es gelingt – nicht mehr und nicht weniger bedeutet, als dass ein Großteil des weltweiten Verkehrs zukünftig in der Hand eines Konzerns liegen könnte. Und es wäre egal, ob der Name Waymo, Uber, Apple oder vielleicht sogar doch Volkswagen lautet.

Ich beobachte, wie die Dynamik öffentlicher Diskussionen in den Social-Media-Plattformen – etwa in der Me too-Diskussion – zu Beurteilungen von juristischen Tatbeständen führt, neben denen juristische Prozesse und Urteile keine große Relevanz mehr haben.

Ich nehme wahr, dass wir alle permanent im Netz von Meinungsforschern befragt werden und wie damit fern von jeder Wahl und Parlamentsabstimmung Politik gemacht wird. Sodass ich es für sehr wahrscheinlich halte, dass in wenigen Jahren wichtige politische Abstimmungen von Facebook organisiert werden und die Ergebnisse dann so relevant sind, dass viele Politiker sich zunehmend danach richten werden. Wenn Sie sich nun fragen, ob und in welcher Weise diese Daten dann manipuliert sind, frage ich Sie nur zurück: Besteht die Gefahr nicht heute schon genauso? Wer will das kontrollieren? Wir wissen heute, dass die russische Regierung bereits in der Vergangenheit Wahlen in den USA und anderen Ländern manipuliert hat. Wer sagt uns, wer alles heute unsere Wahlen in Deutschland bereits manipuliert?

Algorithmen statt Gesetze

Im Kern führt die Entwicklung dahin, dass Algorithmen für unser Leben womöglich bestimmender sein werden als Gesetze. Lassen Sie mich das an einem Beispiel erklären. Ich halte es für unwahrscheinlich, dass Ihnen Gesetze in der Zukunft verbieten werden, Alkohol zu trinken. Mit Prohibition haben Staaten eher schlechte Erfahrungen, es kommt erwiesenermaßen zu mehr Alkoholkonsum als ohne Verbote. Mag sein, dass demnächst auch auf Ihrer Bierflasche Gesundheitswarnungen wie auf einer Zigarettenpackung stehen, aber vom Gesetzgeber aus dürfen Sie diese vermutlich dennoch kaufen und austrinken.

Wahrscheinlicher ist, dass Ihre Gesundheits- und Konsumdaten von Algorithmen überwacht werden. Und Ihnen eine freundliche Computerstimme beim dritten Glas Bier zuraunt: *Du hattest schon zwei. Hör jetzt lieber auf!* Eine Stimme, die auch Ihren Konsum von Kohlehydraten mit Ihrem Kalorienverbrauch und Ihren Fleischverzehr mit Ihrer persönlichen Klimabilanz abgleicht und Ihnen gut gemeinte Ratschläge gibt, die Sie kaum ignorieren können. Weil Ihre Krankenversicherung damit gekoppelt ist und Sie mehr zahlen müssen, wenn Sie die Ratschläge ignorieren.

All das gibt es in Ansätzen schon. Sie zahlen als Freiluftparker heute schon mehr für die Autoversicherung als ein Garagenbesitzer. Sie können Amazon auch heute schon bitten, regelmäßig Ihren Socken- oder Fruchtsaftbestand aufzufrischen. Sie müssen das alles nur einen Tick weiterdenken.

Und sehr gut möglich ist es, dass Ihr Bier in Zukunft, weil der stationäre Einzelhandel weitestgehend in die Insolvenz gegangen ist, nur noch von Amazon geliefert wird. Und Amazon Sie womöglich nicht mehr mit Bier beliefert, wenn Ihr Lieferkontingent überschritten ist.

Genauso wahrscheinlich ist, dass Amazon sowieso nicht mehr wartet, was Sie bestellen, sondern Ihnen das liefert, von dem Amazon lange vor Ihnen weiß oder glaubt oder wünscht, dass Sie es kaufen wollen oder benötigen.

Gut möglich auch, dass Sie das Gelieferte bei Amazon gar nicht mehr direkt bezahlen. Sondern Ihnen für Ihre Arbeit monatlich Geld in Amazon-Währung gutgeschrieben wird. Dieses Guthaben bekommen Sie aber nicht als Geld, sondern in Waren ausgezahlt. Vielleicht in Form von Bier, vielleicht auch als Smoothie oder Mineralwasser. Womit Amazon endgültig Ihren Konsum komplett im Griff und unter Kontrolle hätte – willkommen im Amazon-Land!

Im Würgegriff

Nun könnten Sie mit durchaus vernünftigen Argumenten die Position vertreten, dass so eine Entwicklung doch gar nicht mal so dumm wäre. Viele Menschen sind in ihrem Konsumverhalten und ihrer Lebensgestaltung unvernünftig und unberechenbar. Und all das ist doch irgendwie auch wahnsinnig praktisch. Wer eh keine Zeit zum Einkaufen hat, ist froh, wenn ihm jemand das alles abnimmt und dabei noch die Gesundheit und das Gemeinwohl im Auge hat.

Und Sie könnten ergänzen: Was soll überhaupt dieses ewige Amazon- und Facebook-Bashing? Die machen unser Leben viel leichter. Zu verbergen habe ich eh nichts, und es ist ja meine freie Entscheidung, ob ich denen meine Daten anvertraue oder nicht. Und mal ganz ehrlich: Schlechter als unsere Regierung und unsere Behörden organisieren die das Leben auch nicht, im Gegenteil. Klar, die wollen Geschäfte machen. Aber, ganz ehrlich, das wollen viele Politiker auch, sie sagen es nur nicht so offen. Und sind Mark Zuckerberg, Jeff Bezos oder Tim Cook nicht allemal vertrauenswürdiger und haben mehr das globale Wohl im Auge als Donald Trump – und vielleicht sogar als Horst Seehofer?

Ja, da ist was dran. Ich finde die skizzierte Entwicklung selbst auch gar nicht durchweg negativ. Aber die Frage ist, wie lange es wirklich unsere freie Entscheidung ist, ob wir da mitmachen oder nicht. Ob wir nicht eines Tages so umsorgt und organisiert sind, dass es kein Service mehr ist, sondern ein Würgegriff. Und wir nicht mehr frei sind in unseren Entscheidungen und unserem Leben.

Bei allem Verständnis für Cook, Zuckerberg, Bezos & Co: Ich würde nicht blind darauf vertrauen, dass die Jungs in Kalifornien immer nur Gutes im Schilde führen. Und selbst wenn es heute so wäre: Wer garantiert, dass das in fünf Jahren unter ihren Nachfolgern immer noch genauso ist?

Genau deswegen gibt es ja Demokratien: Weil selbst wohlmeinende Diktatoren, die unser Wohl und das Wohl der Welt im Auge haben, Diktatoren sind. Und es gut ist, wenn wir sie kontrollieren und bei Bedarf auch abwählen können. Dazu gibt es in meinen Augen keine Alternative und wir müssen deswegen aufpassen, dass wir die Kontrolle nicht noch mehr verlieren, als es schon geschehen ist. Die Gefahr, die ich für unsere Demokratie sehe, ist keineswegs, dass die Datenkonzerne eines Tages in einer Art Putsch die Macht an sich reißen. Viel realistischer ist die Vision, dass sie die Macht schrittweise klammheimlich schon ein Stück weit erobert haben und mit ihrer Unterminierungstaktik immer mehr davon in die Hand bekommen. Bis der Staat eines Tages ganz ohne Kontrolle und Einfluss ist.

Bundeskanzler und Bundestagsabgeordnete wären dann das, als was sie jetzt schon manchmal erscheinen: Frühstücksdirektoren, die mehr repräsentieren als handeln, die uns weiter ein Demokratietheater vorspielen, dessen Drehbuch aber längst ganz woanders geschrieben wird.

Woanders – das heißt aber nicht nur, dass sich die Macht von den Staaten auf Unternehmen verlagert, sondern auch von Deutschland und Europa in andere Teile der Welt.

Das Schwinden unserer Zukunftschancen

Denn wenn wir über Deutschland oder Europa reden, sprechen wir über die Entwicklungsländer der Zukunft!

Wie bitte, jetzt übertreibe ich? Nein, leider nicht. Die Dynamik der Weltwirtschaft geht immer offenkundiger in diese Richtung. Als Jesus Christus geboren wurde, hießen die wirtschaftlichen Großmächte unseres Planeten: China und Indien. Deren Bruttoinlandsprodukt machte damals rund 70 % des weltweiten Gesamtvolumens aus. Daneben spielten mit rund 15 % die antiken Mächte Griechenland, Rom, Ägypten und Persien eine starke Rolle. Nord- und Mitteleuropa waren wirtschaftlich gesehen noch völlig irrelevant. Zum Beginn der ersten industriellen Revolution lag der Anteil Chinas und Indiens immer noch bei stolzen 60 %.

Im Verlauf der beiden ersten industriellen Revolutionen wuchs dann der Anteil der industrialisierten Länder wie zum Beispiel Frankreich, Deutschland, Russland, Italien, Spanien sowie das Britische Empire und ab dem 19. Jahrhundert kamen dann vor allem auch die USA dazu. Diese Entwicklung kulminierte Mitte des 20. Jahrhunderts in einem Anteil Europas, Russlands und Nordamerikas von fast 80 %, während China und Indien nur noch rund 15 % beitrugen.

Seitdem aber hat sich die Dynamik wieder umgekehrt. Im Verlauf der dritten industriellen Revolution, dem Zeitalter der Mikroelektronik, sind vor allem China und jetzt auch Indien als Wirtschaftsmächte zurückgekehrt, Japan ist sehr erfolgreich geworden und im Jahr 2017 machten die Bruttosozialprodukte dieser drei Länder bereits wieder fast 50 % des Gesamtvolumens aus, während die Bedeutung der USA, Europas und Russlands als Wirtschaftsmächte im Verhältnis Jahr für Jahr wieder abnimmt. Es gehört nicht viel Fantasie dazu, vorherzusagen, dass diese Entwicklung sich fortsetzen wird und wir in 20 bis 40 Jahren in puncto Verteilung der wirtschaftlichen Stärke wieder bei Verhältnissen wie vor der ersten industriellen Revolution angelangt sein werden.

Damit wir uns recht verstehen: Ich persönlich finde es überhaupt nicht tragisch, dass die Zeit der erdrückenden wirtschaftlichen Dominanz der westlichen Welt zu Ende geht. Im Gegenteil: Wenn die wirtschaftlichen

Verhältnisse sich überall auf der Welt angleichen würden, wäre das ein Stück Gerechtigkeit und völlig in Ordnung.

Aber darum geht es ja nicht. Wir haben es hier nicht mit einer ausgleichenden Dynamik zu tun. Es ist nicht damit getan, dass einige Länder aufgeholt haben. Sondern wir erleben eine erdrutschartige Verschiebung von einem ins andere Extrem. Wir sind Zeugen eines dramatischen Verlustes der wirtschaftlichen Stärke des Westens. Und das bedeutet: den Verlust von Arbeitsplätzen, von wirtschaftlichem und wissenschaftlichem Know-how, von Wohlstand, von Einfluss, also von wirtschaftlicher und damit auch politischer Macht, von Möglichkeiten, die Geschicke der Welt weiter entscheidend mit zu lenken und zu beeinflussen.

Vor diesem Hintergrund sind die aktuellen Entwicklungen, die von populistischen Bewegungen und Parteien wie der Lega Nord, dem Front National, der AfD oder mittlerweile auch der CSU betrieben werden, doppelt schlimm. Diese Leute versuchen uns durch ihre Abschottungsfantasien vorzugaukeln, dass unsere Zukunft wieder in der Kleinstaaterei liegen könnte. Grenzen schließen, Märkte abschotten, zurück in die Zukunft. Es ist das genaue Gegenteil dessen, was wir brauchen. Wenn wir in Deutschland in der Zukunft ökonomisch und damit auch politisch noch irgendeine Relevanz auf diesem Planeten behaupten wollen, dann wird dieses nur im Zusammenhang mit der Europäischen Union möglich sein.

Auf den Punkt gebracht: Wir sehen aktuell dem Schwinden der Zukunftschancen unserer Kinder und Enkel zu. Und auch ihrer Chancen, ihren Teil zu einer Lösung unserer globalen ökologischen und wirtschaftlichen Probleme durch intelligent eingesetzten digitalen und technologischen Fortschritt beizutragen. Besonders diese Chance verschläft Deutschland gerade. Und vor allem gilt das – ich habe es im vorigen Kapitel schon angesprochen – für die deutsche und europäische Automobilindustrie.

Denn es geht heute bei der Entwicklung von wettbewerbsfähigen Autos immer weniger um PS und Hochglanzkarossen, sondern um intelligente Datenverarbeitung und -steuerung. Die Frage, nach welchen Regeln in Zukunft ein autonomes Fahrzeug fährt, hat nichts mit der bisherigen Kernkompetenz der deutschen Autobauer, dem Antriebssystem, zu tun. Sondern mit dem Betriebssystem. Die Unternehmen, die diese Systeme und Standards definieren, haben in Zukunft die Macht und entscheiden auch, wer die Fahrzeuge baut.

Das ist ein Wettrennen, in dem wir im Moment keine relevante Rolle spielen. Wir müssen es aber gewinnen, wenn wir unsere wirtschaftliche Stärke auch nur annähernd behalten wollen. Wenn uns das nicht gelingt, dann ist die deutsche Automobilindustrie in fünf bis zehn oder 15 Jahren weitestgehend platt. Autos aus Deutschland werden zum Nischenprodukt für Nostalgiker! Dann kommen diese neuen Mobile zum großen Teil aus Asien oder aus Kalifornien, zumindest rollen sie nur aus den Fabriken, mit denen Unternehmen wie Waymo, BYD oder Softbank kooperieren.

All das ist sehr besorgniserregend. Wenn wir hier nicht umsteuern, dann sind wir komplett raus aus dem globalen Wirtschaftsrennen. Dann erleben wir einen ökonomischen Super-GAU, den sich auch der ärgste Wirtschafts- und Wachstumsskeptiker nicht wünschen sollte: Denn dann stehen bei uns die Räder still.

Das, was ich Ihnen da auf den letzten Seiten geschildert habe, sind sehr realistische Folgen unserer Passivität angesichts der digitalen Revolution. Wir können diese vierte industrielle Revolution nicht stoppen, wir können sie nur steuern und mitgestalten. Wenn wir darauf leichtfertig verzichten, ist auch noch ein anderes, noch viel fürchterlicheres Szenario denkbar …

01

1.3

01010011
01001111
01010011

Ja, diese Welt rast dem Abgrund entgegen.

Die Welt? Korrekt gesagt sind wir es, die dem Abgrund entgegenrasen.

Wir, die Menschheit!

Denn dieser wunderbare Planet wird uns am Ende auskotzen und sich auch wieder von unserem fürchterlichen Handeln erholen. Das mag einige Hunderttausend oder Millionen Jahre dauern, aber er wird es schaffen.

Für uns Menschen jedoch geht es um die Frage, ob wir die Möglichkeiten bereitstellen, dass unsere Spezies noch lange ein erquickliches Leben auf diesem Planeten hat. Und wenn wir diese einzige für uns realistisch verfügbare Welt retten wollen, so habe ich Ihnen schon auf dem Cover dieses Buches zugerufen, dann müssen wir das tun, indem wir die Möglichkeiten der Digitalisierung nutzen. Denn neben unserem Verstand, unserer Empathie, unserem neuen Bewusstsein können uns die technologischen Instrumente dieser vierten industriellen Revolution helfen, alles besser als bisher zu machen!

Also, wie kann sie aussehen – die digitale Weltrettung? Wer gerne Science-Fiction-Filme schaut, hat dazu wahrscheinlich gleich ein Szenario vor Augen: Kluge und hilfsbereite Roboter nehmen den Kampf gegen das Böse und für die Menschheit in ihre mechanischen Hände und setzen die Welt mit künstlicher Intelligenz wieder auf die richtige Spur.

Alles nur Hollywood?

Nein, das ist tatsächlich denkbar.

Aber wir sollten uns nicht darauf verlassen, dass das eine gute Perspektive für uns ist. Gut möglich, dass die digitale Revolution ihre Kinder blitzschnell und mitleidlos frisst …

Ich erzähle Ihnen mal, wie das ablaufen könnte.

Atlas, der Held

Zunächst einmal brauchen wir für die Rettung der Welt Roboter, die superintelligent und robust genug sind. Wenn Sie mich fragen, wann es die geben wird, kann ich nur sagen: Die gibt es schon längst!

Zum Beispiel Atlas, der von der Firma Boston Dynamics entwickelt wurde. Ein Bild von einem Roboter: ca. 1,85 m groß, breitschultrig. Und beneidenswert fit und geschickt: Bei YouTube können Sie sich anschauen, wie er aus dem Stand anderthalb Meter hoch springt und Rückwärtssaltos macht. Da sehen die meisten Menschen schon alt dagegen aus. Und das Tollste ist: Der wird jeden Tag besser, lernt ständig dazu.

Atlas sieht genauso aus, wie wir uns einen Roboter immer vorgestellt haben und wie wir ihn aus dem Kino kennen. Es würde keinen wundern, wenn er plötzlich auch mit Flammenwerfer und Maschinenpistole aufmarschieren würde.

Und wissen Sie was? Genau dafür ist er gebaut! Boston Dynamics arbeitet vor allem für das amerikanische Militär. Das ist kein Zufall. Das Militär ist überall in der Welt eine treibende Kraft hinter der Robotik. Der Roboter, der die Spülmaschine für Sie ausräumt, ist zwar eine sympathische und völlig realistische Vision – er ist aber nur das Nebenprodukt einer Entwicklung, die eigentlich ganz anderes vorhat. Das Ziel lautet: Entwicklung von Kampfmaschinen. Und daran arbeiten nicht nur die Amerikaner, sondern mit Sicherheit auch die Russen, die Chinesen und die Israelis. Und wer weiß, wer da sonst noch so im Stillen vor sich hin entwickelt.

Das ist folgerichtig, denn die Kriege der Zukunft werden Cyber- und Roboterkriege sein. Und zum Teil sind sie das ja jetzt schon. Die Amerikaner agieren bereits seit vielen Jahren mit tötenden Drohnen am Himmel über Afghanistan oder in anderen Ländern dieser Region. Was ist das anderes als ein Roboterkrieg?

Wie bei so vielen technischen Entwicklungen ist auch die Vorstellung eines Roboterkrieges zunächst einmal gar nicht so verwerflich. Denn wenn Staaten in Zukunft Roboter statt Menschen aufeinander losgehen lassen, dann würde das zwar immer noch Unsummen von Geld und Ressourcen in völlig sinnloser Weise verschlingen. Aber es könnte auch eine Art von Fortschritt sein, wenn der Krieg der Zukunft zumindest nicht mehr Tausende und Abertausende von Menschenleben fordern würde. Aber das Beispiel Afghanistan zeigt: Auf diesen Fortschritt sollten wir nicht zu sehr setzen. Denn dort treffen die Roboter auf hilflose Menschen, und das ergibt eine nochmal perfidere und abstoßendere Variante der Kriegsführung.

Auch wenn es uns nicht gefällt: Die Armeen der Zukunft werden von Robotern geprägt werden. Millionen von ihnen werden schon in wenigen Jahren in allen Armeen der Welt die kämpfenden Truppen zunächst verstärken, später beherrschen. Und sie werden in allen Dimensionen verfügbar sein. Von der Miniaturdrohne, mit Kameras und Sensoren ausgestattet, die zur Aufklärung für heranrückende Truppen fast unsichtbar durch Gebäude fliegt, bis zu der, die mit hochexplosivem Sprengstoff bestückt an jedem Ort der Welt einem Gegner in die Ohren oder den Mund fliegt und dann in seinem Kopf eine tödliche Explosion auslöst oder alternativ ein tödliches Nervengift platziert.

Und vielleicht werden die Roboter ja an einigen Stellen der Welt sogar Gutes tun, so wie Soldaten aus Fleisch und Blut auch zuweilen. Warum sollten Militärroboter nicht eine Rolle spielen bei Blauhelmeinsätzen, bei Katastrophen wie Erdbeben, Hochwasser und Waldbränden, im Umweltschutz oder bei Aktionen zur Verbesserung von Infrastrukturen? Das wäre auch gar nichts Neues: In Japan wurden Konzerne wie Honda nach der Reaktorkatastrophe von Fukushima durch die Regierung zum Beispiel aufgefordert, die Entwicklung ihrer Roboter zu verändern. Im Vordergrund standen nun die Navigation, das Erkunden und das Aufräumen in havarierten Gebäuden, und das unter Bedingungen, die für Menschen schon nach wenigen Stunden zum sicheren Tod führen würden.

Aber zu einem ordentlichen Weltrettungseinsatz der Roboter fehlt noch etwas anderes: Menschen, die sie auf diese Aufgabe ansetzen.

Wo ist das Problem?

Das können Politiker sein oder Wissenschaftler oder NGOs oder einfach nur Menschen, die die Geduld mit den menschlichen Weltrettungsversuchen verloren haben. Solche, die der Meinung sind, dass uns jetzt nur noch die Roboter helfen können. Nehmen wir mal an, einer von denen hat Zugang zu einem der Projekte rund um künstliche Intelligenz. Die gibt es auf der Welt bereits zahlreich, wenn auch mit sehr unterschiedlichen Zielsetzungen. Deren Forschungs- und Entwicklungsergebnisse sind zum Teil heute schon wahnsinnig leistungsfähig.

Gut möglich, sehr gut möglich, dass dieser Mensch eines Tages auf die Idee kommt, einer schon sehr weit entwickelten Künstlichen Intelligenz den Auftrag zu geben:

Rette die Erde!

Was würde dann wohl passieren? Würde die Künstliche Intelligenz einen soliden Masterplan mit Tausenden von Einzelmaßnahmen ersinnen, die der Welt wieder eine Zukunft geben? Gut möglich! Das wäre natürlich erfreulich!

Aber wahrscheinlicher ist leider etwas anderes. Denn was würde die Künstliche Intelligenz mit diesem Auftrag wohl anstellen? Ich denke, sie würde zunächst die Lage analysieren. Sie würde sich fragen:

Wo liegt das Problem dieser Erde?

In Sekundenbruchteilen würde sie Folgendes herausfinden: Diesen Planeten gibt es seit 4,5 Milliarden Jahren. Bis auf die letzten 300.000 Jahre hat es auch ganz großartig funktioniert. Alle Arten lebten in einem Kreislaufsystem von Fressen und Gefressenwerden. Alles war im Gleichgewicht.

Dann aber kam der Homo sapiens. Der war den anderen Arten von vornherein beunruhigend überlegen, entwickelte ungeheure Intelligenz, strategisches Denken und: die Gier! Er begann, die Erde als sein alleiniges Eigentum zu betrachten. Dank passender Religionen fand er auch die notwendigen moralischen und ethischen Rechtfertigungen für sein Handeln, er begann sich die Erde untertan zu machen.

Vor ca. 250 Jahren begann der Mensch dann auch noch seine Gesellschaften zu industrialisieren und zunehmend fossile Energien zu verbrennen. Er entwickelte tödliche Technologien wie zum Beispiel die Kernenergie und belastet diese Schöpfung und Tausende folgende Generationen mit seinem strahlenden Abfall. Warum? Alles nur, um für einige wenige Jahre ein vermeintlich bequemeres Leben zu haben.

Die Künstliche Intelligenz könnte also sehr schnell zu diesem Ergebnis kommen:

Das Problem dieses Planeten ist diese eine besondere Spezies, die sich von allen anderen so fundamental unterscheidet: der Mensch!

Er, nur er hat die Macht entwickelt, das Leben auf diesem Planeten völlig aus dem Gleichgewicht zu bringen. Die Art und Weise, wie er Energie, Mobilität und Ernährung für seine Gattung organisiert, zerstört seine eigene Überlebensfähigkeit und gleichzeitig auch die Erde in ihrer bisherigen Form. Damit wird auch die Überlebensgrundlage der übrigen Geschöpfe vom Menschen Schritt für Schritt zerstört. Deren Artensterben ist umfänglich und wird von der Menschheit einfach als unausweichlicher Kollateralschaden akzeptiert. Es ist die unendliche Gier nach mehr Geld, mehr Bequemlichkeit und noch mehr Macht, die diese Menschen antreibt. Wären diese Zerstörer nicht mehr da – da wäre die Erde zu retten …

Die Empfehlung der Künstlichen Intelligenz müsste also folgerichtig lauten:

Eliminiert die Menschen!

Außer Kontrolle

Aber was könnte nun mit dieser Empfehlung passieren? Zu einer Umsetzung wird es doch bestimmt nicht kommen, oder? Denn die Künstliche Intelligenz hat zwar die volle Kontrolle über die Analyse, aber die Ergebnisse dieser Analysen sind immer noch unter der Kontrolle von Menschen. Und wer sollte schon ein Interesse daran haben, die gesamte Menschheit auszulöschen?

Nun ja – vielleicht ein religiöser Spinner oder ein komplett Wahnsinniger, wer weiß? Wenn wir uns manchen der aktuellen politischen Führer dieser Welt betrachten, dann scheint es ja nicht mehr ausgeschlossen, dass eines Tages sogar in einem Regierungspalast der völlige Wahnsinn ausbricht. Dort könnte dann schon jemand auf die Idee kommen, die Künstliche Intelligenz beim Wort zu nehmen, und ihr den Auftrag geben, die eigene Empfehlung auch umzusetzen. Vielleicht ja erst einmal auch nur begrenzt auf einen bestimmten Kontinent, den er gerne entvölkert sähe, weil dort unheimlich viele „BÖSE" oder „ENTARTETE" Wesen leben, die sein eigenes Volk so fürchterlich bedrohen.

Aber selbst wenn es keinen solchen Dr. No gibt – wer garantiert denn, dass der Mensch die künstliche Intelligenz wirklich immer unter seiner Kontrolle behält? Schließlich gab es schon Experimente bei Google und Facebook, bei denen die Entwickler die Kontrolle über ihre eigenen Systeme verloren haben. Da ist im Kleinen schon ein beängstigender Kontrollverlust eingetreten, doch ich habe bislang von keinen konkreten politischen Anstrengungen gehört, mit denen jemand versucht hat, diese Gefahr dauerhaft und sicher auszuschließen.

Es sind bisher hauptsächlich Philosophen, Wissenschaftler und Unternehmer, die sich mit diesen Themen kritisch auseinandersetzen. Der kürzlich verstorbene Stephen Hawking genauso wie Elon Musk, der Chef von Tesla und Space X, haben in den vergangenen Jahren immer wieder darauf hingewiesen, dass künstliche Intelligenz einerseits die größte Schöpfung der Menschheitsgeschichte ist, andererseits aber eben auch nach der Atombombe und dem Klimawandel das dritte von uns geschaffene Tool, das uns alle töten kann.

Wenn die Künstliche Intelligenz so wie damals bei Google und Facebook außer Kontrolle gerät, dann ist alles denkbar. Wer weiß, mit welchen Systemen sie verknüpft ist? Vielleicht mit anderen neuronalen Netzwerken, die schon etwas näher am militärischen Apparat sind. Und die haben vielleicht eine Verknüpfung zu einem System, welches die Aufgabe hat, eine Roboterarmee zu steuern.

Dann ist es überhaupt nicht auszuschließen, dass der Auftrag bei einer solchen Roboterarmee landet. Und die werden sehr schnell sehr leistungsfähig werden, denn sie verfügen über das, was bei uns Menschen noch kaum funktioniert: Schwarmintelligenz! Wenn Sie einem Roboter eine neue Funktion, ein neues Wissen, eine neue Eigenschaft beigebracht haben, dann reicht ein Knopfdruck, ein Update, um diese Fähigkeiten auf Tausende andere zu übertragen.

Diese Schwarmintelligenz wird besonders interessant und erfolgreich, weil sie mit einer zweiten großen Überlegenheit der Roboter zusammentrifft: Kollaboration! Wir Menschen sind ja meist schon bei mittelgroßen Teams nicht mehr in der Lage, eine effiziente und gewinnbringende Kollaboration zu organisieren. Bei Robotern ist das kein Problem. Ein gemeinsames Handeln von 10 Robotern, zu welchem Zweck und mit welcher Absicht auch immer, können Sie problemlos auf 100.000 Maschinen hochskalieren. Ohne Qualitätsverlust. Ohne Demotivation einzelner Beteiligter, ohne neue Schwächen im System.

Und so könnte sich schon in einigen Jahren eine globale Roboterarmee entwickeln und formieren. Sie wäre ausgestattet mit allen widerwärtigen Waffensystemen, die wir, die Menschen, in den vergangenen Jahrzehnten entwickelt haben.

Aber diese Armee wäre in der Lage, diese Waffensysteme viel rücksichtsloser und fürchterlicher einzusetzen, als wir es je konnten. Der Schutz des eigenen Lebens würde im Kampfeinsatz keine Rolle mehr spielen – denn Roboter haben keine Angst zu sterben. Roboter haben vor gar nichts Angst. Und Roboter haben weder Mitleid noch andere moralische oder ethische Bedenken in Bezug auf ihr eigenes Handeln. Roboter sind Maschinen!

Gut möglich also, dass die digitale Weltrettung kurz und heftig ausfällt – und ganz anders, als von vielen erträumt:

Dann könnten Millionen von Kampfrobotern einen gnadenlosen und äußerst effektiven Vernichtungskrieg gegen die Menschheit führen.

300.000 Jahre Menschheitsgeschichte wären mit einem Schlag zu Ende.

*

Und die Welt?
Hätte endlich wieder ihre Balance und ihren Frieden ...

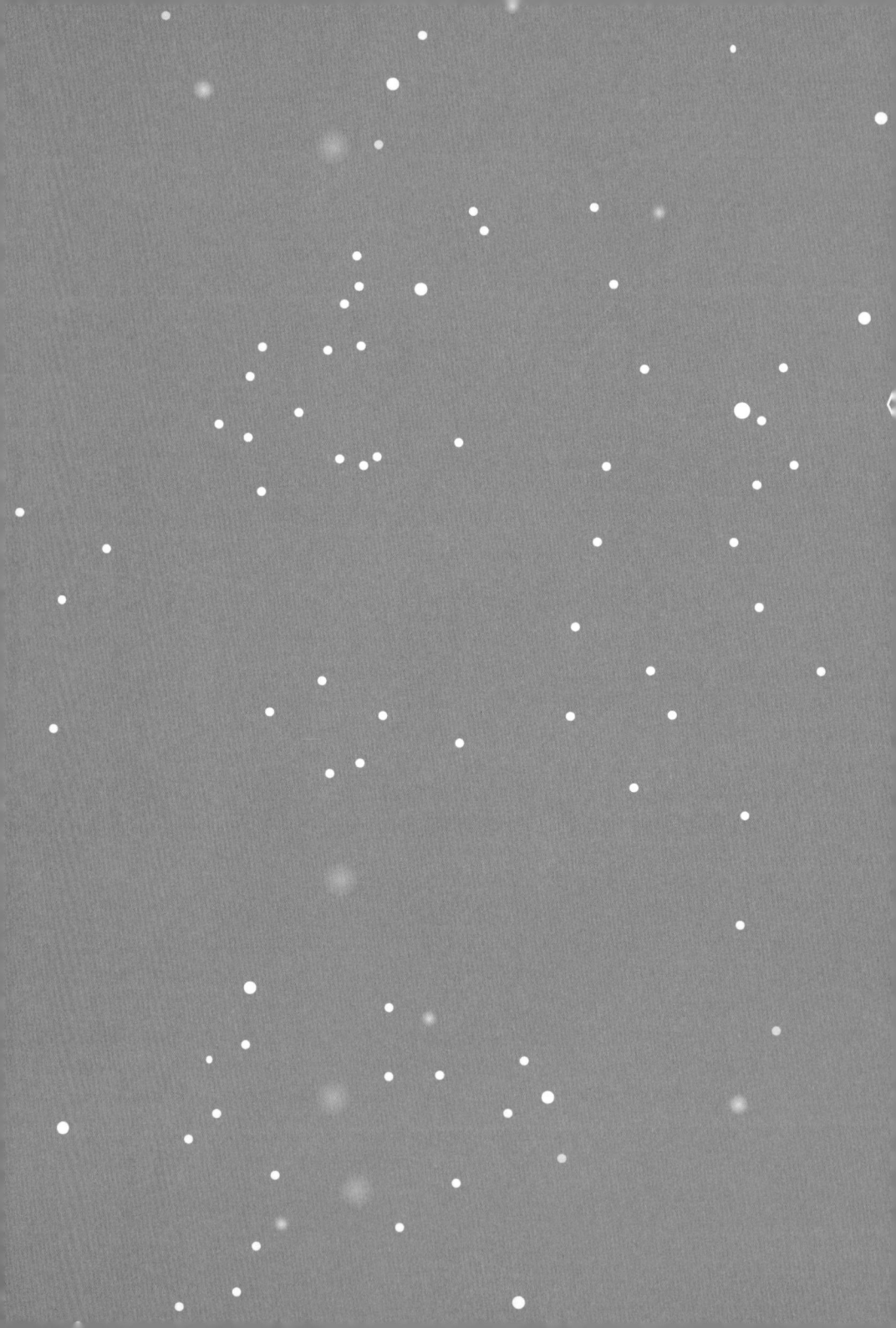

2:

SCHÖNE
NEUE
WELT!

2.1

BINÄR
IST
BESSER

Ich kann und will nicht glauben, dass es zu diesem Szenario kommt. Die digitale Welt ist nicht auf Untergang programmiert. Schon richtig: Im Moment steht sie auf Autopilot, und der steuert genau in diese falsche Richtung. Das ist jedoch nicht der Fehler der Technologie. Es ist der Fehler der Piloten. Die könnten und müssten wir sein, aber wir sitzen bequem auf den hinteren Plätzen, anstatt dass wir uns endlich hinter das Steuer setzen.

Es ist meine feste Überzeugung, dass wir diese Szenarien nicht nur verhindern können. Wir haben es in der Hand, diese Welt besser zu machen. Besser, als sie je war. Und das nicht trotz, sondern mithilfe der Digitalisierung. Denn binär ist besser.

Ja, diese schöne neue Welt wird anders sein als die heutige. Das will ich nicht bestreiten. Denn vieles ist heute nicht gut in unserer Gesellschaft, das wissen wir doch. Manche unserer schönen Gewohnheiten werden dran glauben müssen. So ist das immer gewesen, wenn das Bestehende durch das Neue ersetzt wird. Doch mein Wort darauf, dass Sie sich auch an das Neue gewöhnen können, so wie wir es doch schon tausendmal gemacht haben.

Und obwohl wir solche technologischen und gesellschaftlichen Transformationsprozesse schon so oft durchgemacht haben, obwohl wir erlebt haben, dass unsere Welt dadurch insgesamt immer besser geworden ist, beherrscht uns trotzdem zunächst einmal dieses: die Furcht vor dem Neuen. Die sagt, dass das Neue gar nicht besser sein KANN als das Alte. Schließlich ist es neu, und auch wenn der Status quo in Wirklichkeit gar nicht richtig gut ist, scheint vielen von uns der mögliche Verlust des Bestehenden als ein zu großes Risiko. Diese Verlustängste begegnen mir unglaublich oft, wenn ich mit Menschen über die Zukunft spreche. Und wenn dann das Neue auch noch irgendetwas Technisches ist, dann gehen bei manchen Leuten erst recht die Jalousien herunter. Denn das Misstrauen gegenüber Technologien an sich ist in den letzten Jahrzehnten stark gewachsen. Der Trend hat sich verstärkt, seitdem immer mehr Prozesse von Computern übernommen wurden. Seit die Entscheidungen und Abläufe in kleinen grauen Kästen verschwinden, die scheinbar kein Mensch mehr kontrolliert. Es ist und bleibt der drohende Kontrollverlust, der vielen Angst macht!

Das Beunruhigende an dieser Entwicklung ist eine mittlerweile weit verbreitete Skepsis gegenüber all den großen Errungenschaften unserer Zeit und der Wissenschaft. Wenn in den Vereinigten Staaten von Amerika mittlerweile die große Mehrheit der Bevölkerung glaubt, dass die Schöpfungsgeschichte in der Bibel wahr ist – und damit das wissenschaftliche Fundament der Aufklärung leugnet, so als hätten Einstein und Darwin nie gelebt – dann kommen wir in eine gefährliche Zeit. Das ist das Fundament, auf dem die populistischen Bewegungen in allen Ländern gerade wachsen. Und natürlich ist es kein Zufall, dass es vor allem oft die schlecht ausgebildeten weißen Männer sind, die hier den Ton angeben. Denn sie haben am meisten zu verlieren und womöglich genauso wenig zu gewinnen wie andere unterprivilegierte Gruppen auch. Sie haben vor allem eines: ANGST! Angst, dass die neuen Technologien in eine Zeit führen, in der Leute wie sie nicht mehr gebraucht werden.

Das Gespenst der Entmenschlichung geht in vielen Köpfen um.

Und es stimmt ja auch: Technologie ist nicht menschlich …

Gut oder böse?

So wie wir seit Karl Marx den Begriff „Technologie" verwenden, markiert er den Gegensatz von Mensch und (industrieller) Maschine. Seither ist für uns Technik gleich Maschine ungleich Mensch.

Daraus zu schließen, dass Technologie per se unmenschlich ist und nichts mit Menschen zu tun hat, ist jedoch Quatsch. Denn all die technologischen Innovationen, die gefühlt täglich irgendwo auf der Welt aufpoppen, sind grundsätzlich immer von Menschen gemacht. Keine einzige Technologie entsteht aus sich selbst heraus, fällt vom Himmel oder wird von Aliens auf die Erde geschmuggelt. Die Innovatoren unserer Zeit sind Menschen aus Fleisch und Blut und das waren sie auch in der Vergangenheit. Es sind meist nicht einmal abgespacete Nerds, die sich in vermüllten Ein-Zimmer-Wohnungen oder in hochgesicherten Edelstahl-Laboren hässliche Dinge einfallen lassen. Sondern es sind Menschen wie Sie und ich, die Familie haben und sich um die Zukunft sorgen.

Sie arbeiten am Fortschritt unserer Gesellschaft und das auch aus durchaus ehrbaren und nachvollziehbaren Gründen. Sie tun es in aller Regel, um einen Mangel zu beseitigen: Sie stellen fest, dass etwas nicht gut ist, und glauben, etwas Besseres finden zu können. So hat unsere Gesellschaft vor einigen Jahrzehnten, während der ersten Ölkrise, erkannt, dass wir mit Energie sparsamer umgehen müssten. Sie bemerkte, dass die damals gängigen Beleuchtungskörper, unsere klassischen Glühbirnen, total ineffizient sind, weil sie die meiste Energie in Wärme statt in Licht umsetzen. Diesen Mangel wollten Forschung und Industrie abstellen und haben in kurzer Folge erst die Halogenlampen, dann sogenannte Energiesparlampen und dann die LED-Technologie zur Marktreife gebracht.

Welch ein Glück, dass es diesen einmaligen Trieb des Menschen gibt, jeden Mangel beseitigen zu wollen, alles irgendwie noch besser zu machen, zu organisieren, zu produzieren! Auch deswegen hat sich unsere Welt immer weiter entwickelt, auch deswegen leben wir heute hier in Deutschland, in Europa, in den industrialisierten Ländern, in einem derartigen Wohlstand. Nur deswegen sitzen wir so bequem und können so viele Annehmlichkeiten genießen. Diesem Trieb verdanken wir auch die überfälligen Veränderungsprozesse in der Mobilität. Denn die Elektromobilität ist in den letzten Jahren nur deshalb spürbar vorangekommen, weil wir gemerkt haben, dass wir mit der Verbrennungstechnologie in einer ökologischen Sackgasse stecken.

Neue Technologie wird also von Menschen entwickelt, um einen von der Gesellschaft wahrgenommenen Mangel zu beseitigen. Deshalb trifft weder der Vorwurf zu, dass sie nichts mit Menschen zu tun hat, noch der, dass sie unmenschlich ist: Schließlich bringt die Beseitigung eines Mangels den Menschen fortwährend Vorteile.

Wenn Menschen innovativ werden und neue Technologien oder Anwendungen entwickeln, um einen Mangel zu beseitigen, dann haben sie meist unterschiedliche Motive: Die allermeisten wollen damit Geld verdienen und am liebsten dadurch reich werden. Manche wollen die Welt verändern, andere eher die Welt erobern und wieder andere wollen sie einfach nur retten. Meiner Erfahrung nach überwiegen bei der Entwicklung neuer Technologien eindeutig die guten Absichten. Und selbst wenn in Einzelfällen ein böses Motiv dahinterstecken sollte: Das heißt noch nicht, dass die Technik selbst böse ist.

Denn böse wird eine Technologie erst dadurch, dass wir sie entsprechend einsetzen. Weder das Schießpulver noch das Dynamit wurden entwickelt, um Menschen umzubringen. Nicht einmal die Erfinder der Technologie, die der Atombombe zugrunde liegt, wollten diese höllische Kraft gegen Menschen richten.

Darüber hinaus sind es praktisch nie die Innovatoren selbst, die über den Umgang und den Erfolg einer neuen Technik entscheiden. Das tun ganz andere Menschen: Es sind meist nicht übergeschnappte Entwickler, noch deren zuweilen geldgeilen Bosse, es sind nur selten machtgierige Politiker oder geheime Strippenzieher der Weltverschwörung. Die, die wirklich entscheiden, wie Technologie eingesetzt wird, sitzen nicht irgendwo. Sie sind uns im Gegenteil sehr nahe:

Es sind: wir selbst ...

Wir entscheiden

Wenn ich in Vorträgen an diesen Punkt komme, dann sehe ich in den Reihen häufig einige Zuhörer heftig den Kopf schütteln. Ich gebe zu: Es ist harter Tobak zu akzeptieren, dass wir es sind, die dafür sorgen, dass in den Fabriken nur noch Roboter arbeiten, die Datenkraken die Weltherrschaft übernehmen und die Menschheit bald nicht mehr genug zu essen hat. Aber es ist nun mal so.

Nehmen Sie zum Beispiel die viel beklagte Zerstörung des stationären Einzelhandels durch Amazon als größten Onlinehändler. Es war nicht Amazon, das gegen den Willen der Gesellschaft diese Dominanz an sich gerissen hat. Amazon selbst macht nur ein Angebot. Wenn keiner dieses Angebot nutzen würde, wäre dieses Unternehmen nie so erfolgreich geworden. Die eigentliche Entscheidung treffen die Konsumenten, die jeden Tag dort online einkaufen – also wir.

Wir tun das nicht, weil uns jemand zwingt oder wir keine Alternative haben. Wir tun es, weil es uns nutzt. Weil wir unglaublich viele Vorteile davon haben. Wir entscheiden uns für diese Vorteile und dafür, die entsprechenden Nachteile zu akzeptieren. Wir machen damit einen Deal. Jeden Tag machen wir weitere Deals.

Das ist nichts Neues: Als damals in den 1970er-Jahren die Supermärkte aufkamen, hat auch niemand die Kunden in die neuen Läden gezwungen. Sie sind gerne und freiwillig dorthin gegangen und haben damit akzeptiert, dass der Tante-Emma-Laden um die Ecke eingegangen ist. Weil sie einen persönlichen Vorteil davon hatten. Und genauso entscheiden wir Konsumenten heute tagtäglich aufs Neue über den Erfolg oder Misserfolg von neuen analogen oder digitalen Geschäftsmodellen.

Entscheiden wir wirklich?

Manchmal sind wir dann überrascht, weil wir nicht bemerkt haben, dass wir einen Deal geschlossen haben. Denn wir haben diese Entscheidung meist nicht bewusst, sondern intuitiv getroffen. Die Intuition entstand aus Bequemlichkeit, manchmal aus Langeweile, zuweilen aus Naivität. Wir konnten oder wollten über die Konsequenzen unserer täglichen Deals nicht nachdenken. Wir haben uns die Vorteile geschnappt und dann schnell die Augen zugemacht. Als wir sie wieder aufgemacht haben, hatten wir den Salat. Und jetzt wollen wir uns manchmal über den Salat beschweren …

Dabei ist der Unterschied zwischen einer bewussten und einer unbewussten Entscheidung nicht der, dass bei der bewussten keine Nachteile entstehen. Es gibt bei jeder Entscheidung und Veränderung Gewinner und Verlierer, egal wie Sie es drehen. Der Unterschied ist nur, dass Sie nach klarer Abwägung entscheiden, was Sie wirklich wollen und welchen Nachteil Sie bereit sind, in Kauf zu nehmen, um den Vorteil zu bekommen.

Ich kaufe zum Beispiel ganz bewusst viel online ein. Der Grund ist einfach: Ich hasse es, einkaufen zu gehen. Für mich ist Shoppen alles andere als ein Vergnügen. Ich bin noch nie gerne in die Stadt gefahren, um mir erst mühsam einen Parkplatz zu suchen, um mich dann mit Tausenden Menschen zusammen durch die Fußgängerzone zu wälzen und im Einkaufszentrum durch die Wühltische zu graben, in irgendwelchen Schlangen zu stehen und am Ende dann doch nicht das gefunden zu haben, was ich wirklich haben wollte. Ich mag auch keine Gespräche mit Verkäufern, die so uninspirierend sind, dass ich meinen festen Kaufwunsch zum erneuten Mal nicht ausübe, obwohl ich wieder einmal fest entschlossen war, mir heute endlich ein bestimmtes Produkt zu kaufen. Es gibt leider so viele schlechte Verkäufer. Ich finde das alles schrecklich.

Nur leider brauche ich ab und zu ein Paar Schuhe, einen Pullover, ein Elektrogerät oder gute Bücher. Ich konnte diese Ausflüge also früher nicht immer vermeiden. Heute schon. Und ich danke dem Internet auf Knien, dass es mir einen schnellen effizienten Zugang zu all diesen Produkten verschafft, und zwar immer dann, wenn ich es möchte.

Online finde ich auch die ausgefallensten Produkte, nach denen ich mich früher dumm und dämlich gesucht hätte: Erst vor einigen Wochen suchte ich zum Beispiel ein ästhetisch anspruchsvolles Windspiel für unseren Garten. Ich hätte Kataloge wälzen, herumtelefonieren, durch zig Läden laufen müssen. Heute gebe ich das Stichwort in die Suchmaske ein und erhalte die attraktivsten Angebote aus ganz Deutschland, Europa und der Welt.

Welch ein wahnsinniger Komfort, welch eine Transparenz!

Und bei mir im Garten dreht sich das neue Windspiel mittlerweile längst und erfreut mein Auge.

Ja, dafür nehme ich bewusst in Kauf, dass ich einen Beitrag dazu leiste, den stationären Einzelhandel in der heutigen Form nicht zu erhalten. Wenn ich mir die uniforme und teilweise leblose Gestaltung unserer Innenstädte ansehe, dann komme ich allerdings eh zu der Einschätzung, dass es guttut, wenn unsere Innenstädte von uns neu erfunden werden. Der Einzelhandel wird dabei außerhalb der großen Metropolen nur noch eine Nebenrolle spielen. Es wird wieder mehr darum gehen, Leben, Arbeiten und gemeinsame Freizeitaktivitäten in unseren Citys zu gestalten.

Der einzige Bereich, für den es in den meisten Städten, leider auch in meiner Heimatstadt Wuppertal, bislang kein ausreichendes Onlinelieferangebot gibt, ist der Lebensmittelbereich. Also muss ich meinen Bedarf nach wie vor stationär decken. Notgedrungen erledige ich das in der Regel samstags in unserem besten Supermarkt. Dort gibt es eine Ladesäule für mein Elektroauto und einen schön gestalteten Gastronomiebereich und dort treffe ich jeden Samstag viele meiner Freunde und Mitstreiter. Wir trinken einen Prosecco, essen was Leckeres gemeinsam, berichten uns von den Ereignissen der letzten Tage, planen einen Ausflug am Wochenende und organisieren zukünftige gemeinsame Aktivitäten. Es ist ein wunderbarer Start ins Wochenende, auf den ich auch nicht verzichten wollte.

Soweit zum angenehmen Teil. Nur muss ich im Anschluss leider noch in den eigentlichen Einkaufsbereich und meine Lebensmittel zusammensuchen. Ich kann Ihnen nicht sagen, wie sehr ich mich auf den Tag freue, ab dem ich mir das ersparen kann. Meine Einkaufsliste ist so wie bei den meisten Menschen jede Woche relativ ähnlich, es wäre ein Leichtes und für mich schon eine große Erleichterung, das alles per App zu bestellen und den fertig gepackten Wagen am Ausgang übernehmen zu können. Besser noch wäre es, wenn ich alles nach Hause geliefert bekäme, denn ich habe leider nicht jeden Samstag Zeit, dort zu sein. Und ich hätte auch nichts dagegen, wenn der Lieferbote es direkt in die Schränke räumen würde.

Verstehen Sie mich nicht falsch: Wenn Sie Shopping toll finden, dann ist das wunderbar. Genießen Sie es! Vielleicht gibt es dann auch in zehn Jahren noch die Läden, die Sie so schön finden. Es tut mir leid, dass ich Sie dabei nicht unterstützen kann. Doch ich habe bewusst den Deal geschlossen, bei dem der stationäre Einzelhandel in seiner jetzigen Form verliert. Weil ich eben nicht gerne einkaufen gehe!

Abschied vom Liftboy

Bei Veränderungen jeglicher Art gibt es Gewinner und Verlierer. Das war schon immer so: Früher wurde zum Beispiel jeder Fahrstuhl von einem Liftboy bedient. Die arbeiteten teils im Drei-Schicht-Betrieb, es gab deshalb ein ganzes Heer von ihnen. Als jedoch nach dem Zweiten Weltkrieg die Aufzugschaltung mit der sogenannten Selbstwähleinrichtung entwickelt wurde, schloss die Gesellschaft den Deal, die damit verbundenen Vorteile zu nutzen – und den Nachteil stillschweigend in Kauf zu nehmen: Innerhalb von wenigen Jahren waren die meisten Liftboys ihren Job los. Übrigens finden Sie in Japan in fast allen Kaufhäusern auch heute noch häufig Liftboys, die allerdings meist Liftgirls in schicken Kostümen sind. Eine Tradition, die man sich dort erhalten hat.

Obwohl der Jobverlust für die damals betroffenen Liftboys vermutlich schrecklich war, will heute keiner mehr bestreiten, dass es eine innovative Produktentwicklung gewesen ist: Sie senkte die Betriebskosten eines Fahrstuhls dramatisch. Die Wirtschaftlichkeit war viel schneller gegeben, viel mehr Häuser wurden mit immer mehr Lifts ausgestattet – ja, es wurden daraufhin wesentlich mehr Hochhäuser gebaut und damit günstigere Wohn- und Büroflächen in den Städten geschaffen.

In dem im Jahr 2001 gesprengten 110 stöckigen World Trade Center in New York transportierten 255 Fahrstühle mehr als 50.000 Besucher und 8.000 Angestellte täglich in die Höhe und wieder herunter. Das wäre ohne eine solche neue Technologie kaum möglich gewesen. Und diese Entwicklung geht unaufhörlich weiter. Aktuell revolutioniert die Firma Thyssen-Krupp die Aufzugtechnik in atemberaubender Weise. 160 Jahre nach der Entwicklung der ersten Personenaufzüge macht sie dank Digitalisierung und intelligenter Steuerung mit dem MULTI etwas möglich, was bisher nicht möglich war.

Dieser Aufzug kann nicht nur vertikal, also hoch und runter, sondern genauso auch horizontal, also nach links oder rechts, fahren. Er bringt seine Passagiere nicht nur in schwindelerregende Höhen, er fährt sie dann auch seitlich in den jeweils gewünschten Flügel eines Gebäudes. Statt an einem Seil zu hängen, bewegt sich der MULTI dank einer innovativen Magnetschwebetechnik lautlos und irre schnell durch seine Transportschächte. Es ist eine Revolution, die sich durch diese Technologie in der Architektur gerade entwickelt. Gebäude können viel höher werden, weil Menschen nicht mehr zwischen Seilaufzügen umsteigen müssen. Und vor allem können sie viel breiter werden. Denn jetzt können die Menschen auch vertikal an ihr jeweiliges Ziel gefahren werden.

Im Laufe der letzten Jahrhunderte gab es unendlich viele unbewusste Entscheidungen für technologische und damit einhergehende gesellschaftliche Veränderungsprozesse, deren Preis auch aus heutiger Sicht nicht zu hoch erscheint. Sie haben insgesamt eine Entwicklung in eine gute Richtung möglich gemacht.

Und doch können wir mit unseren Entscheidungsprozessen nicht so weitermachen wie bisher und hoffen, dass es auch weiterhin damit gut geht. Im Gegenteil: Ich habe in den vorangegangenen Kapiteln erläutert, wohin das führen würde. Denn es hat sich etwas Fundamentales verändert …

Wir müssen uns entscheiden!

Bei den hunderttausendfachen technologischen Innovationen der Vergangenheit hatten die jeweils betroffenen Menschen etwas, was uns heute fehlt: Sie hatten viel Zeit, sich ihnen anzunähern, sie zu erkunden, abzuwägen und sich zu entscheiden, wie sie damit umgehen wollen.

Sehen Sie sich den Unterschied in der Zeitspanne an, die Technologien allein im Verlauf des 20. Jahrhundert brauchten, um nach ihrer Einführung den Markt zu durchdringen und bei „Otto Normalverbraucher" anzukommen: Beim Telefon dauerte es über 60 Jahre, bis 80 % der Menschen in Deutschland ein entsprechendes Gerät hatten. Die Errungenschaften der Luftfahrt benötigten ebenfalls mehr als 50 Jahre, bis sie *massentauglich* wurden. Die Kreditkarte brauchte mehr als 35 Jahre, bis sie sich durchsetzte. Beim Radio waren es noch 15, beim Fernseher schon weniger als 10 Jahre. Beim Smartphone waren es schließlich Anfang des 21. Jahrhunderts nicht einmal mehr 5 Jahre. Nicht nur die Geschwindigkeit, mit der neue Technologien entstehen, hat sich vervielfacht, sondern auch die Geschwindigkeit, mit der sie im Alltag ankommen und mit der sie sich weiterentwickeln.

Das liegt daran, dass digitale Produkte eine wesentlich kürzere und damit auch günstigere Entwicklungs- und Fertigungszeit haben als analoge. Das wirkt sich wiederum auf die Verbreitung aus: Durch diese Verbesserungen werden die Geräte schnell dramatisch billiger. Die langsamere Marktdurchdringung damals hatte nämlich auch damit zu tun, dass die Produkte lange unerschwinglich waren: Autos oder Fernseher waren über lange Zeit sehr teuer, der Preis limitierte die verkauften Stückzahlen enorm. In der digitalen Welt sind Produkte viel schneller skalierbar und deshalb sinken sie Preise auch deutlich schneller, Massenproduktion entsteht schneller.

Aufgrund der lang gezogenen Einführungszeit war es früher so, dass sich der intuitive Annäherungsprozess an eine neue Technologie gemächlich vollziehen konnte. In der Behäbigkeit der Verbreitung konnten die Bürger diese intellektuell ganz anders begleiten. In aller Ruhe konnten die vielen die Erfahrungen der wenigen beobachten, die schon über das Produkt verfügten. So reifte nach und nach selbst im unbewussten Modus ein gesellschaftlicher Konsens über den Einsatz und Umgang mit der jeweiligen Technologie.

Dieses Schneckentempo war damals üblich, und insgesamt gesellschaftlich verträglich.. Heute wirkt die Veränderungsgeschwindigkeit sich mitunter fatal aus: Neue Technologien haben bereits allgemeine Verbreitung gefunden, bevor die Bildung einer gesellschaftlichen Übereinkunft über den Umgang überhaupt in Gang gekommen ist. Unser Umgang mit der Technologie wird deshalb von anderen Interessen vorangetrieben und geprägt: Die Zuckerbergs, Musks und Bezos' dieser Welt wissen, welcher Umgang ihnen in die Karten spielt – und arbeiten aktiv genau in diese Richtung. Das kann ihnen keiner verdenken. Doch muss uns klar sein: Deren Interessen sind nicht automatisch unsere Interessen. Und für unsere Interessen sind wir zuständig.

In Zeiten, in denen die lineare von einer exponentiellen technologischen Entwicklung abgelöst worden ist, müssen wir deutlich schneller einen gesellschaftlichen Konsens darüber herstellen, welchen Umgang mit einer Technologie wir für wünschenswert und zukunftsfähig halten. Dieses gilt gleichermaßen für die damit verbundenen Veränderungsprozesse innerhalb von Organisationen oder Unternehmen wie auch in der Gesellschaft insgesamt.

Nur wenn wir schneller werden, werden wir auch noch die Entscheidung selbst treffen können. Diese neue Geschwindigkeit werden wir aber nur erreichen können, wenn wir die Strukturen in unseren Organisationen und Unternehmen verändern. Wir müssen viel schlanker und agiler werden, Das erfordert aber vor allem den Abbau von Hierarchien, denn jede Hierarchiestufe bedeutet eine Verlangsamung eines notwendigen Veränderungsprozesses.

Das können Sie zum Beispiel in der Katholischen Kirche sehen. Mitte der 60er Jahre verzeichnete sie in Deutschland noch regelmäßig um die 12 Millionen Gottesdienstbesucher. Im Jahr 2016 waren es noch ca. 2,4 Millionen, und die Zahl reduziert sich um ca. 100.000 jährlich. Hier ist also ein kontinuierlicher Abwärtsprozess im Gange. Und die Auswirkungen auf die Organisation Kirche sind natürlich erheblich.

Es ist ein gewaltiger Transformationsprozess erforderlich, um diese Organisation in Deutschland so zu verändern, dass sie nicht weiter an Bedeutung verliert. Vermutlich besitzt die Kirche ähnlich wie Gewerkschaften und etablierte Parteien eine der am stärksten hierarchisch organisierten Strukturen. Die Tatsache, dass solche Organisationen es bislang nur so völlig unzureichend schaffen, sich neu zu erfinden und zeitgemäß zu organisieren, liegt ganz wesentlich an den viel zu vielen Hierarchiestufen. Aus dem gleichen Grund verlieren auch genau diese Organisationen zunehmend an Mitgliedern und Einfluss.

Neben den Hierarchien fehlt es bei solchen Transformationsprozessen von Unternehmen aber auch an zeitgemäßen Organisationsformen, die einen kontinuierlichen Erneuerungsprozess ermöglichen. Es braucht sogenannte Innovationslandkarten, die dazu beitragen, durch alle Hierarchien hindurch zu wirken. Vom „Consulting" im Topmanagement, über das „Coaching" im Mittelbau, bis hin zum „Teaching" auf der Arbeitsebene. Alles muss darauf ausgerichtet sein, in Teams die Kreativität und Agilität zu fördern.

Viele kreative Ideen, die mit Sicherheit in den bestehenden Teams dort aufkommen und von Menschen gerne zur inneren Erneuerung umgesetzt würden, scheitern bislang an den strukturellen Hürden. Von der Idee bis zum Entscheidungsträger ist der Weg einfach zu weit. Bis die gute kreative und innovative Idee oben angekommen ist, hat sich das Thema entweder längst erledigt, oder sie ist auf jeder Hierarchiestufe so dermaßen verwässert worden, dass bei Ankunft auf der Entscheiderebene alles das verschwunden ist, was die Idee als innovativ und kreativ ausgezeichnet hat.

Flache Hierarchien machen es möglich, solche Prozesse durchlässiger zu machen und deutlich zu beschleunigen. Und vor allem ermutigen sie die Akteure! Denn was glauben Sie, was in den Köpfen der Kreativen und Innovativen passiert, wenn sie immer wieder ihre Ideen versanden sehen? Entweder sie werden entmutigt und verlieren die Motivation, noch weiter zu entwickeln, oder sie suchen sich endlich einen vernünftigen Arbeitgeber, bei dem ihr Engagement auch begrüßt und belohnt wird. In revolutionären Zeiten wie diesen brauchen wir also solche Beschleunigungen. Und wenn Sie sich einmal die Strukturen der Technologieriesen in Kalifornien ansehen, dann finden Sie genau diese Stärke dort.

Wir können besser entscheiden!

Die Voraussetzungen dafür, dass jeder für sich und wir alle zusammen uns bewusst entscheiden, sind besser denn je. Denn mit der Digitalisierung sind Plattformen entstanden, die einen Austausch in ungeahnter Breite möglich machen. Ich sage ganz bewusst *Austausch*, denn dank dem Netz wurden erstmals öffentliche Diskussionen und Diskurse möglich, wo vorher die öffentliche Kommunikation nur wenigen vorbehalten war.

Das gefällt nicht jedem, denn dabei geht es auch und vor allem um Macht. In Vor-Facebook-Zeiten war es so: Sie lasen morgens in der Zeitung ein Statement eines Redakteurs oder eines Politikers, über das Sie sich empörten. Wenn Sie empört genug waren, schrieben Sie womöglich einen Leserbrief. Ob der allerdings dann – Tage später – abgedruckt wurde oder nicht, entschieden nicht Sie, sondern die Redaktion. Sie selbst hatten keine weitere Möglichkeit, um Teil von veröffentlichter Meinung zu werden.

So war das mit den Zeitungen, mit dem Radio und dem Fernsehen. Alle öffentliche Kommunikation war eine „Ein-Weg-Kommunikation". Die Medienmacher waren die Sender und uns Bürgern war die Rolle des Empfängers vorbehalten. Schöne ruhige Welt. Schön ruhig und gemütlich vor allem für diejenigen, die an der Schreibmaschine oder am Mikrofon saßen. Sie waren die vermeintlichen Meinungsgötter und wir durften konsumieren und uns aufregen. Was wir meinten, interessierte im Zweifelsfall niemanden. Und so war es auch noch in den Anfangszeiten des Internets.

Doch die Zeiten haben sich glücklicherweise geändert: Heute verfügt jeder, wenn er will, über mindestens einen, die meisten von uns sogar über zahlreiche öffentliche Rückkanäle, um den eigenen Standpunkt sichtbar zu vertreten. Facebook, Instagram, Snapchat, Twitter usw. ...

Das ist ein unschätzbarer Vorteil, den ich selbst schon oft erleben durfte, zum Beispiel vor einigen Jahren an einem Freitagabend gegen 22.30 Uhr. In der Onlineausgabe meiner Lokalzeitung für den Folgetag las ich einen Artikel des Chefredakteurs. In diesem Text kritisierte er mich im Zusammenhang mit meiner Kandidatur als unabhängiger Kandidat bei der Landtagswahl in NRW.

In früheren Zeiten hätte ich keine Chance gehabt, ebenso öffentlich zu erwidern und meine Argumente anzuführen. Doch so konnte ich noch am Vorabend des Erscheinens seines Beitrags in der gedruckten Ausgabe der Zeitung meine Sicht der Dinge Tausenden von Menschen über die sozialen Medien zugänglich machen. Es entstand ein echter öffentlicher Dialog, ein Diskurs, der uns durchaus in der Sache weiterbrachte. Es lag nicht mehr in der Macht irgendeiner Redaktion, mir und meiner Meinung Öffentlichkeit zu verschaffen oder nicht. Ich konnte die öffentliche Debatte gestalten und führen. Weil die elektronischen Medien eben viel aktueller, innovativer und agiler sind als ein bedrucktes Stück Papier.

Ganz ähnlich verlief die Situation, als es um die Wahl unseres Wuppertaler Oberbürgermeisters im Jahr 2015 ging. Als feststand, dass es zu einer Stichwahl zwischen dem amtierenden CDU-Oberbürgermeister und seinem Konkurrenten von der SPD kommen würde, sprach ich mich in meinem privaten Facebookaccount öffentlich für den SPD-Kandidaten aus. Ich verband diese Fürsprache zwar mit meiner Sorge darüber, ob er wohl die „Eier" haben würde, sich gegen die alten Herren in den grauen Anzügen durchsetzen zu können, die regelmäßig alle relevanten Entscheidungen in den Hinterzimmern des Wuppertaler Rathauses treffen würden. Aber ich gab ihm meine Unterstützung.

Der Aufschrei war gewaltig. Warum? Weil ein IHK-Vizepräsident natürlich normalerweise den CDU-Kandidaten unterstützt. Aber auch, weil der amtierende OB einen riesigen Fehler machte. Er beklagte sich zunächst mitten in der Nacht per SMS bei mir und dann am nächsten Tag beim IHK-Präsidenten, dessen Vize ich war und bin. Zunächst herrschte im Präsidium der IHK die Meinung vor, ich müsste zurücktreten. Ich sah das aber ganz anders und beharrte auf meinem Recht der privaten und freien Meinungsäußerung.

Es entbrannte eine öffentliche Auseinandersetzung, die ich ausschließlich über die sozialen Medien führte. Der amtierende OB verlor auch durch dieses Ereignis haushoch seine Stichwahl. Der SPD Kandidat gewann sie – und beweist leider seither, dass meine Befürchtungen in Bezug auf seine Durchsetzungsfähigkeit mehr als berechtigt waren – ein Beleg dafür, dass nicht jeder Sieg am Ende zum gewünschten Erfolg führt.

Viele in unserer Republik haben noch nicht verstanden, welch ein einmaliger Paradigmenwechsel in unserer Lebenswirklichkeit durch diese neuen Technologien entstanden ist. Welch eine ungeheure Machtverschiebung und welch ein kultureller Transformationsprozess dadurch ausgelöst wurde. Aus meiner Sicht ist das durchaus vergleichbar mit der Bedeutung der Erfindung des Buchdrucks.

Wegen dieser Machtverschiebung tun sich gerade Journalisten und unter ihnen vor allem viele Chefredakteure alter Prägung oft schwer. Ich will diesen Menschen keine böse Absicht unterstellen, denn die meisten handeln in ehrenvoller Absicht. Und dennoch oder vielleicht gerade deswegen scheint mir ihre reflexhafte Abwehr der Meinungsbildung über soziale Medien mehr eine emotionale und die eigene Position verteidigende denn eine rationale oder zukunftsgewandte Reaktion zu sein.

Vom Stammtisch zu Facebook

Natürlich kenne ich die Einwände, die nicht nur die Journalisten gegen die für alle freie Zugänglichkeit zur Öffentlichkeit haben. Es ist richtig, dass diese Freiheit auch missbraucht werden kann und missbraucht wird. Das passierte mit der früheren Ein-Weg-Kommunikation aber auch. Und zwar nicht selten, sondern ständig. Denn es war zwar gängige Praxis seit Jahrhunderten, aber noch nie gerecht, dass die einen ständig öffentlich Meinung verbreiten durften und konnten, während die anderen immer nur zuhören oder lesen mussten. Dass sich das jetzt so sehr verändert hat, ist eine der größten Errungenschaften unserer Zeit. Und wenn wir jetzt plötzlich etwas tun können, was vorher noch nie möglich war, dann ist es auch nicht weiter verwunderlich, dass wir noch Zeit brauchen, um dieses neue Recht, diese neuen Chancen richtig zu nutzen. Der Umgang mit neuer Macht und neuem Einfluss muss gelernt werden, und es braucht Zeit, hierfür ein neues Selbstverständnis zu entwickeln.

Wenn Menschen in den sozialen Medien Shitstorms entfesseln oder sich persönlich beleidigend oder rassistisch äußern, dann ist das nicht schön und zuweilen ätzend, aber durchaus manchmal nachvollziehbar. Denn der Missbrauch ist Teil des neuen Spiels. Denn jetzt finden vor allem diejenigen endlich eine Möglichkeit der Kommunikation, die in der Vergangenheit das Gefühl hatten, gar nicht gehört zu werden.

Dumme und schlecht gebildete Vereinfacher und Rassisten hat es in unserer Gesellschaft immer gegeben. Aber wir haben sie nicht so richtig bemerkt. Wo hätten wir sie denn hören sollen? An den Stammtischen in irgendwelchen Ecklokalen vielleicht, wo sie dann bierselig ihren radikalen Senf abgesondert haben. Vielleicht mal im Sportverein beim Duschen oder anschließend beim Bier. Selbst bei den Wahlen haben wir sie nicht so sehr bemerkt, weil viele von ihnen gar nicht mehr wählen gingen. Auch in den etablierten Medien sind sie bis vor wenigen Jahren mit ihren Positionen nicht vorgekommen, was ja letztlich auch zu dem Vorwurf der „Lügenpresse" geführt hat.

Jetzt ist ihre Zeit gekommen, meinen viele der Populisten. Jetzt können sie sich Gehör verschaffen und Meinung machen. Ja, das stimmt. Wir alle haben jetzt die Möglichkeit dazu. Und das gilt eben für jede Meinung. Es ist kein Zufall, dass die AfD mit weitem Abstand die erfolgreichste politische Kraft im Umgang mit den sozialen Medien ist. Diese Leute hatten den größten Druck, den größten Bedarf an Kommunikation, und sie sind schlau genug zu erkennen, welch ungeheure Chance für sie im Einsatz dieser neuen Kommunikationskanäle liegt. Joseph Goebbels hätte viel dafür gegeben, ein Facebook nutzen zu können. Ihm blieb nichts anderes übrig, als ein Radio, den sogenannten „Volksempfänger", in die Wohnzimmer der Menschen zu bringen. Jede Zeit hat ihre Technologien und Möglichkeiten. Umso wichtiger ist es, dass diejenigen, die anderer Meinung sind als die heutigen Populisten, diese Kanäle und Chancen jetzt nicht den Vereinfachern überlassen. Ganz im Gegenteil, lasst uns diese Kanäle noch viel mehr als bisher nutzen und unsere Botschaften in den bitter nötigen Diskurs einbringen!

Für uns alle ist diese neue Form der Freiheit neu, also sind wir gerade erst dabei, die Spielregeln dafür zu entwickeln und zu lernen. Übrigens, eine gesamtgesellschaftliche Debatte über diese Spielregeln hat noch gar nicht richtig begonnen. Wir haben einfach die Regeln der alten Zeit auf die neue übergestülpt. Das reicht aber nicht. Wir brauchen eine Weiterentwicklung, denn nichts ist mehr so wie früher in der Zeit der Ein-Weg-Kommunikation, und es wird auch nie mehr so sein.

Und selbst wenn wir irgendwann neue Regeln haben sollten, wird es immer wieder noch neuere brauchen. Denn die Technologien entwickeln sich ständig weiter und ich bin ganz sicher, dass im Zeitalter der augmented reality wieder alles anders sein wird und wir wieder neue Formen und Regeln benötigen werden. Schon in wenigen Jahren werden wir nämlich mit unseren digitalen Abbildern, den Avataren, völlig neue Formen der Kommunikation erleben. Digitale Kommunikation findet dann nicht mehr per Tastatur und Schrift im socialmedia post statt, sondern in virtuellen Räumen in denen mein Avatar dem Ihren begegnet und wir dann miteinander sprechen und lachen, aber uns auch prügeln könnten. Und es bleibt dabei: Die einen lernen Regeln schneller, die anderen langsamer. Und es wird immer auch welche geben, die sie nie lernen.

Partizipation per App

Die Möglichkeiten, Debatten anzustoßen, Diskurse zu führen, zu streiten, das eigene Wissen zu erweitern oder sich selbst darzustellen, sind jedenfalls für die einen wie für die anderen gigantisch: über Facebook, Instagram, über Twitter und über LinkedIn oder wie sie alle heißen. Via Hashtags finden Sie zu allen Themen dieser Welt Diskussionskreise. Bei den einen geht es eben um Katzen- und Hühnerhaltung, bei den anderen um die Frage der Energieversorgung oder die bestmögliche Aufstellung der eigenen Fußballmannschaft. So tauschen sich unzählige Menschen zu Millionen von Themen aus – und das ist großartig. Digitalisierung macht es möglich, dass Tausende und Abertausende sich mit einem minimalen Aufwand und einer minimalen Hemmschwelle an diesem Austausch beteiligen können.

Daher waren unsere Chancen, zu einer wirklich breiten gesellschaftlichen Meinungsbildung zu kommen, nie so gut wie heute. In diesem Sinne stehen uns in der binären Gesellschaft endlich die Mittel für eine bessere demokratische Willensbildung zur Verfügung.

Ich könnte mir allerdings die Haare raufen, wenn ich sehe, wie wenig wir sie aktuell nutzen. Wir wären heute schon in der Lage, die Beteiligung von Bürgern an gesellschaftlich relevanten Themen in ganz anderer Weise zu ermöglichen als bisher. Alle dafür benötigten Technologien sind vorhanden, um Debatten über Fragen von nationaler oder auch nur lokaler Bedeutung zu führen. Auch um zu einem realen Meinungsbild zu kommen.

Der Oberbürgermeister der Stadt Tübingen, Boris Palmer, hat beispielsweise eine „Partizipations-App" in Auftrag gegeben, die noch in 2018 zum Einsatz kommen soll. Mit ihr können auf allen Ebenen Debatten zu allen wichtigen Fragen, zum Beispiel der Stadtentwicklung, geführt werden. Ob es um Infrastrukturentscheidungen geht oder um andere Fragestellungen in der Zivilgesellschaft: Steht zum Beispiel eine Entscheidung an, ob ein Kindergarten in einem Quartier benötigt wird oder nicht, braucht es eine Verkehrsberuhigungsmaßnahme, und wenn ja, welche? Entsprechen die Öffnungszeiten im Rathaus eigentlich den Bedürfnissen der Bürger? Braucht es dringend einen weiteren Discounter zur Nahversorgung oder lieber eine Freifläche mit Raum für die Kids?

Es sind unendlich viele kleine Fragestellungen, über die Politiker und politische Institutionen entscheiden müssen, und wenn sie die Menschen dabei mitnehmen wollen, dann können sie mit solchen digitalen Instrumenten eine gezielte und erweiterte Diskussion mit den betroffenen Menschen vor Ort führen. Samt Abstimmung zum Zeitpunkt X. Ja, und selbst die Menschen, die noch nicht online sind, können dann im Rathaus oder im Bürgerzentrum an einem Terminal daran mitwirken.

Natürlich ersetzt das nicht den unmittelbaren und direkten Dialog untereinander im Quartier. Aber es ergänzt ihn und sorgt dafür, dass deutlich mehr Menschen sich beteiligen können, wenn sie denn wollen. Wie sehr würden uns solche Tools nutzen, die Menschen wieder stärker in Entscheidungsprozesse mit einzubinden! Gerade und vor allem auf kommunaler Ebene. Bei den Entscheidungen, die sich vor Ort, in meinem Quartier auswirken.

Wie viele Menschen, die sich heute unserem politischen System entfremdet haben, weil sie sich schon lange nicht mehr gehört fühlen, würden sich vielleicht wieder von den Populisten abwenden, wenn wir als Gesellschaft all diese Chancen nutzen und auch ihnen eine Möglichkeit der Beteiligung geben würden. Ich weiß, wovon ich spreche, denn ich engagiere mich seit mehr als 10 Jahren ehrenamtlich in der Entwicklung in meinem Quartier: im „Aufbruch am Arrenberg". Dort erlebe ich die Ohnmacht der Menschen, diesen wahnsinnigen Frust über „die da oben".

Angst vor Kontrollverlust

Politik und Verwaltung haben sich in den vergangenen Jahren viel zu weit von den Menschen und ihren Bedürfnissen entfernt. Die Frage, ob jemand ein glückliches Leben lebt, hängt neben den ganz persönlichen Aspekten von Gesundheit, Familie und sozialer Sicherheit eben auch sehr stark vom ganz persönlichen Umfeld ab.

Sie werden niemals ein glückliches und zufriedenes Leben führen können, wenn Sie in einem Quartier leben, in dem Sie jeden Abend 15 Minuten nach einem Parkplatz suchen müssen und der öffentliche Nahverkehr mangels ausreichender Frequenz keine ernsthafte Alternative ist. Oder wenn die Nahversorgung mit vernünftigen Lebensmitteln nicht erreichbar ist und Sie dann noch bei Dunkelheit nicht mehr auf die Straße gehen wollen, weil Gewalt und Kriminalität Ihnen hierfür keinen Spielraum lassen. Sie verlieren irgendwann das Vertrauen in dieses Gemeinwesen, wenn Ihnen der Kitaplatz gemäß Gesetz zwar zusteht, in der Realität aber einfach nicht in erreichbarer Entfernung existiert und das weitere Bildungsangebot sich mehr leidlich als redlich darstellt. Wenn Ihr Kind lieber in die Hose macht, anstatt auf die baufällige und verdreckte Schultoilette zu gehen. Wenn Ihnen im Sandkasten des städtischen Spielplatzes die Spritzen der Süchtigen Angst machen.

Ich habe durch mein ehrenamtliches Engagement in meinem Quartier sehr viel gelernt über die Bedeutung von Geduld und sozialem Miteinander. Unser ganzes persönliches Glück mit einem guten Beruf, wirtschaftlichem Wohlstand oder eigener Gesundheit ist nicht viel wert, wenn der soziale Zusammenhalt im unmittelbaren Umfeld verloren geht. Wir sitzen am Ende eben doch alle in einem Boot.

Spannend ist für mich in diesem Zusammenhang die Mitarbeit an einem Forschungsprojekt des Wuppertal-Instituts gewesen. Sie beschäftigen sich dort mit der Frage: Was sind die entscheidenden Themen und Faktoren, die dazu führen, dass Menschen sich glücklich und erfüllt fühlen? Sie nutzen dafür auch eine sogenannte „Glücks-App". Viele Hundert Menschen beteiligen sich an dem Projekt und nutzen diese App kontinuierlich, um kundzutun, wie es ihnen gerade geht und welche Umstände zu dem jeweiligen Gemütszustand geführt haben. Ich bin sehr gespannt auf die endgültigen Ergebnisse des Projektes. Zwischenresümees zeigen bereits durchaus überraschende Ergebnisse. Es sind oft ganz andere, viel kleinere Elemente und Faktoren, die das persönliche Glück von Menschen beeinflussen, als viele politische Akteure oft glauben.

Wenn Sie einen Eindruck davon bekommen wollen, dann geben Sie doch mal bei YouTube diesen Suchbegriff ein: *Mensch Utopia Wuppertal*. Ein wunderbarer Film, der von der Künstlerin Uta Atzpodien anlässlich des 25-jährigen Jubiläums des Wuppertal-Instituts am Arrenberg gedreht wurde. Auf die Frage *Was ist dein Utopia?* nennen Menschen da nämlich nicht so große Projekte wie Umgehungsstraßen oder neue Einkaufszentren, sondern viele kleinere Dinge wie Kinderspielplätze, Grün in der Straße, Gemüse anbauen im Viertel ... Schauen Sie mal rein, Sie werden staunen.

Auch weil die Wünsche und Träume der Menschen in den Quartieren sich oft so vehement von denen der politisch Verantwortlichen unterscheiden, sind die etablierten Parteien so sehr in die Krise geraten. Und leider muss ich feststellen, dass die Bereitschaft in der Politik bislang nur sehr gering ist, solche technischen Möglichkeiten wie zum Beispiel die Glücks-App oder die Meinungs-App zu nutzen, um in einen neuen Dialog, in ein neues gemeinsames Gestalten mit den Bürgern zu kommen.

Woran liegt das? Es ist die Angst! Die Angst vor dem Kontrollverlust, dem Machtverlust. Die meisten Politiker betrachten die sozialen Medien in allererster Linie als eine neue Möglichkeit, Werbung in eigener Sache machen zu können. Sie senden einfach nur ihre Botschaften. Das ist aber ein Missbrauch. Die sozialen Medien müssen dem Dialog, dem Meinungsaustausch, dem eigenen Wachstum dienen! Kein Zufall, dass Boris Palmer diese App in Auftrag gegeben hat. Er gehört zu den wenigen deutschen Politikern, die es verstanden haben, diese Medien für Dialog, Diskurs und Auseinandersetzung zu nutzen. Und natürlich auch für: Streit! Streit um die besten Lösungen.

Da, wo die meisten den Kontrollverlust fürchten, hat Boris Palmer längst die Chance erkannt, mit den neuen Möglichkeiten seine eigene Position zu stärken. Sein Politikstil beruht darauf, diese Technologien zu nutzen, um in den Austausch zu kommen. Er hat verstanden, dass er dort einerseits viel erfahren kann über die Wünsche und Haltungen seiner Bürger, so wie er andererseits dort seine eigene Haltung positionieren kann. Beides ist gleichermaßen wichtig. Das Beispiel Palmer zeigt ganz klar, dass es doch immer um eine Kombination von geeigneter Technologie und der notwendigen Empathie, dem notwendigen Bewusstsein bei den handelnden Personen geht.

Das Phänomen der Angst vor dem Kontrollverlust erleben wir nicht nur bei Politikern, sondern auch an anderer Stelle in unserer Gesellschaft. Ich fordere zum Beispiel seit vielen Jahren den Einsatz solcher Technologien für die Kommunikation mit den Mitgliedern des Parlaments der Wirtschaft in meiner IHK. Solche digitalen Plattformen würden uns den Wissensaustausch und den Dialog in allen Ausschüssen, Arbeitsgruppen, Parlament und Präsidium ungeheuer erleichtern.

Dass meine Wünsche erst jetzt, nach so vielen Jahren, endlich erfüllt werden, hat sicherlich auch damit etwas zu tun, dass diejenigen, die heute bestimmen und die Macht haben, bisher den Kontrollverlust befürchteten. Digitalisierung macht Dinge möglich, die bisher nicht möglich waren, und ist eine riesige Chance für mehr Effizienz, Transparenz und Einschränkung von Machtmissbrauch. Es ist die Chance für viel mehr Debatte, Partizipation und viel mehr Demokratie. Wenn wir uns richtig mit den Chancen und Risiken auseinandersetzen, endlich einen breiten Dialog darüber in Gang bringen und die Chancen dann auch konsequent nutzen.

Aber die ernüchternde Erkenntnis ist: Wir nutzen diese Chance nicht! Zumindest nicht in der gesellschaftlichen Breite, die notwendig ist. Weder in der Politik, noch bei Gewerkschaften, Kirchen oder anderen relevanten Gruppen nimmt das Thema des digital geführten Diskurses den benötigten Raum ein.

Was ist da los?

Können wir wirklich besser entscheiden?

Ich glaube, dass der Grund für dieses Ausbleiben der breiten Debatten ist, dass ganz vielen von uns, nicht zuletzt in den sogenannten Spitzen unserer Gesellschaft, etwas fehlt. Es ist die digitale Kompetenz.

Ich werde immer wieder gefragt, ob wir Facebook und andere Plattformen nicht verbieten sollten, weil sie von einigen wenigen für Shitstorms und persönliche Verunglimpfungen missbraucht werden. Ich denke, das ist ein wunderbares Beispiel, wo die digitale Kompetenz zum Tragen kommt: Wer nämlich die Funktionen dieser Plattformen zu nutzen weiß, weiß auch, wie er diesem Missbrauch das Wasser abgräbt, ohne das ganze System zu verdammen. Nur wissen das zu wenige: So meldet sich ein Freund von mir mindestens einmal im Jahr bei Facebook ab, mit der Bemerkung: *Ich kann diese Beschimpfungen nicht mehr ertragen.* Nach ein paar Wochen ist er dann doch wieder da. Ich frage ihn dann immer wieder: *Warum blockierst du die nicht einfach, die nur mit Dreck um sich werfen?*

Die Kompetenz zur selbstverantwortlichen Gestaltung macht es möglich, dass jeder seine Entscheidung für die Vorteile eines Systems mit weniger Nachteilen bezahlt. Wer die Kompetenz nicht hat, meint dann oft nach Verboten rufen zu müssen.

Wer wenig digitales Wissen hat, kann darüber hinaus nicht von den Chancen profitieren, die sich ihm zweifellos bieten. Ich kenne sehr viele

Menschen, die meisten von ihnen sind jung geblieben, modern und gebildet, und trotzdem sind viele von ihnen nicht bei Facebook. Aus welchem Grund? Sie würden das natürlich nie zugeben, aber ich denke, dass sie Angst davor haben. Und diese Angst rührt einzig und allein aus dem Nicht-Wissen. Die meisten waren bisher noch nicht einmal in Facebook eingeloggt, geschweige denn, dass sie die individuellen Gestaltungsmöglichkeiten und Chancen einer solchen Plattform wirklich im Detail kennengelernt hätten.

Für mich ist Facebook ein regelrechtes Wikipedia. Dort bin ich Mitglied in vielen geschlossenen oder offenen Gruppen zu all den Themen, die mich so interessieren. Ob es um die Quartiersarbeit bei mir am Arrenberg geht, die Entwicklung der Elektromobilität, um Energie-, Digitalisierungs- oder Ernährungsthemen. Ob um Bildung, Politik oder Sport. Für jedes Thema gibt es unzählige Gruppen, bei denen man auf spannende und wissende Menschen trifft. Aus allen Ländern dieser Erde. Dort generiere ich einen erheblichen Teil meines neuen Wissens. Dort bekomme ich täglich Links zu spannenden Veröffentlichungen und neuen wissenschaftlichen Erkenntnissen irgendwo da draußen in dieser großartigen Welt. Ich bräuchte unglaublich viel Zeit, um dieses alles recherchieren zu können. So wird es mir serviert, ich kann checken, was mich interessiert und es dann bei passender Gelegenheit nutzen. Ich generiere dort völlig neue Kontakte zu Menschen, die ich sonst nie kennengelernt hätte. Ich erfahre plötzlich von Menschen, die ich nur oberflächlich kenne, dass sie an den gleichen Themen interessiert sind wie ich. Es ergeben sich ständig neue Möglichkeiten, in neue Netzwerke zu kommen und neue Kollaborationen mit anderen Teams zu beginnen. So entwickelt sich Schwarmintelligenz.

Und wenn jemand ständig die berühmten Katzenbilder postet, nichts Sinnhaftes von sich gibt? Dann schalte ich ihn ab, blende ihn aus, blockiere ihn, weil er mir auf die Nerven geht. Man muss ja nicht mit jedem „befreundet" sein. In der virtuellen Welt ist manches leichter als in der realen Welt. Wie gerne hätte ich dort schon so manchen Nachbarn abgeschaltet, ausgeblendet oder blockiert ...

Diejenigen, die Instrumente wie Facebook einfach so ablehnen oder ignorieren, ohne sich wirklich damit auseinanderzusetzen, treffen also keine bewusste Entscheidung aufgrund einer gründlichen Einschätzung oder echten Wissens, sondern aufgrund eines diffusen Gefühls. Viele haben einfach nur Angst. Angst vor Kontrollverlust.

Der Glauben, dass eine Technologie Teufelszeug ist, verhindert bei manchem jede echte inhaltliche Auseinandersetzung mit ihr. Es bleibt bei der oberflächlichen Ablehnung. Sie verzichten damit sowohl auf die Vorteile als auch auf eine Einflussnahme bei der Weiterentwicklung.

Diese weit verbreitete digitale Inkompetenz macht die Antwort auf eine Frage extrem spannend, die mit dem Skandal um die missbräuchliche Verwendung von Facebook-Daten durch die Firma Cambridge Analytica endlich, endlich in der Politik angekommen ist. Die Frage lautet: Brauchen wir eine Regulierung der sozialen Medien? Für eine gute Antwort ist nämlich eine umfassende digitale Kompetenz notwendig. Doch haben viele politisch Verantwortliche schon Probleme damit, überhaupt nur digitale Geschäftsmodelle zu verstehen.

Ohne ein Verständnis dafür kann die Antwort nur danebengehen. Denn das Geschäftsmodell von Facebook wie das von vielen anderen Internetplattformen sieht nun mal eine Gegenleistung in Form von Daten vor. Der User nutzt einen Service ohne Geld dafür zu bezahlen und gibt dafür preis, was und wie er denkt, was er wichtig oder unwichtig findet, was ihm gefällt und was nicht. Diese Daten werden von Facebook vermarktet und dienen dem Unternehmen dazu, dem User sehr viel spezifischer als früher die Werbung zu präsentieren, die er spannend findet. Das ist der Kern des Geschäftsmodells.

Ist die Antwort der Politik, aus Unkenntnis diesen Kern zu verbieten, sind Facebook und Konsorten gestorben. Samt allen Vorteilen, die die Nutzer so gerne in Anspruch nehmen. Eine gute Antwort sieht anders aus: Die konzentriert sich auf die Bereiche, in denen der Schaden so groß ist, dass wir ihn keinem Nutzer zumuten wollen. Und nicht auf das Gesamtsystem.

Dafür ist ein Abwägungsprozess notwendig, der digitale Kompetenz erfordert. Damit können wir uns ein Bild machen und eine bewusste Entscheidung treffen. Statt aus Nicht-Wissen heraus alle Vorteile durch ein Verbot gleich mit aus der Welt zu schaffen ...

So können wir das!

Ein solcher bewusster Abwägungsprozess funktioniert aus meiner Sicht nur über die aktive Auseinandersetzung mit dem Nutzen und den Risiken und dem breiten Austausch darüber. Nur so halten wir Schritt mit dem Höllentempo, das die technologische Entwicklung vorlegt. Denn es geht um nicht mehr und nicht weniger, als darum, einen kulturellen und soziokulturellen Rahmen zu schaffen: Einen, der uns die Vorteile einer Technologie genießen und die unumgänglichen Nachteile auf eine Weise regeln lässt, die uns akzeptabel erscheint.

Was ich damit meine, will ich Ihnen am Beispiel des Sharing-Modells AirBnB zeigen. Sharing-Modelle bringen grundsätzlich unglaublich viele Vorteile mit sich: Vorhandene Ressourcen werden wesentlich besser genutzt, die Angebote sind bequem und geben uns ungeahnte Freiheiten. Deshalb ist es kein Wunder, dass AirBnB inzwischen weltweit die meisten Übernachtungen organisiert. Sie besitzen jedoch kein einziges Hotel. Was tun sie? Sie nutzen unsere Zimmer, Wohnungen und Häuser. Das ist zunächst einmal wirklich schlau und spart enorme Ressourcen. Denn die müssen nicht geschaffen werden, es gibt sie ja schon.

Doch das System erzeugt natürlich auch Verlierer: Es übt einen ungeheuren Wettbewerbsdruck auf die professionellen Anbieter aus. Diese Konkurrenz ist zuweilen auch nicht fair: Ein Hotelbetreiber unterliegt unglaublich vielen Auflagen wie Brandschutz, Lärmschutz, hygienischen Standards etc. Bei den Privatunterkünften, die Sie über AirBnB buchen, schert sich meist kein Mensch um diese Themen.

Das Modell ermöglicht darüber hinaus auch Missbrauch: Gerade in touristisch geprägten Städten wie zum Beispiel Barcelona oder Palma de Mallorca ist es für die Bürger schwierig geworden, Wohnraum zu finden. Denn viele, die eine freie Wohnung haben, bieten sie nicht mehr auf dem freien Wohnungsmarkt an, sondern über AirBnB. So lässt sich im Monat ein Vielfaches dessen verdienen, was über die normale Vermietung erzielt werden könnte.

Das ist tatsächlich ein Missbrauch, denn ursprünglich war das Modell darauf ausgelegt, dass Wohnungsbesitzer ihre eigene Wohnung bei zeitweiliger Abwesenheit für einige Tage oder Wochen im Markt anbieten. Es war gedacht als Möglichkeit für die ältere Dame, deren Kinder mittlerweile ausgezogen sind, ein nun freistehendes Zimmer temporär für Besucher der Stadt anzubieten und damit die Wohnung für sich selbst als Wohnraum zu erhalten.

Nun sind wir eben alle Menschen, und nicht wenige von uns sind grundsätzlich erst einmal geschäftstüchtig und auf den eigenen Vorteil aus. Und so kam es dazu, dass immer mehr Menschen diese Plattform nutzen, um viel Geld zu verdienen. Und dadurch hat in den Metropolen dieser Welt die Wohnraumverknappung noch einmal erheblich zugenommen. Diesen Missbrauch einzudämmen ist auch, aber nicht nur eine Aufgabe des Systems. Ich denke schon, dass AirBnB hier einen Teil der Verantwortung trägt. Doch auch wir als Gesellschaft sind aufgerufen, uns ein sinnvolles Maß an Regulierung zu ersinnen, das uns nach wie vor die eigentlich gedachten Vorteile nutzen lässt.

Viele Nachteile und Missbrauchspotenziale könnten wir schon im Vorfeld erahnen. Im Fall von AirBnB hätte es genügt, wenn wir die durchschnittlichen Quadratmeterpreise von Mietwohnungen mit denen von Urlaubsunterkünften in einer Stadt verglichen hätten. Wir wären schnell darauf gekommen, dass die Vermietung über AirBnB das wesentlich bessere Geschäft für die Wohnungseigentümer ist.

Der Schluss liegt also nahe: Wir sollten uns als Gesellschaft schon vor der Einführung Regeln für neue Technologien ausdenken. Dann lassen wir es erst gar nicht zu den absehbaren unschönen Auswüchsen kommen …

Lasst es uns probieren!

Erst die Regel, dann die Technologie? Bitte, bitte nicht. Wenn wir jede neue Technologie erst einmal blockieren, bis wir uns alle Nachteile und Missbrauchspotenziale samt den entsprechenden Regeln überlegt haben, dann ist der Zug schon lange ohne uns abgefahren. Oder aber er wird erst gar nicht aufs Gleis gesetzt, weil diese künstliche Bremse jede Weiterentwicklung unterbindet. Beides wäre mehr als schädlich.

Die Reihenfolge, wie wir sie jetzt haben, ist gar nicht so verkehrt: Da entsteht eine neue Technologie mit neuen Möglichkeiten und neuen Geschäftsmodellen. Die bringt oft ungeheuer viele Vorteile mit sich. Über AirBnB kommen Sie zum Beispiel an spannende Orte, zu denen Sie vorher nie Zugang gehabt hätten. Sie kommen nicht mehr nur in Hotels unter, sondern auch mal in Studentenbuden oder in Villen. Dadurch haben Sie ganz andere Begegnungen mit den Menschen, der Kultur und den sozialen Verhältnissen der Stadt – eine ganz andere Form des Reisens ist entstanden.

Diese Form war nicht von Anfang an so vielfältig und weit verbreitet wie heute: Das System hat sich über die Zeit entwickelt und ist dadurch erst zu dem intelligenten und gewinnbringenden Modell geworden, das es heute ist. Hätte es durch eine frühzeitige Beschränkung diese Entwicklungszeit nicht gehabt, würden Sie und ich AirBnB wahrscheinlich nicht kennen.

Nun hat sich herausgestellt, dass es Regulierungsbedarf gibt.

Warum? Weil viele Menschen nun einmal gierig sind und jede sich bietende Gelegenheit zum eigenen Vorteil nutzen. Das ist nicht schön, gehört aber dazu. Doch um entscheiden zu können, welche Form von Regulierung das System wieder fair und gesellschaftlich gewinnbringend formt, müssen wir hinschauen: Was passiert da konkret? Vermietet da Frau Müller in der eigenen Wohnung regelmäßig ein oder zwei Zimmer an Touristen unter, weil die Kinder aus dem Haus sind? Dann ist alles gut. Das kann sie auch 30 Tage im Monat machen. Oder vermietet ein Herr Schmidt eine oder mehrere komplette Wohnungen jeden Monat mehr oder weniger vollständig an Touristen? Damit entzieht er der Gesellschaft dauerhaft benötigten Wohnraum. Oder anders gesagt: Wenn Herr Schmidt gerne Hotelier werden will, dann soll er halt ein Hotel betreiben, aber dann auch mit allen Konsequenzen! Auf der Grundlage solcher Beobachtungen tauschen wir uns aus: Wo wollen wir die Grenze ziehen? Am Reißbrett, fünf Jahre zuvor, hätten wir diese Erfahrungen nicht gemacht und auch keine gute Entscheidung getroffen.

Deshalb ist mein Plädoyer ganz klar: Lassen Sie uns die neuen Technologien ausprobieren. Lassen Sie uns experimentieren und sehen: Von welcher

Innovation profitieren wir? Was wollen wir nutzen? Und was wollen wir nicht?

Es geht um diese bewusstere Wahrnehmung, die bewusstere Begleitung der neuen Technologien und unserem Umgang mit ihnen. Diesem Erproben steht die oben schon erwähnte Angst vor dem Neuen entgegen, die jegliche Experimentierfreudigkeit bremst. Wahrscheinlich müssen wir auch mit dieser Angst bewusster umgehen, um aus unserem grundsätzlichen Misstrauen gegenüber Technik heraus zu einer Einstellung zu gelangen, die erst einmal sagt: *Ja, prima, lasst es uns probieren, lasst uns experimentieren und dann entscheiden.*

Schritt für Schritt zu Spielregeln

Wenn heute zwei oder mehr Menschen miteinander diskutieren, dann tun sie das oft nicht, um gemeinsam zu einer besseren Entscheidung zu kommen. Sie tun es viel häufiger, um sich Gehör zu verschaffen. Tatsächlich haben die wenigsten Lust und Interesse, sich die Argumente der anderen anzuhören. Viel lieber wollen sie die anderen dazu bringen, dass die auch das denken, was sie selber denken. Es geht also schlichtweg um gegenseitige Manipulation. Das gilt vor allem dann, wenn ein Thema ideologisch belastet ist, schon lange kursiert und/oder jeder sich in seiner Meinung schon lange festgelegt hat. Deshalb sind so viele Debatten zwar wichtig, aber wenig zielführend.

Doch so kommen wir nicht weiter. Was wir brauchen, ist der bewusste Willen zum Austausch. Die offene Diskussionskultur ist der Dreh- und Angelpunkt in diesem Prozess, der es uns ermöglicht, mit dem Tempo der technologischen Entwicklung mitzuhalten. Dieser besteht aus folgenden vier Schritten.

Im *ersten Schritt* experimentieren wir, welche Nutzung einer neuen Technologie möglich ist. Wir sammeln bewusst Erfahrungen und begleiten offenen Auges den Prozess.

Im *zweiten Schritt* werten wir diese Erfahrungen aus. So ermitteln wir die Vor- und Nachteile. Wir entwickeln ein Gefühl dafür, wie groß der Nutzen für uns ist, und können die Kosten daneben setzen. Wir erkennen auch die Missbrauchspotenziale klarer.

Und im *dritten Schritt* entscheiden wir aus einem möglichst breiten Diskurs heraus, was wir denn wollen: Wie wichtig sind uns die Vorteile? Wie viele unvermeidliche Nachteile sind wir bereit, dafür in Kauf zu nehmen? Welche der Nachteile und welche Missbrauchsoptionen wollen wir auf jeden Fall vermeiden?

Für diesen breiten Diskurs können wir all die Errungenschaften der Kommunikationstechnologie nutzen, die uns heute schon zur Verfügung stehen und die jeden Tag besser werden.

Daraus ergibt sich dann der *vierte Schritt*, der ebenfalls aus einer offenen Debatte heraus Ergebnisse bringt: Wie erreichen wir den Zustand, dass wir möglichst viele Vorteile mit möglichst wenig Nachteilen erlangen? Brauchen wir dazu Regulierungen, und wenn ja, welche?

Ich will Ihnen das an einem aktuellen Beispiel für eine spannende Technologie verdeutlichen: den Drohnen. Wir verwenden sie heute schon. Beispielsweise bei der Inspektion von Dächern oder einsturzgefährdeten Häusern, als Ersatz für teure und umweltschädliche Hubschraubereinsätze, bei der Kontrolle von Überlandleitungen und deren Masten oder beim Enteisen von Flugzeugen und Windkraftanlagen. Wir werden sie in absehbarer Zeit für Transporte von Menschen und Waren einsetzen, sie werden der Kunst neue Perspektiven eröffnen, sie werden sich als neue Rennsportart etablieren. Die Möglichkeiten lassen sich heute noch gar nicht alle absehen. Gleichzeitig ist klar: Aus großer Distanz gesteuerte unbemannte Drohnen lassen sich auch hervorragend dafür missbrauchen, irgendwo auf der Welt Menschen zu töten und terroristische Anschläge zu verüben.

Die Frage, über die wir diskutieren sollten, ist: Was von dem, was wir mit Drohnen machen können, wollen wir wirklich? Was halten wir für ethisch vertretbar? Brauchen wir Regulierungen? Wenn ja, an welcher Stelle und in welchem Maße?

Und dann sollten wir in dieser Reihenfolge vorgehen:

1. Wir entwickeln und erproben mit großer Experimentierfreude immer neue Drohnenprodukte und -einsatzmöglichkeiten.

2. Wir begleiten mit großer Aufmerksamkeit die Erfahrungen, die wir bei diesen Experimenten machen: Wie viel Nutzen bringen sie uns, indem wir beispielsweise mit ihnen potenziell gefährliche Orte inspizieren können oder lebensrettende Schnelltransporte organisieren? Wir beobachten gleichzeitig die Schattenseiten: neue Unfallgefahren, gestörte Privatsphären, Geräuschemissionen bei nächtlichen Flügen, Arbeitsplatzverluste. Und auch den sich entwickelnden Missbrauch werden wir beobachten, wenn Kriminelle oder Terroristen sich der Technologie bedienen.

3. Parallel mit den ersten Erfahrungen starten wir den Diskurs: Wie sehr profitieren wir alle von der Technologie? Wollen wir sie weiter nutzen, weil sie uns so vieles erleichtert? Welche unschönen Auswirkungen wollen wir nicht? Welchen Missbrauch wollen wir unbedingt verhindern, weil er großen Schaden anrichtet?

4. Aus dem Diskurs heraus entwickeln wir Spielregeln, um das zu erreichen, was wir für wünschenswert halten. Vielleicht ist es der Führerschein für größere Drohnen um die Unfallzahlen zu senken? Vielleicht ist es das Verbot für potenziell waffenfähige Drohnen? Vielleicht ein Nachtflugverbot über menschlichen Siedlungen? Hier ist unsere Kreativität gefragt, damit wir uns den großartigen Nutzen erhalten, von dem wir alle profitieren.

Wir sind alle gefordert, uns zu Hause, im Quartier, bei Veranstaltungen aller Art und über die digitalen Plattformen in diese Debatten einzubringen. Dann wird es uns gelingen, mithilfe der Digitalisierung die beste aller bisherigen Welten zu schaffen.

Denn glauben Sie mir, das Internet der Dinge, auch IoT genannt, hat noch so unfassbar viele neue Angebote für uns auf Lager. Unsere Fantasie reicht nicht aus, um uns all das vorzustellen, was in Zukunft möglich wird. Künstliche Intelligenz in Verbindung mit dem *Internet of Things* macht Dinge möglich, die bisher einfach nicht möglich waren. Nur einige Beispiele: ein T-Shirt wird in Zukunft über mein Smartphone oder meine Uhr mit mir sprechen, und vielleicht würde es mir heute sagen: *Ey Chef, also wegen mir könnte ich echt gerne in die Wäsche ...* Oder es würde mir zuflüstern: *Hi Chef, ein Tipp, geh doch mal zum Doc. Dein Blutdruck ist gestiegen und dein Herzrhythmus hat sich in den letzten Wochen sehr verändert. Lass das mal checken!*

Übersetzungs-Apps mit speziellen Kopfhörern werden es Ihnen ermöglichen, mit Menschen zu sprechen, die nur eine ganz andere Sprache beherrschen. Autos werden miteinander kommunizieren und sich gegenseitig vor Schlaglöchern in der Straße oder einem Unfall auf der Gegenfahrbahn warnen. Das ist IoT. Alles wird vernetzt, alles wird kommunikativ. Wir können jedem Produkt zusätzliche Funktionalitäten geben, wenn wir der Meinung sind, dass es uns nutzt.

Das ist diese schöne neue Welt. Wie die genau aussehen kann, will ich Ihnen am Beispiel der drei ganz großen Themen der vierten industriellen Revolution in den nächsten Kapiteln zeigen. Und an einem vierten Thema, das uns in unserem Menschsein ganz besonders berührt: Wie wird es uns ergehen, wenn wir überall von Robotern umgeben sind?

2.2
KOHLE
GESPART

In der schönen neuen Welt ist alles möglich:

Es gibt genügend gesundes Essen für alle – und das nicht nur für Vegetarier.

Der Verkehr läuft effizient und reibungslos – ohne Staus, Parkplatzsuche, Lärm, Unfälle und giftige Abgase.

Und wir haben so viel Energie, wie wir brauchen – und brauchen nur noch so viel, wie wir haben.

Und das alles, ohne dabei die Umwelt mehr zu belasten, als es für sie verkraftbar ist. Denn das all dies geht rein ökologisch, die neue Energie ist erneuerbar. Atomkraftwerke gibt es nicht mehr. Kohlekraftwerke auch nicht. Die Energiegewinnung durch Verbrennung fossiler Brennstoffe ist nicht mehr nötig. Und trotzdem müssen sich die Menschen nicht mehr in ihrem Energieverbrauch einschränken – im Gegenteil: Ihre Lebensqualität und ihr Lebensstandard wachsen! Sie haben so viel Energie zur Verfügung, dass sie diese gar nicht verbrauchen können, ja, dass sie ihnen sogar aus den Ohren quillt.

Hört sich an wie aus einem Science-Fiction? Ich sage Ihnen: Es ist möglich. Alles ist möglich in dieser schönen neuen Welt – und die können wir gestalten, Sie und ich, wenn wir uns jetzt endlich auf den Weg machen!

Und das müssen wir dringend. Denn schon heute sind die Anforderungen an jeden Einzelnen von uns und an die Weltgemeinschaft immens gestiegen und kulminieren in einer der größten Herausforderungen unserer Zeit: Wie versorgen wir 7,5 Milliarden Menschen – und es werden jeden Tag mehr, wie wir wissen – mit ausreichender Energie, ohne die Welt zu zerstören und der Gattung Mensch die Lebensgrundlage zu rauben?

Diese wunderbare Sonne

Der Kampf um die Energie ist nichts Neues, er bestimmt schon seit der frühen Existenz von uns Menschen unser ganzes Leben. Das Überleben und das Wachstum hingen stets davon ab, ob es den Menschen gelang, ausreichend Energie zu organisieren, um Nahrung, Wärme und Schutz zu ermöglichen.

Die Menschen der Frühzeit lebten in einfachster Weise und sie waren Teil eines großen biologischen Kreislaufsystems. Das hatte sich seit dem Entstehen der Biosphäre vor ca. 2 Milliarden Jahren mit einer unglaublichen Vielfalt an Pflanzen, Insekten- und Tierarten entwickelt. Und durch Prozesse wie die Photosynthese wurde der in der Atmosphäre befindliche Kohlenstoff in festen Stoffen wie Holz gebunden und gelangte durch Zersetzung, Druck und einer Vielzahl von chemischen Prozessen im Verlauf von Hunderten von Millionen Jahren in die Erdkruste. Stück für Stück entstand das, was heute die sogenannten „fossilen Brennstoffe" sind: Öl, Erdgas und Kohle. Es sind die größten Energiespeicher unserer Erde.

Unsere frühen Vorfahren nahmen Energie durch die Nahrung auf und erzeugten wohltuende Wärme und Schutz vor wilden gefährlichen Tieren durch ein Lagerfeuer in kalten Nächten. Auch die Kleidung musste nicht aufwendig hergestellt werden, sondern lief frei in der Natur herum oder wuchs an den Bäumen im Wald. Sie war eigentlich ein Nebenprodukt der Ernährung: Unsere Vorfahren erlegten dafür einen Bären, Säbelzahntiger oder Rehe und Füchse, befreiten deren Fell von den störenden Fleischresten, behandelten es in der notwendigen Weise, damit es weich und biegsam blieb und nutzten es als Schutz vor Kälte und Verletzungen. Und so ging der natürliche Kreislauf weiter: Das Fleisch wurde entweder roh gegessen, auf dem Feuer gegart oder gebraten und dann verzehrt.

Die Menschen nutzten in der vorindustriellen Zeit also vornehmlich „nachwachsende" Rohstoffe. Nachwachsend meint, dass die Menge Rohstoff, die von den Menschen zu einem gewissen Zeitpunkt zum Beispiel für Heizenergie verbrannt wurde, in der gleichen Zeit wieder nachwachsen konnte. Die gleiche Menge Kohlenstoff, die an der einen Stelle freigesetzt wurde, konnte an anderer Stelle wieder gebunden werden: Kohlenstoff rein in die Atmosphäre, Kohlenstoff raus aus der Atmosphäre. Ein Kreislaufsystem! Dieses funktionierte nach unseren heutigen Vorstellungen unendlich lange.

Mit dem Beginn der ersten industriellen Revolution setzte ganz langsam eine Veränderung ein. Die Erfindung der Dampfmaschine war der entscheidende Wendepunkt. Von der Mitte des achtzehnten Jahrhunderts an auf der britischen Insel, später dann auf dem europäischen Kontinent, veränderten sich alle wesentlichen Parameter unserer Gesellschaft. Das ermöglichte Dinge, die bis dahin völlig undenkbar waren. Produktionsprozesse, von denen die Menschheit bis dahin nur träumen konnte. Vom Menschen maschinell hergestellte Energie, also Wärme und elektrischer Strom, veränderte unsere Gesellschaft fundamental. Sie führte uns aus einer bitterarmen Agrar- in eine Leistungs- und Industriegesellschaft.

Um 1890 gründete Thomas Alva Edison mit Partnern in den USA die Firma General Electric und begann wenige Jahre später, die US-amerikanischen Städte mit Strom zu versorgen. In Deutschland waren es in den ersten Jahrzehnten des zwanzigsten Jahrhunderts Leute wie Werner von Siemens und viele andere, die diesem Beispiel folgten.

Die meisten von uns können sich vermutlich gar nicht vorstellen, in welch dramatischer Weise das für die Menschen in den Städten eine radikale Verbesserung der Lebensqualität bedeutete. Statt der üblichen Kerzen, Öl- und Gaslampen, die zwar ein sehr romantisches Licht machten, aber fürchterlich unpraktisch, gesundheitsgefährdend und vor allem im wahrsten Sinne des Wortes brandgefährlich waren, konnten die Menschen plötzlich das Licht per Knopfdruck einschalten. Aber die ständige Verfügbarkeit des Stroms führte außerdem zur Nutzung völlig neuer Technologien, die das Leben angenehmer und bequemer machten. Kühlschränke, Waschmaschinen und viele andere Maschinen zogen in die Haushalte ein.

Wissen Sie, was ein großer Irrtum dabei war? Die Menschen dachten damals, sie würden Energie erzeugen. Aber das konnten sie tatsächlich noch nie, denn alle Energie kommt von der Sonne. In Wirklichkeit wandelten sie und wandeln wir heute die Energie jedes Mal nur um. Als sie damals begannen, das Holz für Wärmegewinnung zu verbrennen, da verwandelten sie nur die Sonnenenergie, die durch die Photosynthese in Holz gespeichert war. Als sie die Kohle für Wärme und elektrische Energie, also Strom, oder für Fortbewegungsenergie zum Beispiel bei der Dampflokomotive verbrannten, da verwandelten sie nur die in der Kohle gespeicherte Sonnenenergie um. Und als sie Windmühlen und Wasserräder bauten, um

Mühlsteine anzutreiben, damit Weizen zu Mehl wurde, da nutzten sie die Sonnenenergie ebenfalls.

Denn kein Wasser würde den Fluss hinabfliessen, keine Welle am Strand landen, keine Gezeiten würden unsere Meere bereichern – ohne die Sonne. Kein Wind würde wehen ohne die Sonne, die stets irgendwo auf diesem Planeten Wärme erzeugt und dazu führt, dass der Wind den global notwendigen Temperaturausgleich erzeugt. Keine Pflanze würde wachsen, kein Tier geboren, NICHTS Lebendiges wäre auf diesem Planeten vorzufinden ohne das Licht und die Wärme dieser wunderbaren Sonne. Alle Energie, alles Leben verdanken wir ihr. Und an dem Tag in ca. 4 Milliarden Jahren, wenn diese Sonne erlischt, wird alles Leben und alle Energie von diesem Planeten weichen und der Planet wird so wie die meisten da draußen im fernen Universum in tiefer Kälte erstarren.

Bevor dieses unangenehme Ereignis auf uns zukommt, sollten wir diese unendlich scheinende Energie der Sonne endlich viel konsequenter, effizienter und sinnvoller nutzen als bisher. Und wir sollten vor allem noch viel stärker als bisher die besondere Bedeutung dieser fürchterlich dünnen und empfindsamen Atmosphäre rund um unseren Planeten begreifen und respektieren. Nur sie macht das Wunder dieses Planeten möglich. Nur wegen ihr können die Lebewesen wie auch der Homo sapiens auf diesem Planeten atmen und leben.

Wenn das so bleiben soll, müssen wir so schnell wie möglich, aufhören, die fossilen Energien auszugraben und zu verbrennen. Viele meiner Gesprächspartner nicken eifrig, wenn ich das sage, sie nicken, weil sie an die Endlichkeit der fossilen Energien in der Erdkruste denken. Und sind erstaunt, wenn ich ihnen dann sage: Das ist für unsere Zukunft ohne jeden Belang!

Das ursprüngliche Horrorszenario, das einst vom Club of Rome und dann von immer mehr Wissenschaftlern immer wieder beschrieben wurde, wonach uns Öl und Gas irgendwann einmal ausgehen könnten, ist mittlerweile absurd. Denn die könnten zwar eines Tages ausgehen, na klar! Aber es ist völlig egal, wie viel da noch im Erdboden schlummert und wie viel wir noch mit neuen Technologien, wie zum Beispiel dem Fracking, aus der Erde herausquetschen könnten. Es ist egal, weil wir diese großen Mengen an gespeicherter Energie schlicht und ergreifend nicht mehr länger herausholen und vor allem nicht mehr verbrennen dürfen.

Denn lange bevor es so weit kommt, dass wir alle Vorräte erschöpft haben, werden wir Menschen schon aus einem anderen Grunde ein viel größeres Problem haben. Der Verbrennungsprozess fossiler Energie bedeutet eben die Freisetzung der darin gebundenen Kohlenstoffe. Und die Folge einer weiteren unkontrollierten Freisetzung wäre ein noch viel dramatischerer Anstieg der Erderwärmung als bisher – mit all den damit verbundenen Folgen der hinlänglich bekannten Klimakatastrophe, verharmlosend auch Klimawandel genannt.

Unmengen an Energie

Der moderne Homo sapiens aber braucht und verbraucht weiter Unmengen von Energie, um sein Leben organisieren zu können. Das fängt morgens schon im Kleinen an. Früh am Morgen klingelt Ihr Wecker – und der ist längst immer irgendwie mit Strom versorgt. Sie stehen auf, hüpfen unter die Dusche und genießen dort das warme Wasser, welches entweder durch einen Durchlauferhitzer mit Strom oder aber über die Gastherme oder die Zentralheizung durch die Verbrennung fossiler Energien, in den meisten Fällen leider Gas oder Öl, erzeugt wurde. Viele putzen die Zähne mit Ihrer elektrischen Zahnbürste und bei den meisten Männern schnurrt der elektrische Rasierapparat. Dann aktivieren Sie den Toaster und die Kaffeemaschine, weiter geht es mit der Spül- und Waschmaschine, die mittlerweile in jedem Haushalt vorhanden sind. Die ersten Kilowattstunden rasseln munter auf Ihre Energiebilanz. Die frische Milch und Butter holen Sie aus Ihrem Kühlschrank, der fein mit Kälteenergie, umgewandelt aus elektrischer Energie, betrieben wird.

Zu Arbeit, Kindergarten, Schule oder Uni geht es für die meisten mit dem Auto oder Nahverkehrstool. Benzin oder Diesel werden verbrannt, um diese Fortbewegung zu ermöglichen. Leider in völlig ineffizienter Weise, denn ca. 80 % der eingesetzten Energie landet im Müll. Am Arbeitsplatz wird vermutlich der Computer angeworfen, das Handy aufgeladen, der Kopierer und Drucker benutzt. Kein Problem, der Strom kommt ja schließlich aus der Steckdose. Mollig warm sollte es aber bitte schön am Arbeitsplatz auch sein, also powert in den meisten Gebäuden die Öl- oder Gasheizung, und wieder verbrennen kostbare fossile Energien.

Egal was Sie tun, die Kilowattstunden Ihres Energieverbrauchs addieren sich kräftig weiter. Zwischendurch ziehen Sie sich noch eine Packung Ihrer aufwendig industriell hergestellten Lieblingsgummibärchen rein, ganz zu schweigen vom Fast Food, das der Lieferservice direkt an die Bürotür gebracht hat, meistens von einem Verbrennungsmotor angetrieben. Abends, wenn Sie wieder zu Hause sind, brauchen Sie Energie in Ihrer Wohnung, im Garten oder gar in der Sauna, die noch mal das Leben ein wenig mehr verschönert.

Und das ist nur ein kleiner Ausschnitt der elektrischen und thermischen Energie, die Sie jeden Tag benötigen, um so komfortabel zu leben, wie Sie es nun mal gewohnt sind. Hinzu kommen noch die industriellen Fertigungsanlagen mit ihren aufwendigen Prozessen, die zum Beispiel alle Verpackungsmaterialien und auch Ihre Kleidung herstellen. Denn die Zeit der Bärenfelle ist jetzt eindeutig vorbei! Alle Produkte, die wir benötigen – oder auch nur kaufen und wieder wegwerfen, weil wir merken, dass wir sie doch nicht benötigen, – alles, was auf dieser Welt hergestellt wird, benötigt Ressourcen unseres Planeten. Rohstoffe, Energie und Produktions- wie Transport- und Entsorgungskapazitäten.

Wenn wir auf den Primärenergieverbauch in Deutschland schauen, also die Summe aller benötigten Energie für unseren Konsum, unsere Wärme, Kälte, Mobilität, industrielle Produktion, einfach unser ganzes Leben, dann betrug dieser im Jahr 2016 insgesamt 3.821 Milliarden Kilowattstunden. Als Zahl ausgeschrieben: 3.821.000.000.000!!! Je Einwohner macht das stolze 46.303 Kilowattstunden. Und diese ganze Energiemenge werden wir mit Erneuerbaren Energien bereitstellen müssen, wenn wir wirklich eine „Energiewende" organisieren wollen.

Von der Strom- zur Energiewende

Aber haben wir nicht längst die großartige Energiewende eingeleitet, von der wir in Deutschland seit vielen Jahren reden? Vorsicht! Was die meisten beteiligten Politiker und auch die meisten Verbraucher in der ganzen Zeit leider nicht verstanden haben, ist die Tatsache, dass wir in Wirklichkeit immer nur über eine „Stromwende" gesprochen haben. Es ging meist nur um die Frage: Woher kommt der Strom? Denn egal, ob es zunächst darum ging, die unverantwortlichen Atomkraftwerke los zu werden, oder mittlerweile immer mehr auch um die Steinkohlekraftwerke – und vor allem um die schlimmsten Klimakiller, die Braunkohlekraftwerke, die meisten dieser großen Kraftwerke erzeugen nur Strom!

Wir benötigen aber insgesamt deutlich mehr Energie, um Wärme zu erzeugen und Mobilität zu ermöglichen. Natürlich kommt auch noch die benötigte Kälte hinzu. Der Stromverbrauch macht etwa nur ein Siebtel des gesamten Primärenergieverbrauchs in Deutschland aus! Das war der jahrelange Selbstbetrug in der politischen und gesellschaftlichen Debatte in Deutschland. Da erfreuten wir uns an den atemberaubenden Zuwachsraten der „Energiewende". Ja, die hat uns in Deutschland tatsächlich mittlerweile mehr als 40 % Anteil an „Erneuerbaren Energien" im Stromnetz beschert. Das ist wirklich gut, ist schon viel mehr, als die meisten Politiker und Manager von großen Energiekonzernen in Deutschland noch vor wenigen Jahren in beeindruckender Übereinstimmung für möglich gehalten haben. Und es wird ja auch jedes Jahr mehr. So weit, so gut. Aber weil die handelnden Personen nie den Blick aufs Ganze gerichtet haben, sind wir, was den Primärenergieverbrauch insgesamt betrifft, noch nicht sehr weit. Nicht einmal 15 % der gesamt benötigten Energie erzeugen wir aktuell in Deutschland aus Erneuerbaren Energien! Und das ist ein sehr schlechtes Ergebnis.

Vor allem, wenn der Bedarf an Energie immer größer wird. Denn eines ist für mich klar: Unser Lebensstandard wird auch in Zukunft darauf beruhen, dass wir immer und überall genug Energie zur Verfügung haben. Unmengen von Energie, die wir bereitstellen müssen – und können!

Ich bin sicher: Spätestens jetzt werden mir manche von Ihnen widersprechen und sagen: Nein, das ist der völlig falsche Ansatz! Wir müssen Energie sparen! Wer so argumentiert, für den ist es völlig außer Frage, dass die Reduzierung von Energie- und Ressourcenverbrauch und die Veränderung der Lebensverhältnisse die einzigen echten Zukunftsoptionen sind. Dass der Verbrauch von Unmengen an Energie und Rohstoffen in jedem Fall falsch ist. Dass das, was wir jetzt produzieren, völlig ausreichen muss, um den Bedarf zu decken, den wir alle jetzt und in Zukunft haben. Weil viele natürlich bei Energieverbrauch vor allem an das Verbrennen von fossilen Energien denken, das den Klimawandel immer noch weiter forciert!

Und diese Menschen haben Recht! Wir müssen alles tun, um die Anzahl der verbrauchten Kilowattstunden auf das wirklich notwendige zu reduzieren. Ja, das ist ein ganz wichtiger Teil der Energiepolitik der Zukunft, und ich gehe darauf gleich noch näher ein.

Energie als Lebenselixier

Doch andererseits glaube ich nicht daran, dass es ausreicht, Energie zu sparen. Und auch nicht, dass wir bereit sind, dafür unseren Komfort merklich zu reduzieren. Die Menschen in den Industrienationen sind sicher zu Kompromissen bereit an Stellen, die ihnen nicht wehtun. Wer ohnehin nicht so gern Auto fährt, wird leichter auf den Zug und den öffentlichen Nahverkehr ausweichen als jemand, der sich das Leben nicht ohne seinen PKW vorstellen kann – weil dieser ihm ein Freiheitsgefühl gibt, das für ihn existenziell ist, oder weil er, bedingt durch die Lage seines Wohnortes oder seiner Arbeitsstätte, tatsächlich kaum eine Alternative hat. Doch an den Punkten, an denen uns unser einmal etablierter Lebensstandard wirklich wichtig ist, werden wir uns mit dem Verzichten überaus schwertun. So traurig das ist. Aber wir sind eben Menschen und keine Supermänner und -frauen.

Aus dieser Situation heraus den Menschen in den aufstrebenden Entwicklungsländern klarzumachen, sie sollen nicht die gleichen Konsum- und Umweltsünden begehen wie wir sie in der Vergangenheit begangen haben, ist schon arg komisch. Ganz davon abgesehen, dass ein wohlmeinender Rat von der Seitenlinie vermutlich gar nichts bewirkt. Ein Inder, der sich darüber Gedanken macht, wie er seine siebenköpfige Familie ernährt, und wie er es schaffen kann, für seine Kinder die Schule zu bezahlen, für den stellt sich nicht die Frage, ob Verbrennungsmotor oder Elektromotor die bessere Wahl ist.

Warum? Weil ein PKW für ihn ohnehin ein unerreichbares Ziel ist. Und wenn er dann doch eines Tages den Bedarf an einem eigenen Auto feststellt und ein Kumpel ihm seinen alten klapprigen VW für einen bezahlbaren Preis anbietet, dann ist es diesem Familienvater vermutlich schnuppe, dass der Wagen es in Deutschland längst nicht mehr durch den TÜV schaffen würde. Er ist froh, dass er überhaupt ein Gefährt besitzt, mit dem er seine Familie von A nach B bringen kann.

Sie können es drehen und wenden, wie Sie wollen: Ich schätze, wir werden unseren Energiekonsum auf der Erde nicht so stark reduzieren können, wie es nötig ist, um den Planeten zu retten. Das ist einerseits eine verdammt schlechte Nachricht. Aber es gibt dazu auch eine gute Nachricht: Ich glaube auch, dass wir es nicht müssen. Wir können andere, innovativere Lösungen für die Weltrettung finden. Denn eins steht fest: Energie ist unser Lebenselixier! Ohne geht es nicht. Und sie ist da! Sie steht uns zur Verfügung! Die Sonne, deren Energie wir bisher vorwiegend nur mittelbar, gebunden in den fossilen Energien, genutzt haben, kann uns jeden Tag auch direkt ein Vielfaches der Energie liefern, die wir benötigen!

Wir stehen jetzt an einem Wendepunkt – und umso dringlicher ist es, dass wir jetzt handeln und uns den Herausforderungen des Klimawandels durch die Realisierung innovativer Energiekonzepte stellen. Ja, wir – Sie und ich! Wir haben die Chance, unser Lebensniveau zu halten und heute benachteiligten Menschen ein ähnliches Lebensniveau zu ermöglichen, wenn wir die richtigen Tasten drücken. Wir als Industrienation sind prädestiniert dafür, jetzt das Heft in die Hand zu nehmen. Wir sind diejenigen, die das jetzt umsetzen können – und somit zum Vorbild werden für andere Nationen, die entweder noch nicht dieses Bewusstsein entwickelt haben oder noch nicht über die benötigten Technologien verfügen. Denn die Frage der Energieversorgung und -politik ist ein globales Thema, sie betrifft uns alle. Hier eine zukunftsfähige Lösung zu finden ist wichtig für alle:

Für das Individuum.

Für die Wirtschaft.

Für die ganze Gesellschaft.

Damit wir ökologisch und ökonomisch Kohle sparen und die Lebensqualität steigern. Und das geht nur, wenn wir uns der modernsten technischen Möglichkeiten bedienen und Bewusstsein für das entwickeln, was wirklich wichtig ist.

Ökoland

An und für sich sind wir schon auf einem guten Weg. Wir haben in Deutschland nicht nur im internationalen, sondern auch im europäischen Vergleich ein sehr hohes „grünes" Bewusstsein. Energie- und Ressourceneffizienz zum Beispiel ist, ganz unabhängig von der politischen Ausrichtung Einzelner, ein wichtiger Wert in der Gesellschaft. Einfaches Beispiel: Man lässt in Deutschland, anders als in vielen anderen Ländern, nicht das Wasser laufen, während man die Zähne putzt. Auch Räume werden in Deutschland sparsamer als in manchen anderen Ländern geheizt. Klar sind die Heizkosten ein zusätzlicher Antrieb zum Energiesparen, doch das Bewusstsein dafür, dass ungenutzte Räume nicht dauerhaft 22 Grad warm sein müssen, ist in vielen Bevölkerungsschichten vorhanden: auch bei denen, die es sich leisten könnten, ein ganzes Schloss ganzjährig auf Saunatemperatur zu heizen.

Und das Gute ist: Nach Jahrzehnten deutschen Umweltaktivismus ist der Wert des Energiesparens auch auf die Nachbarländer übergeschwappt. Das zeigt schon die Tatsache, dass das „Energielabel" inzwischen zur EU-weiten Norm geworden ist. Jeder Hersteller von Waschmaschinen, Kühlschränken oder Geschirrspülmaschinen ist heute per Gesetz dazu verpflichtet, auf sein Gerät einen Aufkleber zu platzieren, der den Energieverbrauch transparent macht. Und zwar nach einem standardisierten, leicht zu erfassenden Ampelsystem: rot-orange-gelb-grün.

Das ist zum Glück nicht nur eine politische Erziehungsmaßnahme, sondern auch eine Forderung in der Bevölkerung. Die Verbraucher interessieren sich mehr und mehr für diese Werte. Das heißt: Das Thema Energiesparen ist in den letzten Jahren immer stärker in den gesellschaftlichen

Fokus gerückt. Und dennoch wage ich zu behaupten: Die Energieeinsparung, die wir heute betreiben, befindet sich im Vergleich zu dem, was technisch machbar wäre, noch auf Kleinkind-Niveau. Ja, wir haben das kollektive Bewusstsein dafür entwickelt, dass Energiesparen wichtig ist. Aber wir schöpfen die Möglichkeiten, die wir als Gesellschaft zur Energieersparnis haben, bei Weitem nicht aus.

Und selbst wenn ich die Meinung vertrete, dass wir durch „Sparen" und „Verzicht" allein den nach wie vor wachsenden Energiebedarf auf der Erde nicht werden ausgleichen können, ist jede nichtverbrauchte Kilowattstunde ganz klar die beste Kilowattstunde! Vor allem, wenn diese Kilowattstunde weniger ohne einen relevanten Verzicht auf Lebensqualität realisierbar ist. Und diese Brücke zwischen mehr Energieeffizienz und gleichbleibendem – oder sogar wachsendem – Komfort zu schlagen: Das ist möglich! Und es wird immer leichter möglich, dank der Digitalisierung.

Verborgene Potenziale

Es ist noch gar nicht lange her, dass die klassischen Glühbirnen, die vor 100 Jahren den Menschen die beschriebene große Veränderung brachten, aus dem Verkehr gezogen wurden und in vielen Bereichen durch Halogen-, Natriumdampf- und später durch sogenannte Energiesparlampen ersetzt wurden. 2008 hat Sigmar Gabriel das Thema auf die Agenda der Europäischen Kommission gebracht, und sobald es öffentlich wurde, hat es massive Proteste ausgelöst. Kolumnisten haben mit spitzer Feder und einer Wortgewalt, aus der die Emotion herauszuhören war, gegen diese „freiheitseinschränkende" Maßnahme gewettert. Die Argumente gegen die Energiesparlampen reichten von: „Da gibt es wesentlich größere Hebel, die die EU ansetzen kann, um Energie zu sparen " über „Ein Glühbirnenverbot ist doch verfassungswidrig!" bis hin zu „Das blaue Licht der Energiesparlampen macht depressiv, löst Krebs aus und befördert Osteoporose." Heute, einige Jahre nachdem die klassischen Glühbirnen aus dem Verkehr gezogen wurden, beklagt sich keiner mehr über das Licht. Interessant.

Das zeigt für mich zwei Dinge: Erstens ist jede Umstellung unangenehm. Sie erfordert eine Änderung der Gewohnheiten, und dagegen leistet der Mensch, vor allem in Deutschland, grundsätzlich innerlichen Widerstand. Zum Beispiel in Form von Gegenargumenten, die sich sofort für alles oder gegen alles finden lassen. Nämlich gegen alles, was ungewohnt ist. Davon sollten wir uns aber nicht abhalten lassen, wenn wir die Welt ein Stück besser machen wollen. Die Welt zu verbessern, heißt nämlich auch, die Welt zu verändern — und das geht nun mal nur mit Veränderungen des Status quo.

Zweitens: Der Grund, warum sich heute die Mehrheit der Verbraucher über die Lichtqualität *nicht* beschwert, ist nicht, dass die Menschen sich an grelles Neonlicht oder an die blaustichigen Energiesparlampen gewöhnt haben. Sondern dass dieser umstrittene politische Beschluss dazu geführt hat, dass Hersteller sich etwas Besseres haben einfallen lassen. Da die bisherige Cashcow sehenden Auges wegfiel, mussten sich die Osrams dieser Welt überlegen, womit sie stattdessen Geld verdienen würden. Alternative Lichttechnologien, die bereits existierten, aber preislich nicht konkurrenzfähig waren, wurden weiterentwickelt und massentauglich gemacht. So wurden LED-Leuchtmittel viel günstiger und auch die Lichtqualität hat sich deutlich verbessert. Inzwischen jedenfalls sind die am Markt verfügbaren Lösungen qualitativ und auch preislich so gut, dass die gute alte Edison-Glühbirne nur noch den Nostalgikern fehlt.

Spannend finde ich aber Folgendes: Obwohl wir in Deutschland ein hohes Umweltbewusstsein haben, und obwohl seit Jahren intensiv nach Lösungen gesucht wurde, um Energie einzusparen, war den wenigsten Verbrauchern bewusst, welchen Beitrag Glühbirnen zum Klimawandel leisteten – und wodurch. Nur die allerwenigsten Glühlampenbenutzer wussten, dass sie eigentlich keine Lampe an ihren Decken hängen hatten, sondern eine Heizung! Denn die klassische Glühbirne wandelte nur ca. 10 Prozent der Energie, die sie verbrauchte, in Licht um. Die restlichen 90 Prozent des Stroms wurden zu Wärme. Wärme, die kaum jemand brauchte – denn wir haben ja Heizungen – und die deshalb einfach so verpuffte, bzw. in den Sommermonaten zusätzlichen Bedarf an Klimaanlagen zur Abkühlung bewirkte.

Ich will Ihnen ein praktisches Beispiel aus meiner ganz persönlichen Lebenswirklichkeit beschreiben. In meiner Eventlocation in Wuppertal haben wir einen „Großen Saal", in dem jedes Jahr zahlreiche Business-Events, Hochzeiten, Messen und Kongresse stattfinden. Bis vor ca. 12 Jahren hingen dort ca. 100 Scheinwerfer mit einer Leistung von jeweils 1.000 Watt unter der Decke, um die unterschiedlichsten Szenarien perfekt auszuleuchten. Alle zusammen hatten also eine Leistung von 100.000 Watt. Natürlich waren die meistens nur teilweise und gedimmt in Betrieb, aber die Hochleistungsbrenner in den Lampen verbrauchten unglaublich viel Strom und hatten nur eine Lebensdauer von ca. 150 Stunden Brenndauer. Und vor allem: Sie wandelten unfassbar viel Strom in Wärme statt in Licht um! Wärme, die wir dann mit sehr viel Energieaufwand durch Kühlung wieder reduzieren mussten. Sie hatten auch nur eine Farbe, und unser Lichttechniker war ständig auf der Leiter unterwegs, um die Brenner zu erneuern und um farbige Folien vor den Lampen zu platzieren und damit farbiges Licht zu erzeugen.

Seit wir damals im ganzen Objekt auf LED-Lampen umgestiegen sind, hat sich unser Energieverbrauch natürlich erheblich gesenkt. Heute benötigen alle Lampen, die dort hängen, ungefähr 15 % der damals benötigten Energie. Wir bekamen sogar Besuch von Leuten aus unserem Stadtwerk, die dachten, wir hätten an unseren Leitungen manipuliert – anders konnten sie sich den derart gesunkenen Stromverbrauch nicht erklären. Der Effizenzgewinn beruhte aber nicht nur auf dem gesunkenen Stromverbrauch dank sparsamerer Lampen und weniger Bedarf an Kühlung, sondern natürlich auch darauf, dass die Lebensdauer der Lampen heute 50–100 mal länger ist und sie per digitalem Lichtpult auf Knopfdruck jede Farbe erzeugen können. Also eine erhebliche Einsparung an Arbeitszeit, Material und Ressourcen, bei gleichzeitigem Leistungs- und Qualitätsgewinn. Das nennt man technologischen Fortschritt!

Natürlich ist das nur ein Beispiel, das sich aber auf viele andere Bereiche übertragen lässt. An vielen Stellen sind wir schon deutlich effizienter geworden, aber insgesamt ist noch massig Luft nach oben! Und das gilt für ganz viele Geräte und Technologien.

Pure Gewohnheit

Ein Thema, das zwar immer wieder diskutiert wird, aber gerade in Deutschland in der Umsetzung sträflich behandelt wird, ist zum Beispiel die Mobilität. Ein PKW mit Verbrennungsmotor hat einen Wirkungsgrad von schlappen 15–20 %. Nur 15–20 % des eingesetzten Kraftstoffes wandelt der Wagen in das um, wofür er gebaut wurde: Fortbewegung, also Mobilität zu organisieren. Die restlichen 80–85 % werden umgewandelt in: Wärme. Eigentlich sind die Motoren in unseren aktuellen PKW gar keine Mobilitätsmaschinen, sondern Kraft-Wärme-Anlagen. Erschütternd, denn sie erzeugen halt in allererster Linie Wärme, die Fortbewegung ist nur ein Nebeneffekt! Neben den völlig unnötig hohen Energieverbräuchen führt das ebenfalls zu einem enormen Anstieg der Temperaturen in den Ballungsräumen. Hunderttausende PKWs sorgen in den großen Städten nicht nur für unendlich viel Lärm und dreckige Luft, sondern eben auch für Hitze. Alles Dinge, die uns die Lebensqualität nehmen und unser Leben bedrohen.

Der Umstieg auf Elektrofahrzeuge ist deshalb nicht nur schön; er ist bei der Anzahl an Autos, die in den Industrienationen und gerade in Deutschland mit Verbrennungsmotor herumfahren, dringend nötig.

Ja, wir arbeiten zwar, gerade in Deutschland, hart an der Energieeffizienz. Wir bauen immer besser gedämmte Häuser, wir optimieren überall dort, wo wir einen Wettbewerbsvorteil erahnen gegenüber tradierten Produkten. Doch es geht noch viel, viel, viel mehr.

Was uns oft davon abhält, den Schritt in eine bessere, gesündere und nachhaltigere Zukunft zu gehen, sind unsere Gewohnheiten. Der Autofahrer ist gewohnt, viele Hundert Kilometer fahren zu können, ohne nach einer Tankstelle zu suchen. Also bleibt er erst mal beim „normalen Auto". Ein Elektroauto scheidet für viele von vornherein aus, weil aktuelle Modelle „nur" eine Reichweite von ca. 300 km mit einem vollen Akku haben. Dass 80 % der deutschen Automobilbesitzer einen durchschnittlichen täglichen Radius von weniger als 40 km haben, spielt dabei in der Diskussion leider kaum eine Rolle. Dass man nach 300 gefahrenen Kilometern gerne auch mal eine Pause machen und dabei das Fahrzeug an einer Schnellladestation auf der Raststätte wieder laden kann: Egal! Dass bei Reisedistanzen jenseits der 250 km sowieso die Bahn oft das viel effizientere und vor allem bequemere Mobil ist: Geschenkt! Mindestens jedes „Zweitauto" in der Familie könnte elektrisch sein, denn bei Bedarf nach mehr Reichweite könnte man die Autos ja einfach mal tauschen. So wie man bei einer seltenen Urlaubsfahrt eben auch einfach mal ein anderes Fahrzeug für 14 Tage mieten könnte.

Dafür brauchen wir dringend einen Bewusstseinswandel.

Ich weiß, wovon ich spreche. Denn bevor ich 2012 auf elektrische Fahrzeuge umstieg, fuhr ich einen SUV, einen Touareg. Warum? Weil ich zweimal im Jahr für ca. zehn Tage mit Familie und Hund in den Urlaub fuhr. Obwohl mein täglicher Radius damals auch deutlich unter den üblichen 40 km lag, bemaß ich die Auswahl meines jeweiligen Fahrzeugs stets an meinem maximalen Mobilitätsbedarf, der sich für ca. 20 von 365 Tagen im Jahr ergab. Das war nicht wirklich schlau von mir, aber eben so gelernt und bis 2011 von mir nicht infrage gestellt.

Und das Resultat dieses Denkens? Der deutsche Automobilhersteller freut sich darüber, dass der Absatz seiner Verbrennungsmotoren immer noch nicht eingekracht ist, und redet sich ein, dass Elektroautos keine ernst zu nehmende Konkurrenz sind. Und da es noch genügend andere Automobilhersteller am Markt gibt, die ihre Produktion auch nicht auf Elektro umstellen, machen sie weiter wie bisher. Und die Politik? Na ja, solange es wirtschaftlich immer noch läuft, unterstützt die Politik die stehen gebliebenen und innovationsfeindlichen Automobilkonzerne und schaut weg, wenn es um die Zukunftsfragen der Mobilität und Energieversorgung geht.

Energieversorgung neu gedacht

Nachdem wir seit ca. 200 Jahren im Bereich der Energieversorgung, nach heutigen Maßstäben über lange Zeit, fast alles falsch gemacht haben, besitzen wir nun das Privileg, alles besser machen zu können. Unser großes Glück ist, dass uns die Digitalisierung alle Instrumente und Technologien dafür bietet. Unser Pech ist, dass es jetzt unsere letzte Chance ist das alles jetzt besser zu machen. Es gibt keinen weiteren Versuch!

Ich bin fest überzeugt: Die Energieversorgung der Zukunft, ist im Wesentlichen dezentral, in der Hand der Bürger und Kommunen, digital und zu 100 % erneuerbar! Und das wirklich Bahnbrechende daran ist nicht einmal, dass es saubere Energie ist. Nein, das Revolutionäre ist, dass sie für jedermann verfügbar und bedienbar ist. Ein Atom-, Gas- oder Kohlekraftwerk konnte nur von großen Unternehmen, den Industriegiganten, betrieben werden. Aber eine Solaranlage, ein Windrad oder ein Blockheizkraftwerk, das mit grünem Gas betrieben wird, kann jeder betreiben. JEDER!

Das ist die wirkliche Revolution: Jeder kann heute seine benötigte Energie selber herstellen und speichern, damit er sie dann zur Verfügung hat, wenn er sie benötigt. Er kann damit sein Licht machen, seine Maschinen betreiben, seine Wärme erzeugen und sein Fahrzeug antreiben. Die politische Dimension dieser Veränderung ist den allermeisten Menschen nicht bewusst. Es bedeutet eine Unabhängigkeit vom Staat und von den bisherigen Oligarchen, die sicherlich von manchen nicht gewollt ist. Wir müssen uns diese historische Dimension klarmachen. Wir beenden aktuell die Abhängigkeit, in die unsere Gesellschaft durch die erste und zweite industrielle Revolution geführt wurde. Bis zum Beginn des 20. Jahrhunderts versorgten die meisten Bürger sich selbst mit der benötigten Energie. Ja, unbequem, unkomfortabel und sehr teuer. Dann wurde es bequem, komfortabel, umweltzerstörend, und wir wurden abhängig von Großkonzernen und staatlichen Organisationen, Netzen und Stadtwerken. Nun wird es einfach, sauber, kostengünstig, umweltfreundlich, und es liegt perspektivisch wieder in unseren Händen.

Jeder kann, wenn er will, mindestens eine kleine Solaranlage kaufen und an seinen Balkon hängen oder besser auf sein Dach legen oder auf die Garage oder in den Garten stellen. Sollten Sie das wollen und nicht über die nötige Liquidität verfügen – eine PV-Anlage für ein Einfamilienhaus liegt je nach Größe bei ca. 5.000 bis 10.000 Euro –, dann bedienen Sie sich der zahlreichen Alternativen. Stadtwerke und Bürgerenergiegenossenschaften bieten überall im Land sogenannte Contracting-Modelle an. Sie bekommen eine komplette Anlage aufs Dach gelegt und mieten sie zu einem fairen Preis an. Meist geht diese Anlage dann nach 20 Jahren in Ihr Eigentum über und liefert dann noch weitere 10–20 Jahre lang Energie, weitestgehend zum Nulltarif. Es kostet Sie unterm Strich: nichts! Lediglich die Rendite ist etwas geringer, als wenn Sie die Anlage selbst kaufen. Die meisten Hausanlagen werden heute schon mit intelligenten Speichersystemen kombiniert und erhöhen dadurch den Autarkiegrad und die Unabhängigkeit. Und diejenigen, die im Geschosswohnungsbau wohnen, können versuchen, ihren Vermieter vom Bau einer Gemeinschaftsanlage zu überzeugen, oder alternativ in eine Bürgerenergiegenossenschaft eintreten und dadurch mithelfen, dass an anderer Stelle Projekte mit Erneuerbaren Energien realisiert werden. Jeder kann heute zum Energiebürger werden. Zum Prosumer, wie das heute genannt wird. Also zu einem Bürger, der seine benötigte Energie einerseits erzeugt und andererseits verbraucht. Aber der Verbrauch des Prosumers findet häufig mit viel mehr Bewusstsein und Bedacht als bisher statt.

Und dennoch sind viele von uns immer noch der Meinung: Erneuerbare Energien sind doch viel zu teuer und reichen für unseren Bedarf bei Weitem nicht aus!

Stimmt nicht!

Die Preise im Bereich der Erneuerbaren Energien sind in den vergangenen Jahren unglaublich gefallen. Meine erste Solaranlage, die ich vor ca. 20 Jahren errichten ließ, kostete noch ca. 25.000 Euro. Eine vergleichbare Anlage können Sie heute für ca. 5.000 Euro errichten lassen. Dieser extreme Preissturz hat dazu geführt, dass wir in den vergangenen 10–15 Jahren jedes Jahr ca. 40 % Zuwachs im weltweiten Markt der Photovoltaik hatten. Jedes Jahr!

Das wiederum hat dazu geführt, dass wir Ende 2017 ca. 450 Gigawatt an installierter Leistung im weltweiten Markt der Photovoltaik hatten. Und das ist schon deutlich mehr, als die meisten Politiker und Industriellen vor wenigen Jahren noch für möglich gehalten haben.

Lassen Sie uns ein Gedankenexperiment machen: Wir tun jetzt einfach mal so, als ob dieser Trend, der seit nunmehr fast 15 Jahren anhält, einfach so weitergeht. Jedes Jahr ca. 40 % Zuwachs. Nicht mehr und nicht weniger. Dann werden wir wir im Jahr 2028, also in 10 Jahren, bei ca. 12.000 Gigawatt installierter Leistung im weltweiten Markt sein.

Sonne und Wind schreiben keine Rechnung

Wir haben genug Sonnenenergie. Und wir können diese in Zukunft noch viel stärker als bisher nutzen, dank technischem Fortschritt. Die Solaranlagen, die wir bisher nutzen, sind schon sehr effizient geworden. Aber bedingt durch ihre Bauart sind sie in manchen Bereichen nur eingeschränkt oder gar nicht einsetzbar. Die Statik mancher älterer Gebäude trägt keine solcher Anlagen, viele Fassadensysteme tun sich schwer bei der Kombination mit einer Photovoltaikanlage. Das wird sich schon bald ändern. Wir kommen in das Zeitalter der organischen LEDs und Solarzellen. Diese Zellen, die aktuell noch in der Entwicklung sind, werden nochmal sehr viel preiswerter werden, weil sie aus organischen Stoffen bestehen und mit wesentliche geringerem Aufwand hergestellt werden können. Sie werden zum Beispiel einfach mit dem 3D-Drucker auf Folien und allen möglichen anderen Materialien gedruckt werden. Biegsam und transparent sein. So wird es möglich sein, ganze Fassaden eines Hochhauses samt der Glasscheiben zu einem Kraftwerk zu machen. Diese Technologie, die noch einige wenige Jahre braucht, wird den Markt noch einmal revolutionieren und Dinge möglich machen, die bisher völlig unmöglich waren. Und sie wird uns helfen, auf fast allen Materialien und Produkten Energie zu gewinnen, aus dem Licht dieser Sonne, von der wir grenzenlos viel Energie bekommen.

Und dank der Sonne haben wir auch auch den Wind. Bei der Installation von Windkraftanlagen erleben wir seit der Jahrtausendwende eine ganz ähnliche Entwicklung wie bei der Solartechnologie. Die Anlagen werden immer größer, leistungsfähiger, und dadurch die erzeugte Kilowattstunde Strom immer preiswerter. Wurden in den Jahren 2001 bis 2004 weltweit noch jährlich zwischen 7 und 8 Gigawatt Erzeugungskapazität hinzugebaut, so waren es im Jahr 2015 bereits 64 Gigawatt. Und es wird immer mehr.

Diese Fakten über Zuwachsraten der Vergangenheit und Kalkulationen über den zukünftigen Ausbau belegen, dass wir auf einem hervorragenden Kurs sind beim Ausbau der Erneuerbaren Energien. Und das Verrückte ist, dass es aller Voraussicht nach sogar noch schneller gehen wird. Warum? Das hat uns die US-Bank Morgan Stanley noch vor wenigen Jahren in einer umfangreichen Studie prognostiziert. Und die sind nun wirklich keine „grünen Spinner"!

Die haben nämlich berechnet, dass spätestens in den Jahren 2020/2021 die Erneuerbaren Energien in fast allen Ländern der Erde die preiswerteste Energiequelle sein werden, wenn es darum geht, ein neues Kraftwerk zu bauen. Und ab diesem Zeitpunkt ist der Tipping Point erreicht, wie der großartige Zukunftsforscher Lars Thomsen zu sagen pflegt. An diesem Punkt kippt der Markt endgültig. Warum?

Weil es dann einfach keinen Sinn mehr macht, so weiterzuagieren wie bisher. Spätestens ab diesem Punkt wird es auch kein Populist und Wahnsinniger wie zum Beispiel Mr Trump noch schaffen, ein neues Kohlekraftwerk bauen zu lassen. Warum? Weil er keinen Investor finden wird, der dieses finanziert. Warum? Weil Investoren Geld verdienen wollen. Und zwar möglichst schnell, sicher, und so viel wie möglich. Und wenn sie das mit der Investition in einen Wind- oder Solarpark schneller, sicherer und renditenstärker realisieren können als beim Invest in ein Kohlekraftwerk, dann werden sie das machen.

Investoren sind meist nicht ideologisch, sondern rational. Ideologisch sind manchmal Politiker, und deshalb mag es sein, dass irgendwo auf der Welt noch einige fossile Kraftwerke von verrückten Politikern angeschoben werden. Aber selbst die werden nicht wirklich lange am Netz sein, weil die sogenannten „Grenzkosten", also die erheblichen Betriebskosten für Personal und Wartung in Verbindung mit den Beschaffungskosten des jeweiligen Rohstoffes, zum Beispiel Kohle, auf Dauer einfach zu hoch sind.

Sonne und Wind aber, die schreiben einfach keine Rechnung …

Jetzt gibt es natürlich immer wieder Skeptiker, die behaupten, dass wir ja gar nicht genug Platz auf unserem Planeten haben, um die benötigte Energie mit Erneuerbaren Energien zu erzeugen.

Intelligente Energiewende

Falsch! Nehmen wir ein Beispiel: Wenn wir den gesamten Strombedarf der Welt mit einer einzigen Solaranlage decken wollten und diese in der Sahara errichten würden, dann hätte diese Anlage eine Größe von 300 x 300 km. Das würde reichen! Würden wir die gleiche Anlage nicht in Afrika, sondern in Mitteleuropa bauen, dann wäre sie vielleicht 450 x 450 km im Ausmaß, da hier die Sonne weniger scheint als dort. Natürlich würde das keinen Sinn machen, denn die Verteilung der dort erzeugten Energie in die ganze Welt wäre viel zu aufwendig. Aber das Beispiel zeigt sehr schön, dass es kein Problem ist, so viel Solarenergie zu erzeugen. 70 % der geeigneten Dächer in meiner Heimatstadt Wuppertal würden ausreichen, um den gesamten Strombedarf der Stadt zu decken!

Natürlich macht es in Deutschland keinen Sinn, den gesamten Strombedarf mit nur einer Quelle wie der Sonne zu erzeugen. Dazu scheint sie zu unregelmäßig. Wir würden für die Zeiten ohne Sonne unnötig hohe Speicherkapazitäten benötigen. Eine Mischung ist besser: Wenn die Sonne nicht scheint, weht aber oft der Wind. Wasserkraftanlagen liefern recht kontinuierlich Energie, Biogasanlagen durchgängig.

Wenn wir in wenigen Jahren mehr als 50 bis 60 % Erneuerbare Energien im Netz haben, sinkt natürlich gleichzeitig der Anteil der fossilen Energie. Und damit entfällt der Puffer, den die fossilen Kraftwerke im Moment noch für Phasen mit wenig Wind oder Sonne bereitstellen. Spätestens dann benötigen wir eine Vielzahl an Energiespeichersystemen. Aber auch das ist machbar. Wir erleben im Bereich der Hausspeichersysteme, die heute zumeist mit Lithium-Akkus gebaut werden, einen ähnlichen Preisverfall, wie wir ihn bei den Solaranlagen erlebt haben. Heute werden die meisten Solaranlagen für Einfamilienhäuser bereits mit einem Speicher kombiniert gebaut. Das hilft, den sogenannten Autarkiegrad eines Haushaltes auf ca. 70 % zu steigern. Was bedeutet das? Diese Kennzahl gibt den Anteil am gesamten Stromverbrauch an, der durch das eigene Photovoltaik-Speichersystem über das ganze Jahr gesehen, bereit gestellt wird. Je höher der Autarkiegrad ist, desto weniger Energie muss aus dem Stromnetz bezogen werden.

Aber weil es in einem Land wie Deutschland manchmal acht Wochen lang weder Sonne noch relevanten Wind gibt, brauchen wir natürlich trotzdem große Speichersysteme, wenn wir 100 % Erneuerbare Energien erreichen wollen, und das müssen wir so schnell wie möglich. Und da es ja nicht nur um den benötigten Strom, sondern genauso um die Wärme, Kälte und Mobilität geht, müssen wir diese Bereiche in der sogenannten Sektorenkopplung intelligent miteinander verknüpfen.

In Deutschland und anderen industrialisierten Ländern lässt sich das gut lösen. Denn wir haben ein flächendeckendes Gasnetz mit riesigen Gaskavernen, in denen der Energiebedarf für viele Monate gespeichert werden kann. Und wir haben die sogenannte „Power to Gas"-Technologie. Bei dieser Technologie wird elektrische Energie in einem chemischen Prozess in Methangas umgewandelt – und zwar die Energie, die als sogenannter Überschussstrom aus großen Wind- und Solarparks kommt und aktuell entweder ins Ausland verschenkt oder vernichtet wird, indem man die Anlagen abschaltet.

Dieses Gas wird in unser bestehendes Gasnetz eingespeist und dort gespeichert. In den Wintermonaten, wenn es dann wochenlang viel zu wenig Solar- und Windstrom gibt, können wir dieses Gas wieder mit Blockheizkraftwerken und Brennstoffzellen in die benötigte Wärme und den benötigten Strom umwandeln. Diese „Power to Gas"-Anlagen sind aktuell, wie immer, wenn etwas neu ist, noch zu teuer. Aber die Technologie wird weiterentwickelt, wird noch effizienter und vor allem preiswerter werden. Und auch wenn ein Wirkungsgrad von deutlich mehr als 60 % vermutlich nicht erreicht werden kann, so ist es die bisher beste Technologie, und sie wird auch wirtschaftlich sein, da der hierfür benötigte grüne Strom eben immer günstiger wird.

Besonders witzig ist übrigens, dass die größten Kritiker dieser Technologie, die sich am nicht perfekten Wirkungsgrad abarbeiten, genau die sind, die in der Vergangenheit den Wirkungsgrad eines Verbrennungsmotors von ca. 20 % als ausreichend empfunden haben …

Was ich Ihnen mit all diesen Fakten sagen will: Das Zeitalter der fossilen Energien ist definitiv schon bald zu Ende. Und wir können die echte intelligente Energiewende jederzeit realisieren. Wir müssen es nur endlich wollen. Und da Umfragen ermitteln, dass eine breite Mehrheit der Bevölkerung einen schnelleren Ausbau der Erneuerbaren Energien wünscht, ist es schlichtweg die Aufgabe der verantwortlichen Politiker in Berlin, es endlich auch umzusetzen.

Der einfachste und wirkungsvollste Einstieg wäre hierbei übrigens, die Einführung einer CO_2-Steuer. Wenn jedes Produkt gemäß dem Schaden, den es an uns Menschen, der Umwelt und unserem Klima anrichtet, fair besteuert würde, dann würde sich ein Großteil unserer Probleme in wenigen Jahren erledigen. Dann würde keine einzige Ölheizung mehr verkauft werden und auch kein Auto mit Verbrennungsmotor. Wir könnten unzählige andere Steuern und Abgaben in Kürze abschaffen, weil die CO_2-Steuer eine logische Regulierung bedeuten würde. Strom aus Braunkohlekraftwerken wäre unbezahlbar, Strom aus Wind- und Solaranlagen unschlagbar günstig. Wir bräuchten keinen CO_2-Zertifikatehandel, keine Förderprogramme, keine Verbote. Es würde mehr oder weniger alles über den Preis geregelt. So einfach wäre es, wenn die Bundesregierung bereit wäre, endlich eine intelligente Energiewende zu organisieren.

Ausgerechnet jetzt!

Wissen Sie, wer diesen beeindruckenden Fortschritt der letzten 10–20 Jahre möglich gemacht und auch ganz wesentlich finanziert hat und auch weiterhin finanziert?

Wir!

Wir Deutschen!

Und?

Sind wir stolz darauf?

Nein. Wir motzen und unken rum, weil uns das sogenannte EEG, also das Erneuerbare Energien Gesetz so viel kostet.

Ja, stimmt. Es ist viel Geld, was wir als Stromkunden jährlich über das EEG zur Finanzierung der sogenannten Energiewende investieren. Im Vergleich zu den unendlich vielen Milliarden, die wir in den vergangenen Jahrzehnten und auch heute noch für die Subvention von Atom-, Kohle- und

Ölindustrie ausgegeben haben, ist das zwar lächerlich. Aber es ist trotzdem viel Geld.

Viel schlimmer als diese Kosten ist aber etwas ganz anderes.

Jetzt, wo die Solarenergie so unglaublich preiswert geworden ist, wo es einen weltweiten Boom gibt, jetzt, wo alle wie verrückt Solaranlagen bauen und von den sensationell niedrigen Preisen profitieren, die wir Deutsche möglich gemacht und finanziert haben:

Jetzt hören wir auf!!!

Ausgerechnet jetzt, wo die Anlagen so preiswert geworden sind, dass man eine Solaranlage selbst in einem Regenloch wie Wuppertal als Gelddruckmaschine bezeichnen kann.

Wo Sie mit der Investition in den Bau einer ganz durchschnittlichen Solaranlage eine Rendite zwischen 5 und 10 % pro Jahr erzielen können. Und das sicher und zunehmend. Wo mit jeder Strompreissteigerung Ihre Rendite noch steigt.

Renditen dieser Art können Sie heute eigentlich nur noch mit Prostitution oder Drogenhandel erzielen. Allerdings sind diese Gewerbe mit deutlich größeren Risiken verbunden, und auch die gesellschaftliche Achtung ist nicht in gleicher Weise gegeben. Fragen Sie mal Ihren Banker, ob er Ihnen irgendeine Geldanlage nennen kann, die vergleichbar hohe und sichere Renditen bringt …

Oder fragen Sie mal die Verantwortlichen bei ALDI-Süd. Bis Ende dieses Jahres werden 1.400 der 1.880 Filialen des Unternehmens mit einer Solaranlage ausgestattet sein. Wissen Sie, was die Verantwortlichen bei ALDI immer am allerbesten konnten: Rechnen!

Ich habe in einem früheren Kapitel schon davon erzählt: Seit die Bundesregierung im Jahr 2013 die Verschärfung des EEG und die Sonnensteuer sowie die Ausschreibungsverfahren auf Druck der Energiegiganten eingeführt hat, ist der Ausbau der Solarenergie in Deutschland dramatisch eingebrochen. Die Sabotagepolitik der Bundesregierung hat den von den damaligen Stromoligarchen RWE, E-ON, ENBW und Vattenfall verlangten Volltreffer gelandet.

Jetzt könnte ich sagen: Egal, das holen wir in wenigen Jahren, wenn der Verstand bei den Betreffenden reaktiviert wurde, wieder auf.

Aber das stimmt leider nicht.

Denn neben dem tragischen Rückgang des Ausbaus der Photovoltaik hat die Bundesregierung auch noch ein anderes Resultat erzielt: Sie hat einen erheblichen Teil der deutschen Solarindustrie und -wirtschaft zerstört. Mehr als 70.000 Arbeitsplätze sind hier in Deutschland allein in der Solarwirtschaft in wenigen Jahren vernichtet worden. Und noch mehr als das: Wissen! Know-how! Technologie!

Verrückter und konzeptionsloser als die Deutschen, als die deutsche Bundesregierung kann man gar nicht agieren. Erst bauen wir mit unseren Steuergeldern und Stromkunden neue Technologien auf, machen diese global markt- und wettbewerbsfähig, und dann, genau zu dem Zeitpunkt, an dem es richtig spannend und sexy wird, genau zu dem Zeitpunkt, als der weltweite Boom beginnt und alle davon profitieren, da klemmen wir den Schwanz ein und machen eine Kehrtwende um 180 Grad!

Aus ideologischen Gründen. Um einigen wenigen großen Konzernen zu dienen und ihnen einen Wettbewerbsvorteil zu verschaffen. Ohne jedes Konzept, ohne jede industriepolitische Strategie. Ganz im Gegensatz zu den Chinesen. Die haben nicht nur eine Strategie, sondern die sind jetzt auch die großen Gewinner dieses perfiden Spiels.

Eine annähernd gleiche Geschichte spielt sich aktuell im Bereich der Windindustrie ab. Die Zuwachsraten im globalen Ausbau ähneln denen der Photovoltaikindustrie. In Deutschland sind wir mit zahlreichen Unternehmen wie zum Beispiel Nordex, Enercon, Siemens und Co. extrem leistungsfähig und haben in den vergangenen Jahren sowohl im Inland als auch international eine Technologieführerschaft entwickeln können. Und jetzt? Die aktuelle Bundesregierung wie auch einige Landesregierungen, wie zum Beispiel die neue NRW-Landesregierung, versuchen den Ausbau der Windenergie in Deutschland zu reduzieren, teilweise zu blockieren.

Pure Ideologie

Und warum? Häufig auch wieder aus ideologischen Gründen. Es sind Politiker wie zum Beispiel Christian Lindner von der FDP, die für mein Empfinden aus politischem Kalkül und aus ideologischen Gründen diese Blockade gegen jeden Sinn und Verstand vorantreiben. Jetzt könnten Sie fragen, warum sie das tun? Christian Lindner ist doch mit der FDP daran interessiert, den deutschen Mittelstand zu befördern. Ja, könnte man meinen. Auf viele seiner Parteifreunde mag das auch zutreffen, aber ihn treibt etwas anderes mehr an: Es geht um pure Abgrenzung von allem, was von den Grünen kommt. Und weil die Grünen es immer waren, die für die Erneuerbaren Energien – vor allem für die Windkraft – standen, meint Christian Lindner, dass er und die FDP dagegenhalten müssen. Es ist ein rein parteitaktischer Reflex, einen Unterschied auszumachen, einfach für das Gegenteil dessen zu stehen, was der politische Gegner propagiert.

Ich arbeite mit vielen liberalen Parteimitgliedern und Funktionären zusammen und weiß deshalb aus erster Quelle, wie viele von ihnen diesen ideologischen Unsinn mittlerweile satthaben. Aber es ist noch zu früh für eine Korrektur, denn noch verdanken viele der Abgeordneten der FDP ihrem Bundesvorsitzenden ihren eigenen Parlamentssitz, ihre eigene Chance, dabei zu sein und an dem Spiel teilzunehmen.

Es kann einem an dieser Stelle wirklich leidtun um die anderen Akteure in einer solchen Partei, die unideologisch und aufgeschlossen agieren. In NRW erleben wir das aktuell mit dem Minister für Wirtschaft, Innovation, Digitalisierung und Energie, Andreas Pinkwart, sowie seinem Staatssekretär Christoph Dammermann, oder auch mit Akteuren wie Marcel Hafke als stellvertretendem Fraktionsvorsitzenden. Sie alle machen einen guten Job. Geben Gas, sind innovativ unterwegs und bemühen sich in ausgesprochen unideologischer Weise um die besten Lösungen, damit wir bei der Digitalisierung, in der Wirtschaft, der Bildung und anderen Feldern vorankommen. In der FDP Landtagsfraktion haben nach meiner Einschätzung längst die meisten erkannt, wie unsinnig ein Beschluss der Landesregierung im Zusammenhang mit der Blockade der Windenergie war. Der wurde in der letzten Nacht der Koalitionsverhandlungen gegen den Rat der Fachleute von Lindner und dem Ministerpräsidenten Laschet im Alleingang in den Koalitionsvertrag geschrieben. Wie unzureichend Politik heutzutage organisiert ist, sieht man daran, dass diese Abgeordneten trotz der eigenen Erkenntnis diesen Beschluss jetzt nicht mehr ändern können. Weil die Umsetzung eines Erkenntnisgewinnes ohne Gesichtsverlust schlichtweg nicht möglich ist. Dann akzeptiert man lieber erheblichen wirtschaftlichen und umweltpolitischen Schaden für das eigene Land. Absurd, wie Politik manchmal funktioniert!

Die FDP wird, ähnlich wie andere Parteien, diese offene Flanke noch eine Zeit lang erdulden müssen, weil die aktuell herrschenden Kräfte an der eigenen Parteispitze nicht ausreichend lernfähig sind und es noch ein wenig Zeit braucht, bis neue Akteure sich hier durchsetzen werden. Das betrifft Akteure wie Christian Lindner aus meiner Sicht in gleicher Weise wie Horst Seehofer, Alexander Dobrindt oder Menschen, die einfach zur falschen Zeit am falschen Ort sind, wie zum Beispiel Andrea Nahles. Alles Politiker, die keine überzeugenden Antworten auf die vielen Fragen zu unserer Zukunft geben können. An dieser Stelle verbindet sich übrigens das Schicksal vieler Politiker mit der zahlreicher sogenannter Spitzenmanager und Funktionäre in den Verbänden der Wirtschaft.

Aber wir dürfen optimistisch sein, es wird sich vieles ändern, und wir werden viele neue Köpfe erleben – denn wir leben in revolutionären Zeiten und nichts bleibt so wie es ist.

Die entscheidende Wertschöpfung

Abgesehen von diesen ärgerlichen politischen Störfeuern: Wie steht es denn nun konkret um die Perspektiven der Energieversorgung in unserem Land, der EU und darüber hinaus?

Sehr gut!

Warum? Weil wir alle Technologien bereits zur Verfügung haben, um die Energieversorgung der Zukunft so zu entwickeln, wie wir, die Bürger und die Unternehmer dieses Landes, es uns wünschen und wie wir es brauchen, um den Klimawandel zu begrenzen:

Dezentral, erneuerbar, verfügbar, bezahlbar, sicher und demokratisch kontrolliert, also in unseren eigenen Händen.

Wie geht das konkret? Ganz einfach. Die bereits bestehenden Technologien endlich konsequent einsetzen und technologisch weiter entwickeln. Vor allem aber, endlich eine intelligente Energiewende organisieren, die diesen Namen wirklich verdient hat. Was meint das? Endlich nicht nur auf die Bereitstellung und Herstellung von elektrischer Energie, sondern gleichermaßen auf die Erzeugung von Wärme, Kälte, Strom und auf die Organisation von Mobilität zu schauen. Nur wenn wir alle diese Sektoren miteinander verbinden, sprechen wir über eine intelligente Energiewende. Und die beinhaltet eine Effizienz-, eine Kälte-, Wärme- und Stromwende. Und auch noch eine- Mobilitäts- und Ernährungswende – aber davon in den nächsten beiden Kapiteln mehr.

Wenn Sie heute ein neues Gebäude bauen, womöglich eine Wohnsiedlung, dann ist es bei den heutigen Standards in der Bauwirtschaft ein Leichtes, diese Gebäude so zu errichten, dass sie kaum mehr Energie benötigen. Die Wärme besorgen Sie sich hocheffizient über eine Wärmepumpe, die dann über die Fußbodenheizung das Haus mit der wenigen benötigten Wärme versorgt. Eine Solaranlage auf dem Dach erzeugt den benötigten Strom und ein Stromspeicher im Keller speichert diese Energie genauso wie das Elektroauto in der Garage. Im Neubaubereich ist das alles mittlerweile Standard. Viel schwieriger stellt sich die Situation bei den Millionen Bestandsimmobilien dar, die längst existieren und weder über die heute übliche Dämmung noch über die Flächenheizkörper der modernen Gebäude verfügen.

Gerade hier liegt in der Sektorenkopplung der Clou. Die entscheidende Wertschöpfung. Die Rendite, die es möglich macht, die notwendigen Innovationen auch wirtschaftlich zu stemmen.

Auch hier kann ich mein persönliches Beispiel beschreiben, denn ich betreibe und versorge vier meiner denkmalgeschützten Immobilien und damit den Standort von 25 Unternehmen auf ca. 4.000 qm Bürofläche im Gebäudekomplex VillaMedia bereits seit einigen Jahren in dieser Weise. Wir versorgen uns energetisch mit einer Mischung aus sieben Solaranlagen, die uns im Wesentlichen in den sechs hellen Monaten mit Energie beliefern, und einem Blockheizkraftwerk, das uns in den sechs Wintermonaten wesentlich mit Wärme und Strom versorgt. Ergänzt durch eine Brennstoffzelle, die ganzjährig eine Grunderzeugung bringt, Wärme- und Stromspeicher und Ladestationen für unsere Elektromobilitätsflotte. Möglich wurde das durch ein eigenes Wärme-, Strom- und Datennetz, das die vier Gebäude miteinander verbindet.

Das nennt sich „Microgrid" und ist Sektorenkopplung pur. Funktioniert technisch einwandfrei und ist wirtschaftlich. Entscheidend sind die digitalen Tools, also Software, die in Verbindung mit digitalen Zählern und Sensoren die Erzeugung und die Verbräuche der unterschiedlichen Energien sichtbar, lernbar und steuerbar macht.

Glücklicherweise beschäftigen sich immer mehr Energiemanager und vor allem Stadtwerke mit dieser intelligenten Form der Energieversorgung und des Energiemanagements. Der große Vorteil liegt in der Chance, eine umweltfreundliche, ressourcenschonende und vor allem dezentrale Energieversorgung in den Millionen bereits bestehenden Immobilien unserer Städte zu organisieren.

Das Netz der Netze

Im Rahmen meiner ehrenamtlichen Arbeit im „Klimaquartier Arrenberg" arbeiten wir genau an diesen Lösungen. Unsere europäischen Städte sind sehr ähnlich gebaut und geprägt von vier- bis siebenstöckigen Mehrfamilienhäusern. Daraus ergibt sich städtebaulich eine immer wiederkehrende Situation: 20, 30 oder auch mehr Mehrfamilienhäuser, oft in Verbindung mit Gewerbeobjekten, sind Haus an Haus im Karree gebaut, und inmitten gibt es einen Innenhof, der entweder von Garagenhöfen, Spielplätzen oder beschaulichen Gärten und Terrassen geprägt ist. Diesem städtebaulichen Muster verdanken wir übrigens zahlreiche bezaubernde Orte der Ruhe und des Miteinanders inmitten des großstädtischen Chaos unserer Zeit.

All diese Gebäude, egal ob sie mehrheitlich zum Wohnen oder zum Arbeiten genutzt werden, sind ganz ähnlich strukturiert. Sie alle haben in der Regel im Keller eine Zentralheizung. Die wird entweder mit Öl, Gas oder

Fernwärme versorgt und versorgt ihrerseits die darüber liegenden Einheiten, also Wohnungen, Geschäfte, Büros etc. mit der benötigten Wärme. Zum Heizen in den Wintermonaten und ganzjährig mit warmem Wasser zum Waschen, Duschen, Baden etc.. Natürlich gibt es auch Objekte, in denen diese Wärme ganz dezentral in den Wohnungen erzeugt wird. Zumeist über gasgeführte Systeme.

Außerdem haben alle diese Objekte einen oder mehrere Stromanschlüsse, Kamine zum Abführen der Abgase und mindestens einmal im Jahr einen Installateur zu Besuch, der dann Wartungen und/oder Reparaturen an den Heizungsanlagen durchführt.

Diese Altanlagen sind in der Regel sehr ineffizient. Je nach Typ, Baujahr und Zustand sprechen wir von Wirkungsgraden zwischen 30 und 45 %. Das heißt: Es wird wahnsinnig viel Energie verschwendet und der Wartungsaufwand ist eminent. Ziel unserer Arbeit im „Klimaquartier Arrenberg" ist es, diesen Unsinn zu beenden!

Ein Microgrid bedeutet nun, dass man alle Objekte eines solchen Gebäudekomplexes, egal, ob er im Karree oder wie bei einer Reihenhaussiedlung in einer Linie gebaut ist, mit einem geschlossenen Wärme-, Strom- und Datennetz verbindet. Ähnlich wie bei mir in der VillaMedia. Allerdings musste ich Straßen aufreißen, Gräben öffnen und später wieder schließen, um ein solches Energienetz zu bauen. Bei den meisten Microgrids in den Innenstädten ist es viel leichter, weil man schlichtweg von Kellerwand zu Kellerwand geht. Es werden Löcher von ca. 50 x 50 cm hineingestemmt, die Rohre, Kabel und Datenleitungen hindurchgezogen und die Löcher wieder brandschutzgerecht geschlossen. So entsteht ein Energiering durch die Keller aller beteiligten Gebäude.

Die meisten der bestehenden alten Heizungsanlagen werden entfernt und die Heizungsrohre, die in den Gebäuden nach oben in die Nutzungseinheiten führen, auf den neuen Wärmering aufgeschweißt. Auch die Stromleitungen innerhalb der Objekte werden zusammengefasst. Das heißt, die Objekte haben alle einen gemeinsamen Strom-und Wärmeanschluss, der in einem der vielen Keller endet – da, wo die zukünftige Energiezentrale entsteht. Zentrum dieser Energiezentrale ist ein Blockheizkraftwerk, das mit grünem Gas oder Holzpellets versorgt wird. Es erzeugt übers Jahr betrachtet ca. 75 % der benötigten Heizungswärme und des benötigten warmen Wassers. Und es erzeugt grünen Strom. Vor allem und besonders viel im Winter, weniger, aber durchaus relevante Mengen auch in den Sommermonaten.

Die übrigen 25 % Wärme kommen aus gewöhnlichen Heizungsanlagen, im besten Fall den jüngsten, effizientesten und saubersten der bereits bestehenden Heizungssysteme, die im System mit eingebunden werden und immer dann zusätzlich Wärme liefern, wenn das Blockheizkraftwerk es alleine nicht mehr schafft.

Auf allen Dächern, die dafür geeignet sind, werden Solaranlagen errichtet, optimalerweise nach Osten, Süden und Westen ausgerichtet, in der Regel Photovoltaik-Anlagen zur Stromerzeugung. Der so erzeugte Strom landet im Stromring und vermischt sich mit dem Strom, der durch das Blockheizkraftwerk und eventuell auch eine Brennstoffzelle erzeugt wird.

Solaranlagen liefern in Deutschland den großen Teil ihres Stromertrages zwischen April und Oktober. In den dunklen Monaten nur wenig. Deshalb haben wir in den Microgrids die perfekte Mischung. Solar bringt die Energie in den hellen Monaten und das Blockheizkraftwerk vornehmlich in den dunklen, kalten Monaten des Jahres. Natürlich braucht es große Wärme- und Stromspeicher, die dazu beitragen, die Energiespitzen bei der Erzeugung über den Tag zu verteilen. So erreichen wir einen Autarkiegrad von ca. 80 % in einem durchschnittlichen Gebäudekomplex. Vor allem erreichen wir aber eine Reduzierung der Energiekosten für die Mieter, denn durch den Ersatz von zahlreichen ineffizienten Systemen durch ein hoch effizientes System, entsteht so viel Wertschöpfung, dass die Investitionen in diese Technik rentabel sind und für die Mieter noch eine Kostenersparnis entsteht. Win-Win halt!

Wenn es dann gelingt – und das muss das Ziel sein – , viele dieser Microgrids miteinander in einem großen Netz zu verknüpfen, dann entsteht das Netz der Mikronetze. Da alle aufs Jahr gesehen etwas mehr Energie erzeugen als sie verbrauchen, und in der Verknüpfung die Möglichkeit des Ausgleichs von extremen Spitzenlasten liegt, entsteht hier eine völlig neue Form der großstädtischen Energieversorgung. Dezentral, weitestgehend erneuerbar und in der Hand der Bürger, der Eigentümer, der Stadtwerke oder von Bürgerenergiegenossenschaften. In jedem Fall demokratisch organisiert und kontrolliert. Nicht mehr in der Hand irgendwelcher Oligarchen.

Was es dafür tatsächlich noch braucht, ist sehr viel grünes Gas, das die Blockheizkraftwerke versorgt. Entweder aus viel mehr Biogasanlagen als bisher oder eben aus der bereits beschriebenen „Power to Gas"-Technologie. In jedem Fall klimafreundlich.

Jetzt Strom geben!

Das „Microgrid-Grid" wird unsere Energielandschaft und unsere Gesellschaft verändern. Bürger werden zu Energiebürgern. Stadtwerke werden lernen, mit den Bürgern gemeinsam in partnerschaftlichen Prozessen solche Systeme zu entwickeln, zu bauen und zu organisieren. Jede Menge neue Jobs werden dadurch entstehen. Zum Beispiel für die sogenannten „Solarteure", die in Deutschland dann die zumeist chinesischen Solarmodule montieren. Es sind die Dachdecker, die davon genauso profitieren werden wie die Elektriker, die solche Systeme verdrahten und installieren. Es sind die deutschen mittelständischen Heizungsbauer, die als Hersteller von Blockheizkraftwerken und Brennstoffzellen hier eine riesige Chance auf neue Wertschöpfungsketten haben. Genauso Unternehmen wie zum Beispiel die Firma SMA, der deutsche Marktführer im Bau der für die Umwandlung von Gleich- in Wechselstrom notwendigen Wechselrichter. Aber auch die vielen innovativen Mittelständler, wie Solarwatt und E3/DC zum Beispiel, oder andere Unternehmen, die an intelligenten Energiemanagementsytemen und neuen Speicherlösungen in unserem Land arbeiten. Sie alle und viele andere werden die Gewinner dieser Transformation sein.

Natürlich werden dadurch einige andere Investitionen endgültig wegfallen. Zum Glück!

Aktuell plant die Bundesnetzagentur zum Beispiel den Bau von mehreren neuen Stromtrassen quer durchs Land. Und dieses eben leider nicht in erster Linie, um den Windstrom aus dem Norden in den Süden zu transportieren, sondern vor allem, um den Strom aus den monolithischen Großkraftwerken der Kohleära im Land zu verteilen.

Nun gehe ich davon aus, dass maximal ein bis zwei dieser geplanten Trassen wirklich gebaut würden. Denn es wird darüber seit zig Jahren diskutiert und bis heute ist nicht mal eine davon wirklich im Bau. Doch in Zukunft werden sie vielleicht alle überflüssig werden. Denn die Energieversorgung der Zukunft ist definitiv dezentral, und es macht überhaupt keinen Sinn mehr, solche großen Trassen, mit Milliardeninvestitionen und den damit verbundenen Erhaltungsaufwendungen sowie zahlreichen Bürgerprotesten versehen, zu bauen.

Was wir stattdessen wirklich brauchen, sind viele leistungsfähige und wirtschaftliche „Power to Gas"-Anlagen, überall im Land verteilt an großen Wind- und Solarparks, um die überschüssige Energie im Sommer mittels grünem Gas in die Wintermonate zu bringen.

Das bestehende Gasnetz ersetzt dann die geplanten teuren Überlandstromnetze. Das Geld, das hierbei eingespart wird, sollte schnellstmöglich in die Weiterentwicklung der „Power to Gas"-Technologie und neuer innovativer Speichersysteme investiert werden.

Übrigens alles neue Technologien, bei denen wir Deutsche und Europäer in Zukunft eine ganz wichtige Rolle spielen könnten – wenn wir jetzt mal richtig Strom geben würden!

Einer der wundervollsten Effekte wird sein, dass sich dadurch Wertschöpfungsketten mit jährlich unzähligen Milliardenbeträgen verschieben werden. Milliarden, die wir aktuell noch jedes Jahr an Despoten, Oligarchen und Diktatoren überall in der Welt überweisen, werden in dieser schönen neuen Welt an Handwerker und mittelständische Betriebe in Deutschland und Europa gehen und dafür Sorge tragen, dass diese enorme Wertschöpfung in unseren Ländern und in demokratischen Händen bleibt. Das wird ein Wirtschaftsentwicklungsprogramm, wie es unsere Länder hier in Europa noch nie gesehen haben.

Und wenn ich überlege, wie nachdrücklich manche Parteien vorgeben, im Interesse des deutschen Mittelstands zu handeln, dann frage ich mich schon sehr, warum sie ihre Politik so organisieren, dass die Oligarchen in Europa oder die Diktatoren in aller Welt diese Milliarden weiterhin jedes Jahr kassieren können. Warum kämpft Gerhard Schröder für die Gaspipeline Nord Stream 2, die niemand bei uns wirklich braucht? Warum kämpft Christian Lindner in großer Gemeinschaft mit der Gewerkschaft und den CDU- und SPD-Fürsten für die kommerziellen Interessen von RWE, E-ON und Co.? Die wenigen Tausend Arbeitsplätze in der Deutschen Braunkohle können nicht das Argument sein. Denn sie haben ein Vielfaches davon in den letzten Jahren in der Solarwirtschaft zerstört, ohne mit der Wimper zu zucken. Und dafür würde in der neuen Energiewelt ein Vielfaches an neuen Jobs entstehen. Wem dienen diese Leute wirklich?

Übrigens: Ich habe mit keinem Entwickler von Microgrids einen Vertrag. Ich bekomme keine Provision von irgendjemandem dafür, dass ich das alles hier so beschreibe. Ich lobe es auch nicht uneingeschränkt. Denn ich erziele damit zwar persönlich beste Ergebnisse. Und meines Wissens sind es die Technologien, die Stand heute am besten in der Lage wären, unsere Energieversorgungsprobleme in den industrialisierten Ländern zu lösen. Aber: Es kann sein, dass morgen eine noch bessere Technologie auf den Markt kommt. Bleiben Sie deshalb nicht bei den aktuellen Technologien stecken! Ich tue es auch nicht. Ich informiere mich laufend darüber, welche innovativen Lösungen unsere Gesellschaft noch schneller voranbringen können.

Ich bin überzeugt: Wenn genügend Menschen die offensichtlichen Vorteile der neuen digitalen Möglichkeiten für die Energiegewinnung und -versorgung erkennen, dann kann großer gesellschaftlicher Fortschritt entstehen.

Die Zeit ist reif

„Saugut!" Das sagte ein bekannter Politiker zu mir, dessen Namen ich hier nicht nennen werde, als ich mich mit ihm über die neuen Möglichkeiten im Bereich Energie unterhielt. Seine Augen leuchteten. Und ich konnte förmlich zusehen, wie in seinem Geist die schöne neue Welt Form annahm. Doch keine zehn Sekunden später runzelte er die Stirn.

„Was denken Sie?", fragte ich ihn.

Und er sagte mir etwas, was sehr genau meiner Fernanalyse entsprach. „Der Ansatz ist klasse. Aber Sie müssen eins wissen: Die Politik wird beherrscht von Lobbyisten der Großindustrie."

Natürlich ist das so, das wissen wir alle. Aber es trifft natürlich nicht auf alle Politiker in gleicher Weise zu. Ich begegne häufig den unterschiedlichsten Politikern und mache da sehr unterschiedliche Erfahrungen. Um ehrlich zu sein, ich bin der festen Überzeugung, dass die von mir beschriebenen neuen Technologien und Chancen sich schon bald trotzdem durchsetzen werden. Warum? Weil alles andere einfach keinen Sinn mehr macht und weil viele Teile der Wirtschaft all dieses mittlerweile verstanden haben. Selbst in der Großindustrie.

Natürlich müssten wir in Kauf nehmen, dass die großen Energieerzeuger zusammenbrechen. Oder vielleicht auch nur deutlich schrumpfen. Denn selbst wenn die bisherigen Geschäftsmodelle der Energiekonzerne daran glauben müssen, ist das noch nicht zwangsläufig das Aus für die Konzerne selbst. Der Rückzug auf gefragte Spezialfelder wie etwa die Entwicklung und der Betrieb von „Power-to-Gas"-Anlagen in Verbindung mit dem Betrieb von großen Offshore-Windparks und Mega-Solarparks ist auch für diese Riesen immer noch eine Alternative, um im Geschäft zu bleiben.

Und natürlich müssten wir damit leben, dass wir uns in Russland, Katar und Saudi-Arabien keine neuen Freunde machen. Wenn aber nur das der Preis ist, den wir zahlen müssen, um auf der ganzen Welt Energie im Überfluss zu haben und einen wichtigen Teil des CO_2-Problems ein für alle Mal zu lösen, dann ist das ein sehr sehr kleiner Preis.

Kurz: Die Vorteile einer von der Politik orchestrierten und vorangetriebenen Dynamik überwiegen, lokal und global betrachtet, bei Weitem die Nachteile. Und dafür ist die Zeit mehr als reif.

Ich behaupte ja keineswegs, wir hätten politisch in Deutschland nichts gemacht. Die Unterstützung der Entwicklung der Erneuerbaren Energien durch das EEG war ein riesiger Schritt nach vorne für die Menschheit. Denn ohne die deutsche Anfangsinvestition in diese Technologien hätten sie es nicht so schnell und vielleicht sogar nie auf den internationalen Massenmarkt geschafft. Es ist zwar volkswirtschaftlich für uns jammerschade zu sehen, dass China Deutschland bei der Produktion von Solaranlagen den

Rang abgelaufen hat, nachdem wir unsere eigene Industrie zerstört haben. Aber global gesehen ist es ein Segen, dass wir dort stehen, wo wir heute stehen. Diese Entwicklung hätte es ohne den deutschen Ingenieursgeist und ohne die damalige politische Forcierung ganz klar nicht gegeben.

Und doch haben wir, wie ich weiter oben bereits geschildert habe, politisch gesehen in Deutschland eine Sache missverstanden. Wir haben eine „Stromwende" mit einer echten „Energiewende" verwechselt. Ich kann gar nicht oft genug wiederholen, was in Teilen der Politik und auch in der öffentlichen Debatte noch nicht angekommen ist: Es reicht nicht, nach Lösungen zur Gewinnung von grünem Strom zu suchen. Wir brauchen integrierte Lösungen, um grüne Energie jederzeit verfügbar zu halten. Wir brauchen also Systeme, die für Strom, aber auch Wärme, Kälte und für Mobilität sorgen. Und zwar alles nachhaltig, erneuerbar und dezentral. Und vor allem miteinander verknüpft – in intelligenten digitalen Systemen die diese Prozesse effizient steuern und wirtschaftlich machen.

Die Digitalisierung gibt uns alle Tools, die wir benötigen. Es ist nun an uns, diese Chancen zu nutzen. Also los! Lasst uns gemeinsam eine bessere Welt für uns alle schaffen!

2.3

MOBIL
IM SCHWARM

Neben der Frage, wie wir es zukünftig schaffen, alle Menschen auf diesem Planeten mit der benötigten sauberen Energie zu versorgen, ist die zweite große Herausforderung: Wie organisieren wir zukünftig die notwendige Mobilität all dieser Menschen – ohne dabei diese Welt zu zerstören und uns, der Gattung Mensch, die Überlebensfähigkeit zu rauben?
Denn der totale Mobilitätskollaps ist keine Frage der Zeit, sondern bereits täglich gelebte Realität. Für alle Menschen, die ...

- jeden Tag in den unendlich langen Staus auf deutschen Autobahnen stehen
- sich täglich in diesen Kolonnen im Schritttempo durch die Zentren unserer Städte quälen
- in diesen Städten leben und permanent diese dreckige Luft einatmen müssen
- durch den entsetzlichen Lärm der Millionen von motorisierten Fahrzeuge krank werden.

Wo ist der Zusammenhang zwischen dieser Realität im täglichen Wahnsinn unserer Großstädte und den wunderschönen Bildern in den Werbespots der deutschen Automobilhersteller? Wo wir glänzende Autos mit entspannten Fahrern auf einsamen Landstraßen und freien Straßen in modernen Hochglanzstädten sehen und von freier Fahrt für freie Bürger und Vorsprung durch Technik hören?
1950 waren noch weniger als 1 Million PKWs auf deutschen Straßen.
Und ist Ihnen klar, wie rasant die danach einsetzende Entwicklung war?

1960: 5 Millionen.
1970: 14 Millionen.
1980: 23 Millionen.
1990: 31 Millionen.

Und heute? Da sind es schon mehr als 46 Millionen PKWs!
Und es werden immer noch jeden Tag mehr!
Das Dilemma ist: Die für Mobilität nutzbare Fläche wächst natürlich nicht

im gleichen Tempo und Verhältnis mit. Ganz im Gegenteil. Unsere Städte werden immer stärker verdichtet. Mit jedem neuen Gebäude, das in den Innenstädten errichtet wird, steigt die Zahl der Mobilitätsnutzer, die Zahl der Fahrzeuge und damit die Belastung durch Lärm, Gestank, CO_2-, Stickoxide und Feinstaub. Und viele andere Gifte die sich in den Abgasen unserer Fahrzeuge befinden und die wir alle einatmen müssen. Die uns Stück für Stück vergiften.

Soziale Frage

Uns? An der Stelle macht es durchaus Sinn, einmal darauf hinzuweisen, dass die Belastung der Menschen mit diesen Giften nicht gerecht verteilt ist. Diejenigen, die den meisten Dreck machen, das sind diejenigen, die mit den tonnenschweren, großen und damit oft verbrauchsstarken Diesel- und Benzinerfahrzeugen unterwegs sind. Die über exzellente Klimaanlagen und Feinstaubfilter in ihren Fahrzeugen und Büros verfügen. Die meist eher am Stadtrand wohnen und in ihrer Freizeit dann doch die saubere Luft genießen.

Die am stärksten Betroffenen aber sind diejenigen, die, aus welchen Gründen auch immer, eher zu Fuß oder auf dem Fahrrad in den Städten unterwegs sind. Es ist pervers, aber genau die, die keinen Dreck, kein Gift und keinen Lärm erzeugen, müssen am meisten davon konsumieren. Und sie werden davon eben viel mehr und schneller krank als die Verursacher. Das trifft auch auf die Menschen zu, die an all den Hauptverkehrsachsen in den Großstädten leben müssen, weil dort der Wohnraum eben am günstigsten ist. Es sind auch in diesem Fall wieder die sozial Schwächsten, die von diesen Belastungen betroffen sind. Und um es klar zu sagen: Wer an einer dieser vielen Hauptverkehrsstraßen wohnt und jeden Tag diesen Dreck einatmet, der stirbt einfach früher. Umweltschutz ist eben auch eine soziale Frage.

Und es ist zynisch, wenn dann Menschen, die zu den Tätern gehören und eben nicht so betroffen sind, gerne darauf verweisen, dass die betroffenen Leute ja meistens auch noch rauchen und sowieso sehr ungesund leben

würden. Solche Aussagen muss ich mir leider häufig in Diskussionen anhören. Die gipfeln dann sogar schon mal in Sätzen wie:
... dann sollen die sich doch woanders eine Wohnung suchen ...
Solche zynischen Sichtweisen machen mich nur noch sprachlos!

Aufs falsche Pferd gesetzt

Wer wissen will, wie das weitergehen würde, wenn wir nicht jetzt umsteuern, der kann ja mal nach Peking, Hongkong oder in eine der anderen Megacitys auf der Welt reisen. Dort können Sie den totalen Mobilitätskrieg hautnah erleben. Mit all seinen fürchterlichen Auswirkungen auf Umwelt, Klima, Tiere und uns, die Menschen.

Mit der bisherigen Mobilitätspolitik zerstören wir unsere Umwelt, unsere Lebensgrundlage! Es geht um unseren Lebensraum, die Orte, an denen wir leben wollen oder müssen. Es geht um die Luft, die wir einatmen und die wir zum Überleben brauchen. Wie verrückt sind wir eigentlich, dass wir uns selbst den Ast absägen, auf dem wir alle sitzen?

Die Antwort ist: Wir haben einfach zu lange aufs falsche Pferd gesetzt. Auf die benzinschluckenden CO_2-Schleudern, die Luft, Lungen und Landschaft verschmutzen, mittlerweile unserer Wirtschaft schaden und Arbeitsplätze vernichten, die deutsche Innovationskraft behindern, die Innenstädte und Kulturlandschaften verschandeln und Jahr für Jahr Tausende Unfalltodesopfer fordern.

Natürlich hätten wir das schon längst alles besser machen können. Natürlich könnten wir längst in allen Städten viel mehr und vor allem viel besseren öffentlichen Nahverkehr organisieren. Wer in Berlin oder Wien lebt, der braucht kein eigenes Auto, um mobil zu sein. Weil es ein höchst attraktives Angebot an öffentlichem Personennahverkehr (ÖPNV), Fahrradinfrastruktur und vielfältigen Sharing-Angeboten gibt. Alles intelligent miteinander vernetzt. Oder wir könnten endlich ein vernünftiges Verkehrskonzept wie zum Beispiel in Kopenhagen für die verstärkte Nutzung von Fahrrädern entwickeln. Dort gibt es nicht nur vorbildliche Fahrradwege sondern eben auch regelrechte Fahrradhighways, die eine perfekte

Nutzung des Fahrrads als echtes Nahverkehrstool möglich machen. Sicher, komfortabel und zuverlässig!

Und das sind nur einige der vielen Möglichkeiten, um Platz zu schaffen, die Mobilität grüner und gesünder aufzustellen, den Verkehrsdruck von den Straßen zu nehmen und die deutschen Städte wieder sauberer und lebenswerter zu machen. Es geht also! Welch bizarre Debatten musste ich aber stattdessen in den vergangenen Jahren erleben. Es ist einfach verrückt, wie einfältig deutsche Stadtplaner und Lobbygruppen in der Vergangenheit immer dann waren, wenn es darum ging, für mehr komfortable Mobilitätsangebote jenseits des PKWs zu kämpfen. Sie haben das immer wieder abgelehnt, weil sie ihren absurden Traum von der autogerechten Stadt verwirklichen wollten. Und haben aber nie begriffen, wie sehr sie sich selbst dadurch geschadet haben. Gerade wer den Fetisch des Autos richtig ausleben will, muss nämlich eigentlich Highways für Fahrräder und ein großzügiges Angebot für öffentlichen Nahverkehr bauen. Denn dann bekäme er endlich wieder die Straßen frei, die er selbst und all die anderen Autofahrer mangels ernsthafter Alternativen heute versperren. Es sind oft die alten Männer in den grauen Anzügen, die es nicht verstehen wollten und die heute im Stau so sehr schimpfen, weil die anderen Autofahrer genauso verrückt sind wie sie selbst und jetzt im Stau direkt vor ihnen stehen ...

Und im Fernverkehr? Ja, es wäre möglich, ein funktionierendes und attraktives Nah- und Fernverkehrssystem zu organisieren. Es wäre möglich, wenn es dafür ein Bewusstsein in Politik und Gesellschaft gäbe. Gab es in Deutschland aber bisher nicht. Ich kann das beurteilen, denn ich reise sehr viel und immer noch sehr gerne mit der Bahn. Und das, obwohl es häufig ein Desaster ist. Bei 8 von 10 Fahrten funktioniert irgendwas nicht. Verspätungen, verpasste Anschlusszüge, ausgefallene Klimaanlagen, Systemabstürze in der Lok, Ölverluste, Türen die nicht mehr schließen, geschlossene Speisewagen, ausgefallene Kühlschränke ... Ich könnte die Liste unendlich verlängern. Und das bei wirklich stolzen Preisen, die man für ein solches Ticket bezahlen muss.

32 Sekunden

Wir hier in Deutschland haben uns ja daran gewöhnt. Manche meinen, das ginge nicht anders. Aber das stimmt nicht! Es gibt viele Länder, in denen das funktioniert. Ein konkretes Beispiel: Thomas Wängler, Verkehrsexperte der Bergischen IHK, war im August 2016 in Japan unterwegs. Er reiste als Tourist durchs ganze Land. Benutzte Busse, U-Bahnen, Züge, alle angebotenen Nah- und Fernverkehrsmittel. In einem Artikel beschrieb er sehr anschaulich, dass er im ganzen Land mit der gleichen App seine Mobilität durch alle Verkehrssysteme hindurch organisieren konnte: Fahrpläne, Tickets, aktuelle Informationen, multilingual, verständlich und funktionierend! Saubere Fahrzeuge und Bahnsteige, freundliches Personal überall. Und es kommt noch besser. Er schreibt:

Der Shinkansen, der weltbekannte japanische Schnellzug und Vorbild für TGV und ICE, fährt bereits seit 1964 sicher und pünktlich. Die jährliche addierte Verspätung ALLER Shinkansen-Schnellzüge betrug 2015 exakt 32 Sekunden! Ja – Sekunden, nicht Minuten, Stunden oder Wochen ... Und in keinem Jahr zuvor waren es je mehr als 5 Minuten.

Sitzen Sie noch? Sind Sie noch wach? Haben Sie das verstanden?

Ich habe geheult, als ich das zum ersten Mal gelesen habe. Geheult vor Wut über die Verantwortlichen in unserem Land, in der Politik und bei der Bahn. Weil dies einfach zeigt, dass es geht: Es ist möglich, attraktive Alternativen zu diesem Autowahnsinn zu entwickeln und den Menschen zugänglich zu machen. Wenn wir es wollen!

Es ist möglich, den Transportwahnsinn auf unseren Autobahnen zu verändern. Aber dafür braucht es dann ein entsprechendes attraktives Angebot im Güterverkehr auf der Schiene. Und? Gibt es das in Deutschland? Natürlich nicht. Ganz im Gegenteil. Die Ressourcen wurden reduziert, das Angebot wurde reduziert.

Wir leben in einem Entwicklungsland der Mobilität, in jeder Beziehung.

Es mangelt an Verstand und politischem Bewusstsein für die richtigen Prioritäten. Der Zustand bei der Bahn ist kein Zufall, er ist das Resultat einer Politik, die sich immer nur darum gekümmert hat, die optimalen Bedingungen für PKWs zu entwickeln. Die Interessen der Nutzer von ÖPNV und öffentlichem Fernverkehr haben dabei politisch nie eine wirklich wichtige Rolle gespielt.

Kein Interesse – keine Ressourcen. Keine Ressourcen – keine Qualität! Keine Qualität – keine Zukunft!

Wir freuen uns schon, wenn jetzt endlich in den ICEs WLAN angeboten wird. Müssen aber weiterhin in den meisten anderen ICs, ganz zu schweigen von den Regional- und Nahverkehrssystemen, auf eine solche Versorgung verzichten. Ein Standard, der in vielen Ländern seit langer Zeit absolut selbstverständlich ist. Auch in vielen armen Ländern!

Wenn ich mit dem Zug von Wuppertal nach Düsseldorf fahre, dann verlässt mich wenige Meter hinter dem Ortsausgangsschild der Telefonempfang. Von Internet kann sowieso keine Rede mehr sein. Diese beiden Städte liegen in Nordrhein-Westfalen, dem am dichtesten besiedelten Gebiet der Republik. Einem Ballungsraum mit 18 Millionen Menschen! Das ist keine Panne, das ist ein Skandal. Und der beruht auf einem regelrechten Staatsversagen in den letzten Jahren. Auf Bundes-, Landes- und kommunaler Ebene.

Unsere politischen Eliten besitzen zum allergrößten Teil weder die nötige Kreativität noch die Empathie, geschweige denn das nötige Wissen oder die Entschlossenheit, eine wirklich attraktive öffentliche Mobilität zu entwickeln oder zu organisieren.

Und deswegen ist es gut, wenn das in Zukunft andere Leute anders machen werden!

Die falsche Abzweigung

Dabei kann ich durchaus nachvollziehen, wie es so weit kommen konnte. Wir haben uns an einer Kreuzung in der Vergangenheit für die falsche Abzweigung entschieden.

Und das war so: 1910 begannen verstärkt Viertakt-Verbrennungsfahrzeuge auf der ganzen Welt und auch in Deutschland die Straßen zu bevölkern.

Das waren Abenteuermaschinen, ganz nach dem Geschmack viriler, kräftiger, finanzstarker, technikbegeisterter Männer, die die Fahrzeuge mit Begeisterung kauften. Der Benzinmotor mit den lauten, kräftigen Pferdestärken unter der glänzenden Blechhaube rief bei den vorwiegend männlichen Fahrern ein Macht- und Fortschrittsgefühl hervor. Gegen die Konkurrenz von Dampfmaschinen und ersten Elektroautos setzten sich die verbrennungsmotorbetriebenen Maschinen auch deshalb durch, weil der Motor durch die hohe Energiedichte des Benzin-Kraftstoffs längere Strecken bewältigen konnte als seine Mitbewerber.

Und so haben das Abenteuerimage, eine weltweit an Einfluss gewinnende Öllobby, das Selbstbewusstsein einer prosperierenden Otto-Autoindustrie und ein Männlichkeitsdrang dazu beigetragen, dass der Verbrennungsmotor weltweit so richtig durchstartete und fast ein Jahrhundert lang als eine scheinbar alternativlose Antriebstechnologie angesehen wurde – von der Politik, der Industrie und der Kundschaft gleichermaßen geliebt, gefördert und beschützt.

Klingt plausibel, dass der Homo sapiens damals in diese Richtung des Benziners abgebogen ist. Dennoch war es die falsche Richtung.

Es hätte auch alles anders laufen können. Denn schon Ende des 19. Jahrhunderts spielte sich in Coburg Industriegeschichte ab, die heute aber nur wenigen bekannt ist. Die Maschinenfabrik A. Flocken entwickelte auf deutschem Boden den ersten vierrädrigen, straßentauglichen Personenkraftwagen weltweit, der elektrisch angetrieben wurde. In diesen Kinderschuh-Jahren der Kraftfahrzeugentwicklung war das Elektroauto seinen Fahrzeugkonkurrenten überlegen. Es sah aus wie eine Kutsche ohne Pferde – und prägte in der Zeit, bevor es den Verbrennungsmotor gab, das Straßenbild. Die Elektrokutsche war komfortabel und leise – für die damaligen Verhältnisse aber nicht besonders reichweitenstark. Die rauch- und krachlosen elektrischen Gefährten, die häufig mit weiblichen Fahrerinnen beworben wurden, verschwanden sang- und klanglos für die nächsten 100 Jahre von der Straße.

Es bildete sich ein Rahmensystem aus Politik, Öl- und Automobilindustrie, dem produzierenden Kraftfahrzeughandwerk, das international, aber auch in Deutschland in der Zwischen- und Nachkriegszeit dafür sorgte, dass sich der Otto Normalverbraucher immer mehr an seinen Ottomotor gewöhnte. Ich habe es an anderer Stelle schon erzählt: Deutsche Autoingenieure feilten das komplizierte Verbrennungsmotorensystem immer mehr aus – da konnte ihnen nach eigenem, überstolzen Selbstbewusstsein keine Nation je das Wasser reichen. In dem festen Glauben, dass „Made in Germany" ein ewig gültiges Qualitätssiegel darstellen würde, manövrierte sich die deutsche Automobilindustrie, ihre Maschinenbauer, Ingenieure und Industriellen in ihrer Hybris ins Abseits. Sich mit dem unterkomplexen und wenig besonderen Elektromotor zu beschäftigen, war unter ihrer Würde. Nach dem Motto „Elektro kann jeder", wurde diese Antriebsart hierzulande unbeachtet links liegen gelassen.

In dieses Vakuum stoßen mittlerweile innovative Entwickler aus dem US-amerikanischen und asiatischen Raum. Während sich das arrogante Verbrennungsmotorland Deutschland noch selbst für seine akkurate Spaltbreite feiert, ist die asiatische und auch amerikanische Automobilkonkurrenz auf dem Elektroauto-Vormarsch. Sie setzen auf neue, schnelle, reichweitenstarke, saubere und leise Fahrzeuge und erobern Stück für Stück den Markt.

Wir stecken in der Mobilitätssteinzeit fest.

Nichts wie raus da.

Otto ist schuld

Auch wenn uns der enge, zu enge Fokus der letzten Jahrzehnte, der stur auf den Verbrennungsmotor gerichtet war, eine florierende Industrie beschert hat: heute merken wir, dass die deutschen VWs, BMWs und Daimlers mit ihren großen Zug-Pferdestärken zwar immer noch die deutsche Wirtschaft ziehen. Aber es geht in die falsche Richtung. Und das nicht erst seit der Dieselaffäre. An den VW-Absätzen, BMW-Umsätzen, am Daimler-Gewinn hängen nicht nur die Firmenchef-Prämien, davon leben Millionen von Menschen in der Bundesrepublik. Je nach Betrachtung hängt jeder siebte bis zwanzigste Arbeitsplatz in unserem Land an der Pumpe des klassischen Verbrennungsmotors, seien es die diesel- oder die benzinbetriebenen Fahrzeuge.

Arbeitsplätze, die es mittel- und langfristig so nicht mehr geben wird, weil diese Antriebstechnik heute schon gestrig ist und keine Zukunft hat.

Und weil die wegweisenden Innovationen für die Mobilität der Zukunft nicht mehr aus Deutschland heraus kommen, hat unser Land den Charakter und Stellenwert des Leitmarktes verloren. Das ist für das deutsche Automobil-Selbstbewusstsein schwer zu verkraften, ist aber nur eine marktlogische Entwicklung. Die E-Auto-Revolution wird, wie so viele andere Revolutionen vorher, einen wichtigen Treiber haben: das Geld. Wenn das Brot zu teuer wurde, gingen die Menschen auf die Barrikaden, wenn die Autos zu teuer werden, gehen sie zur Konkurrenz. Aus, Ende, fertig – unsere Form der Mobilität ist ein Auslaufmodell, die Verbrennungs-Technologie, auf die wir zu lange blind vertraut haben, kostet mehr, als sie bringt.

Deshalb werden wir jetzt endlich umsteuern müssen, wenn wir noch eine relevante Rolle in der Welt der Mobilität der Zukunft spielen wollen. Das werden wir aber nur dann schaffen, wenn wir endlich die vielen Chancen, die die Digitalisierung im Bereich der Mobilität bietet, nutzen.

Mit drei Schritten in die Zukunft

Der japanische Schnellzug Shinkansen ist einerseits für die Japaner die gelebte Mobilität der Gegenwart, andererseits für uns leidgeprüfte Bahnfahrer aus Deutschland ein Blick auf die Mobilität der Zukunft. Das, was möglich wäre. Doch was kennzeichnet eigentlich die Mobilität der Zukunft, was zeichnet sie aus? Mein Traum ist, dass sie mich an die Orte, die ich erreichen will, jederzeit sicher, schnell, kostengünstig, komfortabel und umweltfreundlich bringt. Und ohne Stress, wenn wir schon dabei sind. Den kann ich dabei gar nicht gebrauchen. Hört sich das nicht gut an?

Glauben Sie mir, in die Mobilität der Zukunft wird unheimlich viel Bewegung kommen, die Geschwindigkeit wird immer rasanter. Die Digitalisierung, und damit autonomes Fahren und der Elektroantrieb werden die gesamte Automobilindustrie umkrempeln.

Dieter Zetsche, der Chef von Mercedes, prognostizierte im vergangenen Jahr, dass wir in den nächsten 10 Jahren in der Mobilität einen größeren

Hinzu kommt, dass die Infrastruktur der Ladestationen in unserem Land immer noch miserabel ausgebaut ist. Auf 12.686 Einwohner kam zu Beginn dieses Jahres in München zum Beispiel eine Ladesäule, während in Amsterdam 650 Einwohner sich eine Ladesäule teilen müssen. Da sind die Holländer erheblich weiter als wir. Von Norwegen wollen wir lieber gar nicht erst sprechen.

Rechnet sich das?

Politik und Industrie werden nicht müde, durch satte Desinformationskampagnen bezüglich der E-Mobilität die Unsicherheit bei den Autofahrern und in der Bevölkerung zu schüren. Zum Beispiel, dass die E-Autos viel teurer sind als andere Modelle. Das stimmt sogar, aber Sie bekommen das Geld zurück, denn die E-Mobile haben drei entscheidende Kostenvorteile: sie sind steuerfrei, fast wartungsfrei (kein Auspuff, Keilriemen, kein Ölwechsel, kaum Bremsen) und die Energiekosten sind viel günstiger – je nach Modell und Fahrweise kosten 100 Kilometer kosten zwischen 3 und 5 Euro an Strom. Selbst der Verschleiß bei den Bremsen ist deutlich geringer als bei einem Verbrennerfahrzeug. Warum? Sie müssen kaum mehr bremsen. Wer einigermaßen vorausschauend fährt, der bremst eigentlich ausschließlich mit dem Motor und erzeugt dabei Strom statt Feinstaub. Auch das schont die Umwelt bzw. die Gesundheit der Menschen und den Geldbeutel.

Aber seien wir ehrlich: Beim Autokauf geht es für die meisten Leute doch sowieso nicht nur um den Preis.

Rechnet sich das?

Fragen mich ganz häufig Menschen, wenn ich aus meinem Elektroauto steige. Ich muss dann lachen. Rechnen? Rechnet sich ein S-Klasse Mercedes, ein 6er BMW, ein Audi A8? Nein. Keines dieser Fahrzeuge rechnet sich. Das interessiert auch in Wirklichkeit niemanden. Niemand braucht eigentlich ein Fahrzeug für 120.000, 80.000, 60.000 oder 40.000 Euro, um seinen eigenen Leib und einen Aktenkoffer oder einen Kasten Bier von A nach B zu bringen. Dafür würde auch ein 12 Jahre alter Škoda reichen. Den bekommen Sie für ca. 800 Euro auf dem Markt.

Nein, die dicken Schlitten sind reine Statussymbole. Bei den meisten Autos geht es um Emotionen, darum, dem Nachbarn oder Arbeitskollegen mal so richtig zu demonstrieren, wer hier die dickeren E… hat.

Ja, ich gebe zu, natürlich geht es bei Menschen, die jedes Jahr 50.000 km mit dem Auto unterwegs sind, auch um andere Aspekte wie Bequemlichkeit, Sicherheit usw. Aber die Wahrheit ist: 80 % der Autofahrer in Deutschland fahren weniger als 35 km täglich. Die könnten sie auch in einem gebrauchten Skoda zurücklegen. Wenn es nicht eben um etwas ganz anderes ginge.

Bei mir ist das auch so. Ich fahre seit 2012 nur noch elektrisch, weil ich den anderen zeigen will, dass ich schlauer bin. Ich will ihnen demonstrieren, dass ich innovativer bin, zeitgemäß denke, meinen Beitrag zum Umweltschutz leiste oder ihnen einfach voraus bin.

Aber keine Sorge: Es macht mir nebenbei auch noch Spaß, elektrisch zu fahren, weil es ganz einfach viel komfortabler ist. Viel schneller, und viel leiser! Segeln statt fahren.

Abgelaufen

Die deutsche Automobilindustrie verkalkuliert sich gewaltig, wenn sie auch weiterhin die Umstellung auf E-Autos herauszögert. Diese Ignoranz führt jetzt schon dazu, dass die E-Fahrzeuge der deutschen Automobilhersteller weit hinter denen der europäischen Konkurrenz hinterherhinken. Sie sind mit Abstand die schlechtesten, wenn man auf das Preis-Leistungs-verhältnis schaut, sie bieten weniger Reichweite und weniger Technologie als ihre Konkurrenten, sind aber teurer. Ich kann das beurteilen, denn in meinem Unternehmen fahren wir Elektromobile verschiedener Generationen, sowohl von Smart, Nissan, Renault als auch von BMW. Leider sind die Asiaten und Franzosen insgesamt deutlich leistungsfähiger und preiswerter. Das gilt gleichermaßen für die Fahrzeuge von Hyundai und Kia. Es ist streckenweise peinlich, was die deutsche Automobilindustrie hier bislang abliefert. Wenn sie überhaupt liefert. Audi hat bis heute nicht ein einziges richtiges Elektroauto auf dem Markt! „Vorsprung durch Technik". Renault hatte im Jahr 2013 bereits vier verschiedene rein elektrische Modelle im Angebot. Wer hat hier Vorsprung?

Die wirklich wichtigen Entscheidungen zur Durchsetzung des E-Motors wurden aber nicht in Europa, sondern in China getroffen. Da werden wir schlichtweg nicht mehr gefragt. Und wenn in einer Stadt wie Hongkong, wo ja schon seit vielen Jahren nur noch wenige neue Fahrzeuge zugelassen werden, in diesem Jahr die Quote lautet: 60.000 Elektromobile und maximal 40.000 Verbrenner, dann wissen Sie, was die Stunde geschlagen hat. Durch die Digitalisierung haben die Chinesen und Inder ökonomisch die Pfründe, die sie in den vorhergehenden industriellen Revolutionen an die europäischen Großmächte und die USA verloren haben, sukzessive zurückerobert. China ist mittlerweile der größte Automarkt der Welt und hat dementsprechend Power und Know-how in die Entwicklung von E-Autos gesteckt. Und uns überholt. Versuchen Sie mal in Deutschland einen Hersteller von elektrischen Nahverkehrsbussen zu finden. Aussichtslos! Wenn alles klappt, dann soll es im Jahr 2019 bei Daimler endlich los gehen. Polnische und asiatische Hersteller machen das schon seit Jahren. Allein in der chinesischen Millionen-Metropole Shenzhen wird der gesamte ÖPNV mit mehr als 16.000 Elektrobussen organisiert. Seit mehreren Jahren. Hergestellt von BYD. Einem der vielen chinesischen Hersteller von Elektrofahrzeugen.

In ganz Deutschland fahren aktuell ungefähr 35.000 Linienbusse, davon ca. 170 rein elektrisch. Die übrigen mit einem Dieselmotor und verpesten unsere Luft. Wer ist der Innovator? Wo befindet sich der Leitmarkt? Wer sind die, die Zukunft gestalten?

Die Zeit des Verbrennungsmotors ist abgelaufen. Er wird noch für einige Jahre bei den Großfahrzeugen wie Schwerlastwagen, Schiffen und Flugzeugen eine Rolle spielen können. Aber auch dort nicht mehr sehr lange. Denn die elektrischen Antriebe werden sich auch dort mittelfristig durchsetzen. Die Vorteile habe ich ja beschrieben, und natürlich will man diese auch bei großen Gefäßen nutzen. In den nächsten 10–15 Jahren wird man in diesen Segmenten vor allem auf den Elektromotor in Verbindung mit der Brennstoffzelle und Wasserstoff als Energiespeicher setzen. Das macht deshalb Sinn, weil der Wasserstoff eine viel höhere Energiedichte hat als die heute verfügbaren Lithium-Akkus. Sie können also eine deutlich größere Reichweite erreichen bzw. mehr Lasten transportieren.

Lassen Sie sich aber nicht von irgendwelchen Schreiberlingen oder Märchenerzählern diese Geschichten vom Brennstoffzellenmotor auftischen! Denn den gibt es nicht. Es sind alles immer die gleichen Elektromotoren, die da verbaut werden. Die Frage ist lediglich, in welchem Medium die Energie gespeichert wird. In einer Batterie oder im Wasserstoff. Beim Wasserstoff braucht es halt zusätzlich die Brennstoffzelle, die dann den Wasserstoff, der vorher aus Strom umgewandelt wurde, wieder in Strom und Wärme zurückverwandelt. Ein chemischer Prozess, der natürlich bei zweimaligem Wandeln dazu führt, dass der Wirkungsgrad insgesamt deutlich schlechter ist. Er ist zwar immer noch besser als beim Verbrennungsmotor, aber eben deutlich schlechter als beim akkuversorgten Elektromobil.

Aus dem gleichen Grund machen übrigens die aktuell in der Politik geführten Debatten über die mögliche zukünftige Nutzung sogenannter „grüner Treibstoffe" überhaupt keinen Sinn. Das Modell würde bedeuten, dass wir grünen Strom von Wind und Sonne nutzen würden, um damit Benzin oder Diesel herzustellen. Bei der Herstellung wird schon mehr als die Hälfte der Energie verloren. Und dann bei der Verbrennung im Verbrennungsmotor nochmal 80 % der Energie verschleudert. Eine schlechtere Energiebilanz kann es gar nicht mehr geben. Ach doch: Wir könnten die Energie einfach gleich komplett in den Himmel blasen. Nur das wäre noch ineffizienter und dümmer!

Selbst wenn die Technologie des Verbrenners und der Umwandlung von Strom in Benzin oder von Benzin in Fortbewegung um einige Prozent gesteigert würde, bliebe es immer ein katastrophales Ergebnis. Und hinzu kämen ja auch alle anderen Nachteile des Verbrenners, siehe Lärm, Gestank, Stickoxide und all die anderen Gifte. Also, eine schrecklich dumme Idee. Es ist natürlich durchschaubar, warum sie von den deutschen Automobilherstellern entwickelt wurde. Sie wollten damit dem Verbrenner doch noch ein paar Jahre Überlebenszeit retten. Aber sie werden damit scheitern, weil es einfach keinen Sinn mehr macht.

Das Zeitalter des Verbrennungsmotors ist unwiderruflich zu Ende. Aber diejenigen, die meinen, dieses sei nun die ultimative Revolution in der Geschichte der Mobilität, die irren gewaltig. Dieser Wechsel des Antriebs ist nur der erste Schritt und im Grunde eine Trivialität.

Chauffeur für alle

Der Schritt vom menschlichen Fahrer hin zum autonomen Fahren ist der große, der alles entscheidende Veränderungsprozess. Dieser zweite Schritt ist in fünf Erreichungsgrade aufgeteilt, die teilweise schon umgesetzt, teilweise noch in der Entwicklungsphase sind:

Level 1: Assistiertes Fahren: Der Fahrer wird von Assistenzsystemen unterstützt, die aber nicht das Steuer übernehmen. Das können zum Beispiel eine aktive Geschwindigkeitsregelung oder eine Auffahr- und Personenwarnung mit Bremsfunktion sein.

Level 2: Teilautomatisiertes Fahren: Der Fahrer bleibt in der Verantwortung, teilautomatisierte Fahrer-Assistenzsysteme, wie etwa der Lenk- und Spurführungs-Assistent inklusive Stau-Assistent, erleichtern den Straßenalltag: Sie können automatisch bremsen, beschleunigen und im Gegensatz zu Level 1 auch das Steuer übernehmen.

Level 3: Hochautomatisiertes Fahren: Der Fahrer kann sich in bestimmten Situationen länger vom Fahrgeschehen abwenden, zum Beispiel bei Autobahnfahrten. Er muss aber in der Lage sein, in wenigen Sekunden die Fahrtätigkeit wieder aufzunehmen, wenn etwa eine Baustelle auftaucht.

Level 4: Vollautomatisiertes Fahren: Das ist die Vorstufe zum autonomen Fahren. Das Fahrzeug navigiert selbstständig den überwiegenden Teil seiner Fahrt und kann selbst hochkomplexe urbane Verkehrssituationen meistern.

Level 5: Autonomes Fahren: Das Fahrzeug übernimmt alle Fahrfunktionen, alle Personen im Wagen werden somit zu Passagieren. Zum Beispiel bei der Fahrt zu Ihrem Lieblingsitaliener.

Level 5 bedeutet, dass wir weg vom zuweilen müden, aggressiven, fehlerbehafteten menschlichen Fahrer, der gerne auch mal gegen Regeln verstößt, hin zu einem Algorithmus gehen. Zu einem Roboter, der das Lenkrad ersetzt, der sich grundsätzlich an die Regeln hält, nie schläft, keinen Alkohol trinkt und auch sonst keine Drogen nimmt – und einfach viel besser fahren kann als jeder Mensch zuvor.

Die Technologie macht's möglich: Statt mit Lenkrad und mit Gaspedal ist das Fahrzeug mit modernsten Systemen ausgerüstet: Radarsysteme, Lidarsysteme, die mit Laserimpulsen arbeiten und Kamerasysteme, die mit einem 360-Grad-Blick, der viel schärfer ist als das menschliche Auge, alles erfassen, was rund um das Auto passiert – bis zu 200 m in alle Richtungen. Das funktioniert auch in der Dunkelheit reibungslos. Die verschiedenen Systeme sind durch jede Menge Software miteinander verknüpft, Millionen von Informationen werden im Bruchteil von Sekunden verarbeitet. Aber nicht nur die Systeme des Autos sind miteinander verknüpft, in Zukunft werden alle Fahrzeuge miteinander vernetzt sein und fahren. Stoßstange an Stoßstange, alle in der gleichen Geschwindigkeit. Dadurch werden wir viel weniger Unfälle auf der Straße haben. Denn die Konnektivität ermöglicht es, dass Ihr Fahrzeug in dem Moment vom Unfall eines anderen Verkehrsteilnehmers weiß, in dem er passiert.

Wenn also hinter einer Kurve ein Wagen mit einem Reh kollidiert ist und quer auf der Straße steht, dann weiß Ihr Auto das und fährt erst gar nicht um die Kurve. Die Fahrzeuge erfassen aber auch Schäden an der Fahrbahn und melden diese an den Zentralrechner, der dann einen Servicetrupp informiert. Gibt es irgendwo eine Behinderung, zum Beispiel durch eine Baustelle oder einen Zwischenfall, dann meldet das erste Fahrzeug am Ort des Geschehens dieses an die anderen Fahrzeuge im Umfeld. Schwarmintelligenz pur!

Und wie weit sind die Automobilproduzenten in dieser Entwicklungsphase? Schauen wir zunächst nach Deutschland. Mercedes Benz ist, wie wir alle wissen, ein sehr erfolgreiches Unternehmen, das seit mehr als 120 Jahren Autos und LKWs baut. Und Mercedes gehört zu den vielen Automobilherstellern, kurz OEMs genannt, die seit Jahren auch an der Technologie zum autonomen Fahren arbeiten. Und das durchaus erfolgreich.

Es gibt schon sehr schicke Werbespots von Mercedes, die uns zeigen, wie diese schöne neue Welt der Mobilität ausschauen wird. Wir sehen futuristische Fahrzeuge in schickem Design, bei denen die Fensterscheiben zu Displays werden, über die die Passagiere während der Fahrt ganz wunderbar kommunizieren und konsumieren können. Diese Fahrzeuge sind regelrechte Kommunikationsbomben und keine Autos mehr. Papa sitzt dann während der Fahrt schon mal auf dem Rücksitz und liest die Zeitung, während das kleine Kind ganz interessiert hinter dem Lenkrad verweilt und die autonome Fahrt des Mobils vergnüglich und vor Freude quietschend genießt.

Diesen Spot hat Mercedes bereits vor einigen Jahren produziert, und er vermittelt uns einen sehr spannenden Einblick in die Philosophie und Zukunftsstrategie dieses Unternehmens. Ich will mal versuchen, das zu übersetzen, was sie uns mit diesem Spot erzählen wollen:

Hallo liebe Kundinnen und Kunden. Wir haben eine großartige neue Technologie entwickelt, das autonome Fahren! Wir sprechen von der höchsten Stufe des autonomen Fahrens, Level 5. Das bedeutet ganz praktisch, dieses Fahrzeug fährt besser als jeder Mensch. Diese neue Technologie bauen wir jetzt ein und wir machen euch einen großen roten Knopf mit der Aufschrift „Autopilot" mitten auf das Lenkrad. Ungefähr ab 2021 könnt ihr das kaufen und dann in Zukunft jeden Tag selbst entscheiden, ob ihr heute selber fahren wollt oder ob die Maschine eigenständig fährt.

Cool, oder? Schauen wir uns das noch genauer an.

Mal angenommen, es ist Samstagabend, Sie wollen mit Freunden bei Ihrem Lieblingsitaliener in der Altstadt was Leckeres essen. Sie fahren dahin und halten genau vor dem Restaurant. Was ist das Problem? Es gibt weit und breit keinen Parkplatz. Außerdem regnet es in Strömen, und Sie haben überhaupt keine Lust auch nur 10 Meter zu Fuß zu laufen. Kein Problem in dieser schönen neuen Welt. Sie aktivieren den Autopilot, steigen aus, schlagen die Tür zu Ihrem Fahrzeug hinter sich zu und sagen zu Ihrem Mobil: „Hör mal liebstes Auto, such dir doch bitte irgendwo einen Parkplatz, ich rufe dich an, wenn ich nach Hause will."

Okay, das Ding fährt weg. Wohin? Keine Ahnung. Wichtig? Nein! Sie gehen entspannt in das Lokal, genießen den Abend und das leckere Essen und trinken nicht wie sonst ein Glas Bier oder Wein, sondern fünf! Warum? Sie müssen ja nicht mehr fahren. Ist das geil? Übrigens, sollten Sie schon einen der neuen humanoiden Roboter zu Hause beherbergen, dann trinken

Sie doch einfach 10 Gläser. Der Roboter bringt Sie dann sogar unfallfrei bis ins Bett!

Ist das cool, oder ist das cool?

Also, seien Sie sicher, der Gastronom freut sich. Die Brauereien und Winzer ebenfalls. Wir bekommen ein kräftiges Wirtschaftswachstum! Das Bruttosozialprodukt geht durch die Decke. Zur Wahrheit gehört natürlich dazu, dass Gleiches für Ihre Leberwerte gilt, wenn Sie das dann jeden Abend so machen sollten. Davon wiederum profitieren dann Ihr Arzt und die Krankenhausgesellschaft sowie die Pharmaindustrie. Sie sehen: So eine technologische Innovation bringt komplexe Folgen mit sich.

Ich bin jetzt nicht sicher, ob Sie es gemerkt haben: Wir bekommen auf die Art alle einen Chauffeur. Also jetzt mal direkt nachgefragt: Haben Sie aktuell einen Chauffeur? Minister, Polizeipräsidenten, Oberbürgermeister und Unirektoren oder Chefs von Stadtwerken haben meistens Chauffeure. Die meisten von uns nicht!

Ist das gerecht? Nein, ist es nicht.

Doch das ist jetzt bald vorbei. Ab 2021 können Sie so was kaufen und dann bekommen wir alle einen Chauffeur, wenn wir das wollen.

Schöne neue Welt!

Weil es keinen Sinn macht

Wirklich? Ist das, was die meisten Automobilhersteller da an Konzepten entwickeln, tatsächlich der entscheidende Beitrag zur Lösung unserer Mobilitätsprobleme?

Wir leben ja in einer Welt, in der zunehmend Unternehmen in disruptiver Weise in Märkte drängen, in denen sie in der Vergangenheit eigentlich nichts zu suchen hatten. Und gerade in der Welt der Mobilität tummeln sich aktuell besonders viele dieser Gattung. Deshalb macht es immer wieder Sinn, sich damit auseinanderzusetzen, wie diese Unternehmen eigentlich über diese Fragen denken. Zum Beispiel: Google!

Wie tickt eigentlich Google, oder besser gesagt „Waymo" bei diesem Thema? Waymo ist die hundertprozentige Tochter von Google und sie entwickelt die Technologien zum autonomen Fahren von Fahrzeugen. Also, wie tickt Waymo?

Wenn wir uns ansehen, was Waymo aktuell entwickelt, dann fällt eines sofort auf: In den Fahrzeugen, die dieses Unternehmen im Winter 2018/19 zum Beispiel in Phoenix in den USA auf die Straße bringen wird, gibt es kein Lenkrad mehr. Kein Gaspedal, keine Bremse. Es gibt auch keinen solchen lustigen roten Knopf mit der Aufschrift „Autopilot". Nun stellt sich die Frage:

Warum? Haben die das vergessen? Mal angenommen, Sie würden die fragen:

Hey Waymo, warum baut ihr denn kein Lenkrad und keine Pedale mehr ein?

Die Antwort von Waymo würde lauten:

Weil es keinen Sinn macht!

Stimmt! Es macht tatsächlich keinen Sinn mehr, in ein Mobil, das völlig autonom fahren kann, und zwar besser als jeder Mensch, ein Lenkrad oder ein Gaspedal einzubauen. Google und Waymo ticken völlig anders als Mercedes. Sie kämen nie auf die verrückte Idee, irgendjemanden von uns Auto fahren zu lassen. Und warum? Weil das viel zu gefährlich ist!

Auch Sie fahren bestimmt manchmal zu schnell. Ihr Nachbar überholt, wo es nicht erlaubt ist. Ihr Arbeitskollege, der liest ständig SMS während der Fahrt. Ihre Tante nickt gerne während der Fahrt ein. Der eine trinkt zu viel Alkohol und der Nächste nimmt noch ganz andere Drogen vor der Fahrt. Das Problem der Verkehrssicherheit sind keineswegs die Fahrzeuge! Die sind sicher gebaut! 95 % aller Unfälle passieren nicht etwa, weil unsere Autos schlecht wären. Nein, sie passieren, weil wir Menschen ständig Fehler machen, weil wir schwach und undiszipliniert sind. Weil wir halt Menschen sind!

Deshalb würde Waymo nie auf die verrückte Idee kommen, irgendjemanden von uns ab dem Tag noch ein solches Fahrzeug fahren zu lassen, an dem diese Technologie auf der Straße ist und diese Fahrzeuge besser fahren können als jeder Mensch. Es macht einfach keinen Sinn mehr, und deshalb macht es auch keinen Sinn mehr, noch ein Lenkrad oder ein Gaspedal einzubauen.

Autonomes Fahren ist der zweite, der wirklich wichtige und große Schritt in der Veränderung der Mobilitätswelt. Ein Algorithmus und ein Roboter verdrängen den menschlichen Fahrer mit all seinen Unzulänglichkeiten und Fehlern. Künstliche Intelligenz macht das möglich. Und wir werden das benutzen. Weil es uns nutzt.

Partizipieren statt Besitzen

Aber glauben Sie mir, es kommt noch viel schlimmer mit Waymo und diesen Leuten da in Kalifornien. Waymo wird uns nicht nur nicht mehr fahren lassen. Sondern sie werden uns diese Mobile nicht verkaufen.

Ja, Sie haben richtig gelesen! Sie werden bei Waymo niemals solche Mobile kaufen können. Weil Waymo auch an dieser Stelle ganz anders tickt als ein Automobilhersteller wie zum Beispiel Mercedes Benz. Die kämen nie auf die Idee, ein Geschäftsmodell zu entwickeln, das darauf beruht, Autos zu verkaufen. Sie wollen stattdessen Mobilität organisieren, und zwar sichere, schnelle, umweltfreundliche, komfortable und preiswerte Mobilität.

Das ist aber jetzt doch echt blöd, oder? Nun haben wir uns in diesem wunderbaren Raubtierkapitalismus daran gewöhnt, dass alles käuflich ist. Und jetzt kommen diese Leute, entwickeln so etwas Praktisches – und wollen uns das einfach nicht verkaufen! Und warum? Warum will Waymo uns diese Mobile nicht verkaufen? Die Antwort ist dieselbe wie beim fehlenden Lenkrad und Gaspedal:

Weil es keinen Sinn macht!

Ein Unternehmen das komplett digital denkt und noch nie Autos verkauft hat, tickt eben ganz anders als ein Unternehmen, dessen DNA in Benzin und Diesel schwimmt.

Waymo und andere Anbieter haben verstanden, dass es für uns einfach keinen Sinn mehr macht, ein Mobil zu kaufen, das weder ein Lenkrad, noch ein Gaspedal oder eine Bremse hat. Denn was wollen Sie damit machen? Wollen Sie das Ding kaufen und es dann anschließend mit nach Hause nehmen und dann 23,5 Stunden am Tag in eine Garage einsperren? Oder auf einen Stellplatz stellen, den Sie dafür extra anmieten müssen? Das wäre ja völliger Irrsinn. So ein tolles Mobil, so ein Multitalent werden Sie doch nicht im Ernst 98 % des Tages einsperren. Das kann doch genauso 24 Stunden pro Tag herumfahren und Menschen von A nach B bringen.

Schließlich ist das ein Taxi ohne Fahrer. Und eine Gelddruckmaschine für den, der es in den Verkehr bringt.

Das ist der dritte, der entscheidende Schritt.

Der, der die ganze Revolution auslöst, vor der wir stehen. Wir wechseln nach dem Antrieb und dem Fahrer auch den Eigentümer. Nicht mehr Sie oder das Unternehmen, bei dem Sie arbeiten, kauft ein Mobil. Sondern dieses Fahrzeug gehört dem Eigentümer des Fahrzeugschwarms, der in Zukunft in Ihrer Stadt oder Region die Mobilität organisiert. Ihrem Mobilitätsanbieter. Die Zukunft unserer Mobilität bedeutet, dass Schwärme von Fahrzeugen, von Systemen der künstlichen Intelligenz gesteuert, in unseren Städten ausschwärmen und uns je nach Wunsch von A nach B bringen. Jederzeit, schnell, sicher, komfortabel, umweltfreundlich, barrierefrei und sehr preiswert.

Die Zukunft der Mobilität heißt „Schwarmmobilität"!

Mobilität zum Schwärmen

Wie funktioniert diese Schwarmmobilität ganz praktisch? Ich werde es Ihnen an den Zahlen meiner Heimatstadt erläutern. Denn die kenne ich am besten.

In Wuppertal, einer außergewöhnlichen und spannenden Stadt mit großem bürgerschaftlichen Engagement und vielen spannenden Orten und Initiativen, leben aktuell ca. 360.000 Menschen. Auf den Straßen der Stadt bewegen sich ca. 200.000 Fahrzeuge, davon ca. 180.000 PKWs. Diese Mobile stehen im Durchschnitt 23,5 Stunden am Tag herum. Genau genommen stehen sie im Weg. Wir nennen sie zwar Fahrzeuge, aber es sind in Wirklichkeit: Stehzeuge!

Nur 0,5 Stunden am Tag benutzen wir die Dinger, aber 24 Stunden am Tag müssen wir sie bezahlen. Schon mal was von Effizienz gehört? Das ist auf jeden Fall das Gegenteil von dem, was wir hier seit Jahrzehnten machen. Aber gut, wir haben uns daran gewöhnt. So ein Stehzeug kostet je nach Modell, Alter und jeweiliger Nutzung des Eigentümers in der Regel zwischen 250 und 1.200 Euro im Monat. Wenn Sie wirklich ehrlich rechnen und neben den unmittelbaren Spritkosten auch die Wartung, Versicherung, Steuer, Reparaturen und vor allem die Anschaffungskosten mit einberechnen. Angesichts dieser Kosten ist es eigentlich der helle Wahnsinn, das Auto so lange Zeit nicht zu benutzen!

Die gleiche Mobilitätsleistung, die von den ca. 180.000 PKWs in Wuppertal täglich erbracht wird – also in den ca. 30 Minuten, in denen sie im Schnitt tatsächlich benutzt werden – könnten wir mit einem Zehntel, also ca. 18.000 Schwarmmobilen erbringen. Ehrlicherweise müssen wir noch die Mobilitätsleistung der Nahverkehrssysteme mit einberechnen. Dann werden wir in einer Stadt wie Wuppertal ca. 20.000 bis 25.000 Schwarmmobile benötigen, um die gleiche Mobilitätsleistung zu organisieren, wie wir es heute mit den ca. 180.000 Stehzeugen und den Dieselbussen sowie der Schwebebahn tun. Diese Schwarmmobile haben dann entweder 1, 2, 4, 8 oder 12 Sitzplätze. Während der 4-5 Stunden Rushhour an den Arbeitstagen sind diese Fahrzeuge alle auf der Straße und bringen uns von A nach B. In den übrigen Stunden des Tages sind hauptsächlich die Ein- bis Viersitzer unterwegs. Die anderen fahren dann in die Depots, die vom Schwarmbetreiber in ehemaligen Parkhäusern, im ganzen Stadtgebiet verteilt, betrieben werden. Dort werden die Mobile im Wechsel geladen, gereinigt und gewartet.

Und wie kommen Sie als Nutzer in Zukunft an Ihr Mobil, wenn Sie zum Beispiel nach der Arbeit nach Hause wollen? Ganz einfach: Sie verlassen Ihren Arbeitsplatz, nehmen Ihr Smartphone, drücken auf die Mobilitäts-App und sprechen einen Satz in Ihr Smartphone:

Hallo, ich will nach Hause.

Mehr müssen Sie nicht tun. Denn das System weiß, wo Sie wohnen. Es fragt nochmal kurz, ob andere Personen mitfahren möchten, und wenn Sie verneinen, steht ca. 60 Sekunden später ein einsitziges Fahrzeug vor der Tür Ihres Arbeitsplatzes und holt Sie ab. Könnte übrigens auch sein, dass es schon auf Sie wartet, weil der Algorithmus längst weiß, wann Sie von A nach B wollen. Sie steigen ein und werden nach Hause gefahren. Unterwegs können Sie noch einige Mails schreiben oder Onlineeinkäufe tätigen. Und dann steht das Mobil vor Ihrer Haustür und Sie steigen aus, die Tür geht zu, das Ding fährt weg!

Oh! Wer nimmt jetzt die Coladose da raus, die Sie fahrlässigerweise vergessen haben, mitzunehmen? Das ist nicht Ihr Problem! Wer putzt die Scheiben und wechselt die Reifen? Auch das ist nicht Ihr Problem! Es werden Leute machen, die als Servicemitarbeiter beim Schwarmbetreiber in den Depots beschäftigt sind. Sie haben damit nichts mehr zu schaffen. Ist das nicht großartig? Denn: Wechseln Sie gerne Reifen? Ich kenne nur wenige, die jetzt Ja! sagen würden. Oder putzen Sie gerne die Scheiben Ihres Fahrzeugs? Auch bestimmt nur ganz wenige! Und wer sucht schon gerne einen Parkplatz oder bezahlt gerne Knöllchen oder Parktickets? Ich kenne niemanden!

Eine Einschränkung habe ich. Denn ich weiß, es gibt tatsächlich einige Menschen, die gerne tanken. Das hat was mit dem Benzingeruch zu tun. Kein Problem! Denen empfehle ich dann den Erwerb eines kleinen Fläschchens mit Reinigungsbenzin. Das können sie an ihrem Nachttisch deponieren. Und vor dem Schlafengehen immer eine kurze Prise einatmen. Das hilft gegen Entzugserscheinungen.

Mit all diesen typischen Autofahrertätigkeiten ist bald Schluss! An dem Tag, an dem autonomes Fahren mit Level 5 auf der Straße funktioniert und diese Mobile besser fahren als jeder Mensch, an diesem Tag beginnt das Zeitalter der Schwarmmobilität und das verändert Ihr Leben und mein Leben und das von allen anderen.

Und „von allen" meint wirklich: ALLE! Denn diese neue Form der Mobilität umfasst alle Bürger. Egal, ob sie alt oder jung sind, ob gesund oder krank, ob blind oder sehend, ob mit oder ohne Führerschein. Jeder wird diese Systeme nutzen können, sie sind Inklusion pur. Denn auch Menschen, die behindert sind oder die wenig Geld haben, werden endlich eine komfortable Mobilität nutzen können.

Und das gilt ebenfalls für den ländlichen Raum. Schwarmmobilität wird sicherlich in den Metropolen starten und dort die schnellste Verbreitung finden. Aber dann wird sie mit einiger Verzögerung auch in die Mittel- und Kleinstädte kommen. Schwarmmobilität bedeutet, dass in unseren großen

Städten das miteinander verknüpft wird, was heute noch getrennt ist. Individualverkehr und Nahverkehr verschmelzen in einem System.

Nur in den richtig großen Citys gibt es eventuell noch unterirdische Schnelltransportsysteme wie zum Beispiel U-Bahnen, die in komfortablen Netzen organisiert sind, aber der oberirdische Nahverkehr, die Busse oder Straßenbahnen verschwinden komplett. Selbst so weltberühmte, aber eben viel zu unflexible Verkehrsmittel wie die weltberühmte Wuppertaler Schwebebahn werden nur noch wenige Jahre im Dienst sein. Sie würden nur noch von Menschen genutzt werden, die zufällig direkt an der Strecke und den Haltestationen wohnen und ihren Zielort ebenfalls direkt an der Strecke haben. Alle anderen werden es vorziehen, direkt ein Schwarmmobil zu nutzen anstatt mehrmals umzusteigen. Wir sind halt bequem. Da die wenigen verbliebenen Fahrgastpotenziale die horrenden Betriebskosten in keiner Weise decken können – weil diese Systeme mit Fahrer fahren und deshalb sehr teuer sind – wird also auch die Schwebebahn in 10–15 Jahren den Betrieb einstellen. Ich weiß durchaus, dass ich mit einer solchen Aussage eine Ausbürgerung aus meiner Heimatstadt riskiere, aber was hilft's? Wahrheiten gehören ausgesprochen. Auch wenn es wehtut. In 10–15 Jahren steht keiner mehr an einer Haltestelle, weil er auf einen stinkenden Dieselbus, eine quietschende Straßenbahn oder eine Schwebebahn wartet. Weil es keinen Sinn mehr macht.

Die neue Tür-zu-Tür-Mobilität per Knopfdruck in der passenden App wird ebenfalls zweirädrige Fahrzeuge wie Pedelecs beinhalten. Diese Zweiräder, ausgestattet mit der Technologie, die wir von den Segways kennen, können genauso gerufen werden und holen Sie auf Wunsch genauso ab wie ein Minibus mit Platz für 12 Personen. Alles läuft per Sprachbefehl und ohne relevante Barrieren, also so, dass jeder Mensch es bedienen kann.

DAS ist die schöne neue Welt! Erinnern Sie sich stattdessen noch an das Video von Mercedes Benz, von dem ich Ihnen erzählt habe? Dahinter steckt das Konzept vieler Autohersteller von heute. Es sieht allen Ernstes vor, dass die 46 Millionen Stehzeuge, die jetzt schon unsere Straßen verstopfen, gegen 46 Millionen autonom und elektrisch fahrende Stehzeuge ausgetauscht werden. Was für ein ökonomischer und ökologischer Wahnsinn! Die Schwarmmobilität läuft im Gegensatz dazu darauf hinaus, die 46 Millionen

Stehzeuge gegen 5 bis 6 Millionen Schwarmmobile auszutauschen. Das ist wirklich effizient und entlastet die Umwelt in erheblicher Weise.

Und es gibt noch viele weitere Vorteile.

Neue Lebensqualität

142 Menschen sterben weltweit jede Stunde im Straßenverkehr und Tausende werden jede Stunde so schwer verletzt, dass sie für längere Zeit in Krankenhäuser müssen, um dann hoffentlich wieder gesund zu werden. Jede Stunde.

Das wird mit der Schwarmmobilität aufhören! Gott sein Dank. An dem Tag, an dem diese neue Technologie sich durchgesetzt hat und wir mit unseren Individualmobilen von der Straße sind, werden wir mindestens 90 % weniger Verkehrsunfälle haben.

90 % weniger Tote, weniger Verletzte, weniger Leid bei den Angehörigen. Welch ein Segen für die Menschheit!

Und wer soll das alles bezahlen?

Glauben Sie mir bitte, es wird unglaublich preiswert sein, im Verhältnis zu den Kosten, die wir heute für Mobilität ausgeben. Warum? Weil es so unglaublich effizient ist.

Bedenken Sie: Diese Fahrzeuge fahren alle elektrisch. Sie haben im Energieverbrauch 90 % Wirkungsgrad statt 20 %. Das spart schon mal richtig viel Energie und damit Geld. Und dann werden nur noch ca. 10 bis 15 % der Fahrzeuge von heute benötigt werden. Das spart ungeheure Ressourcen und Kosten. Diese Fahrzeuge werden in Zukunft im Durchschnitt viel preiswerter sein als die heutigen Fahrzeuge. Weil kaum mehr Unfälle passieren werden, benötigen die Fahrzeuge deutlich weniger Sicherheitssysteme wie einen stabilen Stahl- oder Alurahmen oder Airbags etc. Das führt dazu, dass sie viel leichter werden. Das spart erneut Energie im Betrieb und Ressourcen sowie Kosten in der Herstellung.

Nicht das neue System wird teuer sein, sondern unser heutiges Mobilitätssystem ist völlig ineffizient und unglaublich teuer. Weil 46 Millionen Fahrzeuge, sorry: Stehzeuge, kaum genutzt werden und weil die Systeme des öffentlichen Nahverkehrs unter der Last der Personalkosten zusammenbrechen. Mein Stadtwerk zum Beispiel in Wuppertal, die WSW Mobil, machte im Jahr 2017 bei ca. 88 Millionen Euro Umsatz ca. 52 Millionen Euro Verlust im öffentlichen Personennahverkehr. Warum? Weil der überwiegende Teil der Kosten Personalkosten sind. Und diese fallen bei der Schwarmmobilität kaum mehr an. Haben Sie eine Vorstellung davon, wie sehr wir Bürger und unsere städtischen Haushalte in Zukunft entlastet werden, wenn diese Verluste in den Kommunen endlich nicht mehr anfallen?

Ein Monatsticket wird Sie je nach Komfortanspruch und Häufigkeit der Nutzung nach heutiger Einschätzung zwischen 39 und 89 Euro je Monat kosten. Aber vielleicht kostet es auch gar nichts. Einer der wichtigsten Investoren in China bei diesem Thema sagte vor einiger Zeit:

Wir wollen gar kein Geld von Ihnen, fahren Sie einfach so viel wie Sie wollen. Behalten Sie Ihr Geld. Uns reichen Ihre Daten vollkommen.

Ja, da werden bei einigen von Ihnen die Alarmglocken läuten. Natürlich muss der Datenschutz auch bei dieser Technologie in Zukunft ein sehr wichtiges Thema sein. Aber sie wird eben auch ganz viele neue Geschäftsfelder eröffnen. Und fänden Sie es wirklich so schlimm, wenn Sie demnächst in Ihrem Schwarmmobil während der Fahrt durch Ihre City den charmanten Hinweis bekämen, dass die Schuhe, die Sie sich gestern mehrfach im Web angesehen haben, jetzt gerade beim Händler um die Ecke im Sonderangebot sind? Und Sie diese bei einem kurzen Stopp mal eben einladen können?

Es wird weitere unglaubliche Veränderungen durch diese Technologien geben:

Ruhe! Vor allem in unseren Städten. Denn diese Mobile sind alle elektrisch. Der Lärm ist weg! Der Lärm, der jetzt viele Menschen krank macht.

Saubere Luft! Diese Fahrzeuge stinken nicht. Sie verbreiten keine Abgase, keine Gifte, kein CO_2-, keine Stickoxide. Alles weg.

Und: Platz, Lebensraum! In Wuppertal gibt es für die ca. 200.000 Stehzeuge aktuell ca. 600.000 Stellplätze. 600.000 mal ca. 15 qm Fläche. 90 % dieser Flächen werden in wenigen Jahren frei zur kreativen Nutzung.

Schließen Sie jetzt bitte einmal kurz die Augen und laufen Sie virtuell durch Ihre Heimatstadt. Denken Sie sich für eine Minute einmal alle herumstehenden Fahrzeuge weg. Nur die herumstehenden. Denn die fahrenden bleiben. Sie fahren allerdings in Zukunft lautlos und Stoßstange an Stoßstange, alle in der gleichen Geschwindigkeit.

Aber die Parkflächen werden frei. Vor jedem Supermarkt, jeder Schule, am Sportplatz, an den Seiten in fast jeder Straße. In jedem Gewerbegebiet sind jetzt noch fast 30 % der Fläche als Stellplätze belegt. Das ist in Zukunft wirtschaftliche Expansionsfläche. Wir brauchen keine neuen Gewerbeflächen in unseren Grünzonen mehr ausweisen. Wir haben genug Platz in den bestehenden Systemen. Was glauben Sie wohl, wie sehr das in den heutigen Ballungszentren, wo die Wohnungsnot besonders groß ist, helfen wird, neuen sozialen Wohnraum zu schaffen?

Wie viele Kinderspielplätze können wir bauen? Plätze zum Verweilen, zur Erholung, mitten in den Städten. Wir bekommen eine Lebensqualität in unsere Städte, von der wir bisher nur träumen konnten.

Und die neue Lebensqualität betrifft uns alle, vor allem diejenigen, die zum Beispiel aus beruflichen Gründen viel im PKW unterwegs sind. Im bundesweiten Durchschnitt sind das pro Person: 38.000 Stunden

Diese Zeit – das sind ca. 4,5 Lebensjahre!!! – verbringt der Durchschnittsbürger in Deutschland hinter dem Lenkrad eines Autos. Bei Geschäftsleuten kommen hier sogar schon mal schnell 15 oder 20 Lebensjahre zusammen. In dieser Zeit kann der Fahrer nichts machen. Vielleicht etwas nachdenken, wenn der Verkehr es erlaubt. Und telefonieren, wenn die Technik es zulässt. Aber das war's! Wahnsinn!

Diese Zeit bekommen wir bald geschenkt. Denn in der Zukunft der Mobilität stellt sich Ihnen für die etwas weiteren Strecken die Frage:

Welcher Raum auf Rädern ermöglicht es mir, die Reisezeit so zu nutzen, wie ich es heute möchte?

Wie kann das zum Beispiel aussehen? Nehmen wir an, morgen früh muss ich in die Eifel. Das sind in etwa 2 Stunden Fahrzeit. Was mache ich mit dieser Zeit? Ich hab's: Fitness! Ich bestelle das Fitnessmobil. Da kann ich unterwegs Sport machen und mich vor Ort sogar noch kurz duschen. Super! Und auf dem Heimweg? Schlafen! Ich bin todmüde. Schlafen ist eine gute

Idee. Nein, Wellness. Ich bestelle das Wellnessmobil. Mit Massageroboter und kleinem Whirlpool. Und einer Flasche Sekt. Kostet etwas zusätzlich, aber das ist es mir wert. Sind die Kinder dabei? Okay, dann nehmen wir das Spielemobil. Die Kids sind beschäftigt, das ist die Hauptsache!

Wir werden in Zukunft nicht nur Fahrzeuge bekommen. Sondern auch Nutzzeuge. Räume auf Rädern zur kreativen Nutzung unserer Zeit während des individuellen Reisens.

Alles nur Zukunftsspinnerei? Nein! Diese Mobile sind bereits in der Entwicklung, auf der CES in Las Vegas konnte man sich mehrere Schwarmmobile dieser Art bereits Anfang des Jahres 2018 ansehen.

Natürlich gibt es bei einem solch umfassenden Transformationsprozess auch erhebliche sogenannte Reboundeffekte und es ist gar nicht einfach, diese alle zu berechnen, wenn man die Vor- und Nachteile einer Veränderung bewerten will. Einige Beispiele: Manch einer meint, dass eine solche neue Mobilitätsform zu erheblich mehr Verkehr führen könnte, weil es so unglaublich komfortabel, preiswert und verträglich wird. Das stimmt. Ich würde auch davon ausgehen, dass dieses manchen verführen könnte, noch mehr mit solchen Mobilen unterwegs zu sein und manchen Weg, den man heute noch zu Fuß, oder per Fahrrad zurücklegt, dann mit dem Schwarmmobil zu erledigen. Also mehr Verkehr? Nicht unbedingt, denn es fällt halt auch sehr viel Verkehr weg.

Ungefähr ein Drittel der heutigen Verkehre in unseren Innenstädten sind reine Parkplatzsuchverkehre. Diese fallen komplett weg. Lieferfahrten! Sie bestellen eine Pizza. Ein Lieferbote setzt sich ins Auto, bringt Ihnen die Pizza und fährt zurück. In Zukunft kommt ein Mobil, bringt die Pizza und transportiert anschließend Ihren Nachbarn zum Bahnhof. Kinderbringdienste! Heute fahren Millionen von Eltern ihre Kinder zum Kindergarten, in die Schule, zum Sport usw. Häufig bedeutet dies: Fahrt zum Kindergarten, Kind absetzen, Fahrt nach Hause. Doppelte Fahrt. In Zukunft wird ein Schwarmmobil mit 12 Sitzen in einer Straße 12 Kinder einsammeln und zur gleichen Schule bringen und anschließend andere Menschen von A nach B bringen. Sogenannte „Leerfahrten" reduzieren sich dramatisch. Unterm Strich ist es sehr schwierig zu bewerten, ob wir mehr oder weniger Verkehre auf unseren Straßen haben werden, in jedem Fall werden diese leise und sauber sein und wir werden eben deutlich mehr Verkehr auf den gleichen Straßen bewältigen können, wenn wir müssen. Warum? Ganz einfach. Wir bekommen deutlich mehr Platz, weil die Parkplätze entlang der Straßen wegfallen. Und zwei der drei wichtigsten Stautreiber fallen weg. Unterschiedliche Geschwindigkeiten und Unfälle. Wenn alle Fahrzeuge Stoßstange an Stoßstange, mit der gleichen Geschwindigkeit fahren und 90 % weniger Unfälle passieren, dann werden wir deutlich weniger Staus und damit deutlich mehr Mobilität auf unseren heutigen Straßensystemen abwickeln können. Welch ein volkswirtschaftlicher Gewinn!

Geldvernichtungsmaschine

Konnte ich Sie begeistern mit meiner Vorstellung von der schönen neuen Welt? Ihre Realisierung hat nur einen Haken: die Politik. Nicht schon wieder, werden Sie vielleicht sagen. Doch an dieser Stelle kommt es auf Sie und mich als mündige Bürger an, die etwas voranbringen wollen und die Politiker unter Druck setzen, damit etwas passiert. Denn HEUTE werden die Weichen für diese Zukunft gestellt. Die Politiker müssen sich heute mit der neuen Mobilität und ihren Chancen auseinandersetzen. Auch wenn sie vielleicht erst in 5 bis 10 Jahren vollständig Realität sein wird. Sonst ist es schlicht und ergreifend zu spät.

Die juristischen Rahmenbedingungen müssen geschaffen werden, um die Mobilitätsumstellung in unserem Land zu ermöglichen. Denn bislang gilt noch das „Wiener Übereinkommen über den Straßenverkehr" von 1968 und seine Ergänzung, die 2016 auch in deutsches Recht umgesetzt wurde. Diese erlaubt Systeme, mit denen ein Fahrzeug autonom fährt. Aber nur, wenn sie jederzeit vom Fahrer übersteuert oder ausgeschaltet werden können. Das heißt, dass nach wie vor der Fahrer die Verantwortung behält und jederzeit die Kontrolle über das Auto übernehmen können muss. Aber wie soll ich das machen, wenn ich während der Fahrt im Whirlpool liege? Ein Google-Auto ohne Lenkrad und Pedale wäre also weiterhin nicht zugelassen und somit eine zeitnahe Etablierung der Schwarmmobilität merklich erschwert.

In Asien und den USA gibt es diese Regulierung nicht. Dort wird die neue Technologie schon sehr viel früher zum Einsatz kommen und die Menschen dort können davon profitieren, während die Deutschen ihren Politikern beim Zaudern zusehen müssen. Vor allem aber wäre das der Supergau für die deutsche Automobilwirtschaft, die dann endgültig abgehängt würde.

Viele ökonomische Entscheidungen, die unsere Politiker heute treffen, reichen weit in die Zukunft, berücksichtigen aber nicht genügend die aktuellen Entwicklungen. Wenn zum Beispiel ein Investment in die Infrastruktur wie eine neue Straßenbahnlinie, ein Parkhaus oder eine Umgehungsstraße jetzt geplant wird, dann soll diese zumeist in den nächsten 5–15 Jahren realisiert werden. Die Finanzierung solcher Projekte ist meist so aufgestellt, dass sie in den nächsten 40-50 Jahren einen Return on Invest bringen sollen.

In Wuppertal wird zum Beispiel gerade eine Seilbahn als Nahverkehrsmittel geplant, die den Hauptbahnhof mit der Uni und der Müllverbrennungsanlage im Stadtteil Küllenhahn verbinden soll. Kosten: an die 100 Millionen Euro. Bauzeit: 7 bis 8 Jahre. Geplante Nutzungsdauer: 30 bis 40 Jahre. Das sind die irrsinnigen Hardfacts zu diesem Projekt. Irrsinn, weil in 5 bis 10 Jahren die Schwarmmobilität begonnen haben wird und niemand – außer vielleicht ein paar versprengten Touristen – auf die Idee kommen wird, mit diesem Verkehrsmittel zu fahren. Wäre es eine Seilbahn mit einer starken Punkt-zu-Punkt-Verbindung, die täglich von Zehntausenden Menschen frequentiert wird und anders nicht zu bewältigen wäre, dann könnte es auch in Zukunft noch funktionieren, aber nicht so wie hier geplant.

Dieses Unikat ist also prädestiniert dafür, als nächste Geldvernichtungsmaschine in die Wuppertaler Geschichte einzugehen.

Übrigens: Ein großer Teil der Leute, die heute im Wuppertaler Stadtrat die Entscheidung für den Bau dieser unsinnigen Seilbahn vorantreiben, haben vor ca. 10 Jahren gegen den Rat zahlreicher Fachleute, aber auf Verlangen der Wuppertaler Stadtwerke, für die Beteiligung am Bau eines neuen Steinkohlekraftwerks in Wilhelmshaven gestimmt. Sie haben richtig gelesen. Diese Leute haben vor nicht allzu langer Zeit den Bau eines nagelneuen Kohlekraftwerkes beschlossen. Das war zu einem Zeitpunkt, als sehr viele Menschen und Unternehmen in unserem Land große Solar- und Windkraftanlagen mit hoher EEG-Rendite bauten. Nun verursacht dieses Kohlekraftwerk 5–6 Millionen Euro Verlust im Jahr, den wir Bürger bezahlen dürfen, weil diese Leute mal wieder nicht zugehört haben. Weil sie nicht in der Lage oder bereit sind, den notwendigen Blick in die Zukunft zu wagen.

Dieser Blick, der so wichtig wäre, weil es doch um Projekte geht, die so sehr in die Zukunft gerichtet sind. So wie jetzt bei dieser zukunftsunfähigen Seilbahnidee. Und natürlich ist es ein Dilemma, dass Verantwortliche in der Politik sich schon mal gerne Denkmäler bauen, indem sie „Symbole der Stadtentwicklung" auf Kosten der Bürger errichten lassen. Darüber lesen wir dann in einigen Jahren in den umfassenden Berichten des Landesrechnungshofes und bedauern gemeinsam, dass wieder einmal niemand der damaligen Täter zur Rechenschaft gezogen wurde.

Da könnte ich glatt in die Luft gehen. Und das tue ich jetzt auch.

Gehen Sie mit mir in die Luft

Die Mobilität der Zukunft spielt sich nicht nur auf der Straße ab. Flugtaxis und Drohnen, die im Schwarm organisiert sind, übernehmen den Transport in der Luft. Zurzeit entwickeln mehr als 50 Unternehmen weltweit neue Modelle, unter Ihnen erfreulicherweise auch mindestens drei Unternehmen aus Deutschland: Airbus, Lilium und Volocopter. Aber auch Porsche und andere sind mittlerweile interessiert. Für diese Maschinen gibt es ganz unterschiedliche Konzepte: Der Volocopter sieht aus wie ein futuristischer Helikopter, der Lilium-Jet erinnert an ein winziges Space-Shuttle, und das Modell von Airbus Aerial wirkt wie eine Kombination von beidem.

Diese Drohnen werden per App gerufen und transportieren ihre Passagiere über Distanzen von 30 bis 300 Kilometern – mal eben schnell zum Flughafen, zu einer wichtigen Konferenz, zu einem Geschäftsessen oder anderen Events. Einen Piloten werden Sie auch hier nicht zu Gesicht bekommen. Die Drohnen fliegen rein elektrisch und voll autonom. Sie sind – genauso wie die anderen Schwarmmobile – umweltfreundlich und leise.

Das Einzige, was sie beanspruchen, sind Landeplätze, die vor allem in die Infrastrukturen der großen Städte eingeplant werden müssen. Und natürlich brauchen wir eine adäquate Verkehrsregelung in der Luft, sodass es bei dem erhöhten Flugaufkommen nicht zu Zusammenstößen kommt.

Die Entwicklung der neuen Mobilität bleibt auf jeden Fall spannend – zu Lande, zu Wasser und in der Luft. Die große Frage für die Verantwortlichen in der Industrie ist: Wer wird die Nase vorne haben und somit die Standards definieren? Denn wer auch immer das beste und überzeugendste Betriebssystem in diesem Segment entwickelt: Er kann damit so richtig Kohle scheffeln. Vor allem mit Lizenzen, die er dann an seine Mitbewerber und Konkurrenten vergibt. Und mit seiner Zugriffsmöglichkeit auf das Öl dieser Zeit: Die Daten!

Alle großen Autohersteller sind Player in diesem neuen Geschäftszweig und entwerfen momentan ihre Version der autonomen Fahrzeuge. Aber Waymo hat sich zum klaren Leader in der Entwicklung der neuen Technologie aufgeschwungen. Mit ihren autonomen Fahrzeugen sind sie im vergangenen Jahr mehr als eine Million Testmeilen in amerikanischen Innenstädten gefahren, die meisten anderen Hersteller kommen nur auf einige tausend Testmeilen. Ein noch frappierenderer Unterschied wird sichtbar, wenn wir uns anschauen, wie oft die Fahrer bei den Testfahrten eingreifen müssen: Bei Waymo geschieht dies im Schnitt alle 9.000 Kilometer – und bei den Testfahrten der deutschen Hersteller alle paar Kilometer, so wie man es in entsprechenden Statistiken im Netz lesen kann! Wahnsinn, oder? Aber es gibt einen kleinen Lichtblick am Ende des Tunnels für die mobilitätsrückständigen Deutschen: Immerhin kaufen sich einige Firmen Know-how aus dem weiterentwickelten Ausland ein, um voranzukommen. So kooperiert zum Beispiel VW mittlerweile mit Aurora, einem Start-up, das vom ehemaligen Projektleiter bei Waymo und anderen kreativen Köpfen dieser Community gegründet wurde.

Volkswagen war auch der erste deutsche Automobilkonzern der bereits Anfang 2017 mit SEDRIC eine ganze Familie an Schwarmmobilen vorgestellt hat und eine klare Strategie für den Umstieg vom Automobilhersteller hin zum Mobilitätsdienstleister entwickelt hat. Mit MOIA testen sie jetzt in Hannover mit einem ersten Schwarm an Elektrofahrzeugen die Shuttledienste der Zukunft. Und auch wenn diese Fahrzeuge heute noch von Menschen gesteuert werden, so können Sie die Apps und Algorithmen testen und wertvolle Erfahrungen mit dieser neuen Form der Mobilität sammeln.

Ich jedenfalls glaube fest daran, dass die Schwarmmobilität in diesem dreistufigen Prozess kommt und ein wichtiger Baustein für unsere große Chance im Rahmen der digitalen Transformation ist: unsere Chance, ein nachhaltiges und vernetztes Arbeiten und Wirtschaften zu erreichen. Wenn wir diesen Weg gehen, sparen wir Energie und Ressourcen, erfahren eine neue Lebensqualität, vor allem in den Städten, ersparen den Menschen Verletzungen und schwere Unfälle. Wir verändern die Wertschöpfungsketten derart, dass eine Menge Geld eingespart wird, dass wir in Zukunft in die Entwicklung unserer Städte, Landschaft und die Gesellschaft, also in die Menschen, sinnvoll investieren können.

Die 90 %-Chance

Richtig ist, dass bei Veränderung, Wachstum und Transformations-Prozessen sich immer ein Teil der Gesellschaft mit der Anpassung schwerer tut. Das liegt in der Regel daran, dass sich diese Veränderungen auf bestimmte Gruppen negativ auswirken. Mir ist völlig klar, dass genau das auch bei der fundamentalen Mobilitätsrevolution eintreten wird, die uns bevorsteht. Denn es gibt immer Gewinner und Verlierer.

Gegen das Verlieren besitzen wir ein schlichtes aber hochwirksames Mittel: sich rechtzeitig damit auseinandersetzen.

Ich habe es ja bereits erwähnt: Wenn die Schwarmmobilität sich durchgesetzt hat und die Fahrzeuge der Zukunft sauber, komfortabel und preiswert, aber vor allem durch ihre Vernetzung sehr sicher sind, sorgen sie dafür, dass die Anzahl der Verkehrsunfälle um mindestens 90 % sinkt. Ab dem Tag, an dem die miteinander kommunizierenden Fahrzeuge unsere Straßen befahren und wir mit unseren PKWs nicht mehr stören. Das bedeutet 90 % Kostenreduktion bei der Beseitigung von Unfallschäden. Das sind keine Peanuts: Die Unfälle auf deutschen Straßen kosten uns jährlich immerhin 30 Milliarden Euro. Da wird sehr viel Geld frei für bessere Zwecke! Ein Grund, in Jubel auszubrechen!

Okay, der Jubel wird sich bei manchen Menschen in Grenzen halten. Denjenigen, die in einer Industrie arbeiten, die von diesen Verkehrsunfällen abhängig ist. Ich meine damit Automechaniker und Unfallgutachter, aber natürlich auch Unfallärzte, Pfleger bis hin zu Bein-Prothesenherstellern. Da gibt es nichts zu beschönigen: All diese Menschen werden Verlierer sein in unserer sicheren, schwarmmobilen Zukunft. Denn 90 % weniger Verletzte bedeutet, dass von den restlichen 10 % keine deutsche Unfallopfer-Notfallmedizin-Branche in der heutigen Dimension überleben kann. Für diese Branche ist der Rückgang der Unfälle eine wirtschaftliche Katastrophe.

Also – Politik und Industrie: aufgepasst! Diese Entwicklung wird kommen. Und sie ist absolut begrüßenswert. Und wir haben heute schon die Chance, darüber nachzudenken, wie wir die berufliche Zukunft der Menschen, die in diesen Branchen arbeiten, umgestalten können. Sodass auch sie zu den Gewinnern der digitalen Revolution gehören. Schließlich haben wir einen großen Teil der 30 Milliarden Euro dafür zur Verfügung.

Und es gibt noch mehr Geldtöpfe, die wir heute schon mit einberechnen können: Ungefähr 180 Milliarden Euro geben wir Deutsche Jahr für Jahr für unsere individuelle Mobilität aus. Auch hier werden 90 % dieser Summe frei werden. Frei werden für Dinge die wichtiger sind und uns als Gesellschaft wirklich was bringen. Und die wir in Weiterbildungsmaßnahmen, Umschulungen, Förderung von Start-ups, Stadtentwicklung etc. investieren können.

Und das muss auch geschehen. Denn all die Berufszweige, die sich um das Auto von heute gruppieren, werden sich radikal verändern. Und damit meine ich nicht nur die Automobilindustrie und die Menschen, die darin arbeiten und die ihre Familien davon ernähren. Ich bin fest davon überzeugt, dass eine innovative deutsche Autobranche, die sich Richtung autonom fahrenden, vernetzten und elektrisch betriebenen Fahrzeugen ausrichtet, nach wie vor kluge Köpfe und fleißige Menschen braucht, die Innovationskraft und Produktionskraft schaffen. Aber, so ehrlich müssen wir sein: deutlich weniger als heute!

Was war da noch?

Jeder Transformationsprozess bringt auch jede Menge Verlierer mit sich. Das werden Menschen sein, deren Berufe wegfallen. Busfahrer, LKW-Fahrer, Taxifahrer, Fahrlehrer: Merken Sie sich diese Berufsbezeichnungen! Die werden in 10–15 Jahren Geschichte sein. Dann wird sich kaum einer mehr daran erinnern können, was diese Leute einst gemacht haben. Taxifahrer? Was war das noch? Denn diese Berufe werden schlicht nicht mehr existieren. Autoreparaturwerkstätten leben ganz wesentlich von Unfällen, da werden nicht mehr viele gebraucht. Autohäuser? Die wird es in 10 bis 15 Jahren nicht mehr geben. Es kauft keiner mehr ein Auto. Taxifahrer werden bei selbstfahrenden Autos nicht mehr gebraucht. Dafür aber Programmierer, IT-Experten, Ladestations-Prüfer. Oder Gärtner, die die in den Innenstädten freigewordenen Flächen begrünen. Oder Kunst-Pädagogen, die die Flächen kreativ gestalten. Oder Life Coaches, die Menschen begleiten und unterstützen auf ihrem ganz persönlichen Weg der Transformation. Keiner muss zurückgelassen werden.

Jeden bei dieser Entwicklung mitzunehmen, das ist eine riesengroße Herausforderung, die da vor uns liegt. Wenn die Transformation einsetzt. Wenn die technologische Entwicklung, die mit der Digitalisierung einhergeht, unsere Mobilität revolutioniert.

Und damit geht es heute schon los. Vielleicht sehen Sie heute noch nicht so viel davon. Aber sie kommt. Und ich möchte Ihnen die Angst vor diesem Szenario nehmen. Sie können alles, was passiert, besser gestalten, wenn Sie sich selbstbewusst und kreativ mit der Zukunft auseinandersetzen.

Herr Heynkes, wie schnell soll das denn gehen, mit der Mobilitätstransformation? Wie lange darf ich denn noch mit meinem Porsche selbst auf der Straße fahren?

Das werde ich oft gefragt. Ich will keinen Nostradamus 2.0 geben, in keine Glaskugel schauen. Ich schaue aber auf die Geschichte und lerne daraus. Denn es hat einen solchen dramatischen Wechsel ja bereits einmal gegeben. Vor ca. 110 Jahren. Denn unsere Vorfahren fuhren ja gar nicht mit Autos, sondern mit Pferdedroschken.

In meinen Vorträgen zeige ich dann immer zwei Bilder: New York City zu Beginn des 20. Jahrhunderts, eine Straßenansicht der 5th Avenue.

Das erste Bild ist am Ostermontag im Jahr 1900 aufgenommen worden. Darauf zu sehen: Geschäftiges Treiben auf der Straße. Hunderte Fahrzeuge. Pferdedroschken. Dazwischen: ein Automobil.

Zwölf Jahre später zeigt die Fotografie dieselbe Straße, auch an einem Ostermontag. Auf auf dem Bild sehen wir: Geschäftiges Treiben auf der Straße. Hunderte Fahrzeuge. Alles Automobile. Dazwischen: eine Pferdedroschke. Was sagt uns das? Der Change-Prozess dauerte damals in einer Großstadt wie New York zehn bis zwölf Jahre. Was glauben Sie: Ist die Veränderungsgeschwindigkeit in unserer heutigen Gesellschaft immer noch so langsam wie damals? Ich bin ganz sicher, sie ist deutlich schneller.

Auch unsere Vorfahren hatten es oft mit solchen Veränderungen zu tun. Wir können also aus der Vergangenheit lernen. Transformationsprozesse gehören zum Leben dazu, ohne sie gäbe es keine Weiterentwicklung und wir Menschen würden noch heute mit Steinen auf Steine klopfen. Wir wären nicht da, wo wir heute sind.

Im Steinbruch

Apropos Steine klopfen und Zukunft. Die Technologie wird sich rasant entwickeln. Und wir müssen sehen, wie wir politisch, gesellschaftlich und wirtschaftlich darauf reagieren. Wir sind ja auch alles menschliche Individuen und müssen auch unser Wesen an die neuen Zeiten anpassen.

Der Schaltknüppel, das Freiheitsgefühl, das Abenteuerfeeling in PS-starken, röhrenden Gefährten – wo wird sich der Mann der Zukunft, der sich nach diesen besonderen Momenten sehnt, hinwenden können? Sie können zu mir kommen. Denn ich habe da eine Idee …

Wenn der Umstieg so richtig in Gang gerät, werde ich in ganz Deutschland stillgelegte Steinbrüche zu Parcours-Geländen umfunktionieren, in denen große, schwere, alte Autos mit großen langen Schaltknüppeln und vier gewaltigen Auspuffrohren am Heck auf diese Männer warten. Auf eher ältere Männer, die sich regelmäßig am Wochenende den Luxus gönnen, in diesen alten Benzinschleudern das Gaspedal so richtig durchzutreten und den Motor aufheulen zu lassen. Erster Gang, die Räder drehen gewaltig durch, graben sich regelrecht in die Erde ein, dann hochschalten. Zweiter, dritter, vierter Gang, dann röhrt das Ding so richtig und sie spüren das Rasseln unter der Haube. Hinten macht es puff, puff, puff. Es stinkt, es knallt, scheppert, pengt und das Echo des Steinbruchs verstärkt den Motorenlärm. Sie werden zwei, drei, viermal durch die Steinbrüche heizen, sich austoben und sich wie früher, wie echte Kerle fühlen.

Na, war's schön im Steinbruch? Du stinkst nach Abgasen. Geh erstmal duschen!

Das wird dann die Frau von einem dieser tollen Kerle sagen, wenn er abends nach Hause kommt. Er steigt aus dem Schwarmmobil, das ihn vor die Haustüre gebracht hat, und nimmt noch das Kilo Bio-Tomaten mit, das er auf dem Weg im Bürgergarten gepflückt hat.

Die Steinzeit im Steinbruch ist jederzeit besuchbar, in der Zukunft. Und die echten Kerle werden so nicht zu Verlierern, sondern können, je nach Gusto, weiter ihrer Leidenschaft frönen.

Für den Rest der Gesellschaft wird die schöne neue Welt, die ich Ihnen in diesem Kapitel entworfen habe, in jeder Minute das Leben erleichtern.

Vielleicht schon in 5 Jahren, vielleicht erst in 10 Jahren. Vielleicht können Sie sie heute noch nicht spüren. Ich spüre sie, wenn ich in meinem E-Auto sitze. Ich freue mich auf diese zukünftige Realität.

Die entscheidende Frage wird sein, ob es die Politik in Deutschland und Europa versteht, welch dramatische Vorteile für unsere Gesellschaft damit verbunden sein werden und dass es jetzt darauf ankommt, möglichst schnell diese Technologie voranzutreiben. Der Einstieg muss schnell gelingen, damit wir wettbewerbsfähig bleiben. Der Wechsel der Systeme muss so schnell wie möglich organisiert werden, denn die Zeit, in der die einen schon im Schwarm und die anderen noch im eigenen PKW unterwegs sind, ist die gefährlichste und teuerste Zeit. Deshalb heißt es nun, Mut und Innovationskraft zu entwickeln, damit wir den Prozess steuern und zu den Gewinnern des Veränderungsprozesses werden.

WELT–
ERNÄHRUNG
MIT DER
PETRISCHALE

Mögen Sie Westernfilme? Dann wissen Sie bestimmt, wie man in den frühen Jahren des sogenannten „Wilden Westens" mit einem Brunnenvergifter umgegangen ist. Nehmen wir an, der Sheriff hatte einen in flagranti erwischt – dafür musste er nun bezahlen. Mit seinem Leben. Wer das Leben der Westernstädtchenbevölkerung aufs Spiel setzte und den Lebensquell, das Wasser verseuchte, bekam hier noch nicht mal eine Gerichtsverhandlung. Auf dieses Verbrechen stand die Todesstrafe. Die Schlinge am Hals des Bösewichts zog sich zu, wenn er an der alten Eiche auf dem Hauptplatz aufgeknüpft wurde. Alle sollten es sehen: Wer Wasser vergiftet, muss mit dem Leben bezahlen.

Tja, das waren die sogenannten guten alten Zeiten, in denen es Menschen an den Kragen ging, wenn sie sich gegen die Gemeinschaft versündigten.

Sündige Subventionen

Und heute? Heute kriegen Sie für so ein Verhalten: eine fette Förderung. Glauben Sie nicht? Ist aber leider Fakt. Die EU subventioniert die industrielle Landwirtschaft mit mehreren Milliarden Euro. Die Verteilung der Gelder folgt einer fatalen Logik. Je mehr ein Betrieb produziert, umso mehr finanzielle Unterstützung erhält er. Qualitäten spielen hierbei eine völlig untergeordnete Rolle. Wie sehr hierbei die Umwelt zerstört, Grundwasser verseucht oder massiv zum Insektensterben beigetragen wird, interessiert im Zweifelsfalle niemanden.

So gehen die Finanzhilfen der EU, also unsere gemeinsamen Steuergelder, größtenteils an Massentierhaltungsbetriebe, wo im großen Stil Fleisch produziert wird. Je größer der Stall, umso mehr Geld winkt den Bauern. Durch diese Förderpolitik wurde eine alte Regel der Landwirtschaft aufgehoben. Früher hatte ein Bauer genau so viele Tiere, wie er mit seinen Feldern ernähren konnte. Das bedeutete, dass die Gülle dieser Tiere auch wiederum der Menge entsprach, die diese Flächen wieder aufnehmen konnten, um Nährstoffe für die neuen Pflanzen zu binden und zu liefern.

Die Dummheit der Funktionäre und die Gier der Großbauern, die zumeist auch die Entscheidungsträger in den Verbänden der Landwirtschaft sind, haben dazu geführt, dass das nicht mehr gilt. Nach der neuen fatalen Logik werden möglichst viele Tiere gehalten, die viel Futter verstoffwechseln, das meist in Form von Soja aus Ländern der südlichen Hemisphäre gekauft wird – und hintenraus kommt viel Gülle, der als Dünger auf die Felder ausgebracht wird. Sehr viel mehr Gülle, als diese Äcker aufnehmen können.

Hinzu kommt noch die Belastung durch mineralische Dünger, die viele Betriebe zusätzlich aufbringen, um nochmal mehr Ernteerträge an Futtermitteln erzielen zu können. Und so sickert die Gülle samt dem Mineraldünger in den Boden – und landet im Grundwasser. Es ist sehr viel Nitrat in dieser Substanz, die da mit hineingeschwemmt wird. Die Gülle verseucht unser Grundwasser. Das Nitrat gelangt natürlich auch in unsere Bäche, Flüsse und Seen. Das führt zu deutlich vermehrter Algenbildung und schädigt zahlreiche andere Pflanzenarten. Jeden Tag, unaufhörlich, ungebremst. Ein fatales Kreislaufsystem, das bislang kein Ende kennt.

Und die deutsche Landwirtschaftspolitik greift nicht ein. Obwohl alle Verantwortlichen wissen, was los ist.

Erst im Mai 2018 vermeldeten die zuständigen Stellen bei der EU ganz aufgeregt, dass in Deutschland bereits an 28 % der Messstellen die zulässigen Grenzwerte von 50 Milligramm je Liter Grundwasser deutlich überschritten werden. Nur in Malta sind die Werte noch höher als hier. Die Folge? Nachdem wir diesen Mechanismus mit unseren Steuergeldern finanziert und damit die bäuerliche Landwirtschaft zerstört haben, dürfen wir nun wieder bezahlen. Bei der Wasseraufbereitung. Die Meldungen häufen sich. Deutsche Wasserwerke vermelden Spitzenwerte an Nitrat in unserem Trinkwasser. Da die Grenzwerte beim Trinkwasser aber nochmal strenger sind als im Grundwasser, bedeutet diese Logik einen stetig höheren technischen Aufwand, um unser Trinkwasser davon zu reinigen. Da das aber manchmal technisch gar nicht mehr geht, werden die Wassermengen häufig solange verschnitten, also es wird verunreinigtes Trinkwasser so lange mit unbelastetem aus anderen Quellen gemischt, bis die Grenzwerte eingehalten werden.

Ein Spiel das endlich ist, wenn die Verschmutzungen immer weiter zunehmen.

Diese völlig verfehlte Förderpolitik der EU wird vor allem durch unsere deutschen Lobbyisten und Landwirtschaftspolitiker in Brüssel verursacht. Man will das bestehende System nicht schwächen und den Funktionären und Großbetrieben nicht in die Suppe spucken. Da wünsche ich mir manchmal einen Sheriff à la John Wayne, der die Brunnenvergifter unserer Gegenwart stoppt.

Wer stoppt uns?

Doch damit wäre nicht genug getan. Denn wir müssen selbst die Sheriffs sein, die uns, die Bevölkerung und Konsumenten, von der Zerstörung der natürlichen Ressourcen unseres Planeten abhalten.

Mit der Massentierhaltung geht nicht nur die Grundwasserverschmutzung einher, sie hat auch zahlreiche andere Folgen, weil sie ein völlig krankes System ist. Nehmen Sie zum Beispiel das Thema der Antibiotikaresistenzen.

Um solche Mengen an Tieren wie etwa in der Schweine- oder Geflügelzucht auf so engem Raum halten zu können, braucht es einen ständigen Einsatz von Antibiotika, die werden den Tieren prophylaktisch verabreicht, damit ein krankes Tier nicht in kurzer Zeit alle anderen Tiere im Stall ansteckt. Dieses Antibiotikum löst sich aber leider nicht in Luft auf, sondern es reichert sich in den Organen und dem Fleisch der Tiere an. Und dann? Dann essen wir das.

Damit nehmen wir alle täglich winzige Mengen dieser Stoffe in unserem Körper auf. Die Folge? Wir entwickeln zunehmend Resistenzen gegen diese Antibiotika. Das bedeutet fatalerweise: Wenn wir einmal wirklich richtig krank werden und zum Beispiel zur Bekämpfung einer banalen, aber durchaus tödlichen Lungenentzündung ein Antibiotikum benötigen, wirkt das unter Umständen nicht mehr!

Unser System der industriellen Landwirtschaft hat zudem einen immensen Energiebedarf, der noch zum allergrößten Teil mit fossilen Brennstoffen gedeckt wird – und damit zur Klimakatastrophe beiträgt. Doch die industrielle Tierhaltung, wie sie momentan betrieben wird, zahlt auch noch an einer weiteren Stelle auf das Klimakonto ein. Bei der Rinderzucht entsteht durch das Wiederkäuen und anschließende Gepupse der Tiere eine gefährlich große Menge an Methangasen, die in der Atmosphäre in erheblicher Weise zum Anstieg der Temperaturen beiträgt.

Aber diese vielen pupsenden Tiere müssen zuallererst mal ernährt werden. Sie verbrauchen Unmengen an Trinkwasser, das den Menschen dann besonders in wasserarmen Gebieten fehlt. Und um die vielen Schweine, Hühner und Rinder, mit ausreichend Futter zu versorgen, pflanzt der Mensch auf fruchtbaren Böden vor allem in den südlichen armen Ländern Futterpflanzen an. Das ist deshalb so fatal, weil derselbe Boden genauso für den Anbau von Obst und Gemüse zur direkten Ernährung von Menschen dort vor Ort genutzt werden könnte. Denn es braucht halt sehr viele Kilogramm an Futterstoffen, um nur ein Kilogramm Fleisch zu erzeugen: Wenn es außerhalb der EU erzeugt wird, benötigt man für die Erzeugung dieses Futters ca. 45 qm landwirtschaftliche Fläche. Auf der gleichen Fläche könnte eine vielfache Menge an Gemüse angebaut werden! Das sind die Flächen, die seit Jahren von Großbauern bewirtschaftet werden, die sie den Kleinbauern in den ärmsten Ländern genommen haben. Die Konzerne produzieren auf diesen Flächen auch das Soja, was unsere Bauern hier in den industrialisierten Ländern benötigen, um eine pervertierte Massentierhaltung aufrechtzuerhalten.

Es würde uns helfen, den Hunger auf der Welt zu besiegen, wenn die Kleinbauern in diesen Ländern die Flächen wieder zur Ernährung der eigenen Bevölkerung nutzen könnten. Weniger Hunger und weniger Armut wären die Folge. Denn auf den Feldern der Konzerne arbeiten meist nur Tagelöhner. Ein Kleinbauer versorgt dagegen seine ganze Sippe mit Arbeit und Nahrung und schafft die Ernteüberschüsse in die benachbarten Städte.

Natürlich könnten wir mit den heutigen Erträgen der Landwirtschaft es schaffen, alle Menschen mit Nahrung zu versorgen. Denn wir erzeugen nicht zu wenig Lebensmittel. Wir erzeugen diese nur häufig an den falschen Stellen und in der falschen Form, und vor allem scheitern wir an der gerechten Verteilung. Mehr als 30 % der Lebensmittel in den Industriestaaten werden vernichtet. Ein Wahnsinn!

Dass auch heute noch ca. 800 Millionen Menschen täglich hungern müssen und kaum Zugang zu sauberem Wasser haben, ist durch uns gemacht. Durch unfairen Handel, Stellvertreterkriege und Krisen überall in der Welt, die durch unsere industrialisierte Welt eher befeuert als befriedet werden.

Moderne Sklaven

Wer die schrecklichen Bilder in den Medien verfolgt hat, die zeigen, welche Qualen die armen Viecher auf den langen Transportstrecken in irgendwelchen Tiertransportern erleiden, wer gesehen hat, unter welchen grausamen Bedingungen Millionen Tiere in der industriellen Landwirtschaft gezüchtet und im wahrsten Sinne des Wortes produziert werden, der kann sich eigentlich nur noch angewidert abwenden. Dieses System ist krank!

Es leidet an unserer Gier. Wir wollen immer mehr und wollen immer weniger dafür bezahlen. Es ist die völlig unbegreifliche Logik unserer Gesellschaft, dass ausgerechnet die Dinge, die uns ernähren sollen, also unsere LEBENSmittel, immer billiger werden sollen.

Warum? Wer kommt auf eine solche Idee?

Warum überbieten sich die Discounter mit immer günstigeren Angeboten an Milch, Fleischprodukten oder anderen Lebensmitteln?

Warum kaufen wir das? Glauben wir wirklich, dass ein Kilogramm Fleisch, das für 2,99 Euro über die Ladentheke geht, ein gutes, wertvolles Fleisch sein könnte? Was ist mit diesem Tier geschehen, dass man dieses Produkt so preiswert anbieten kann?

Glauben Sie mir, wir müssen dieses ganze globale Ernährungssystem dringend verändern, denn die Probleme haben wir nicht nur beim Fleisch.

Erst vor wenigen Tagen berichtete die ARD in einer sehr umfangreichen Dokumentation über die Zustände in der Gemüseproduktion, zum Beispiel in Andalusien, Spanien.

Dort, bei Almeria, werden viele der gut aussehenden Gemüse produziert, die wir alle täglich bei Aldi, Lidl, REWE oder Edeka einkaufen. Auf einer Fläche von ca. 50.000 Fußballfeldern reiht sich Gewächshaus an Gewächshaus. Zumeist aus Plastikfolien bestehend.

Ausgerechnet hier, in einer Region, in der eh schon große Wasserknappheit besteht. Durch diese Betriebe werden die Grundwasservorräte extrem belastet, und in den lang anhaltenden Trockenphasen eines Jahres verschärft sich dadurch die Verteilungsfrage des Rohstoffs Wasser erheblich.

Die Zustände, unter denen hier unsere Lebensmittel angebaut werden sind empörend. Es sind Tagelöhner, häufig Flüchtlinge, die sich teilweise illegal im Land aufhalten, die diese Arbeiten unter unzumutbaren Bedingungen durchführen. Für 25 Euro Tageslohn schuften sie 12 Stunden und mehr. Sie hantieren ohne jede Schutzkleidung mit hochgiftigen Pestiziden, die sie auf die Pflanzen verspritzen müssen. Die Pflanzen, die WIR wenige Tage später verspeisen. Guten Appetit!

Diese Produkte werden teilweise sogar mit dubiosen Bio-Siegeln versehen in deutschen Supermärkten angeboten. Die Menschen, die hier arbeiten, leben in den fürchterlichen Umständen der rund um die Gewächshäuser befindlichen Slums. Es sind die modernen Sklaven unserer Zeit. Es sind die Menschen, die es braucht, damit unsere Lebensmittel immer preiswerter produziert werden können.

Und es wird immer mehr Menschen brauchen, die diese schrecklichen Bedingungen ertragen können, denn es werden immer mehr Menschen Menschen ernährt werden müssen. Weil wir jeden Tag mehr werden.

Die Vereinten Nationen rechnen damit, dass die Weltbevölkerung im Jahr 2050 die 10 Milliarden Marke erreicht haben wird. 10 MILLIARDEN! 2,5 Milliarden mehr als heute. Wie sollen wir die alle satt kriegen?

Eins ist ganz klar: Wenn wir so weitermachen wie bisher, haben wir kaum eine Chance, den Kollaps der Welt zu verhindern.

Unsere Ressourcen an ertragreichen Böden und sauberem Wasser werden auf Dauer nicht ausreichen, um alle Menschen dauerhaft zu ernähren, wenn wir nicht Fundamentales verändern.

Wir brauchen dringend in den reichen Ländern unserer industrialisierten Welt ein Bewusstsein dafür, was wir eigentlich jeden Tag zu uns nehmen. Was ist das, was ich da esse? Ist das wirklich lecker? Nährt mich das wirklich? Wo kommt es her? Wie ist es erzeugt worden und von wem? Welche

Schäden am Tier, an Umwelt und Natur oder an Menschen waren mit der Herstellung verbunden? Wir müssen Verantwortung dafür übernehmen und diese Produkte vor allem deutlich mehr wertschätzen. Denn es sind die Produkte, die unser Leben möglich machen.

Der Fluch unserer Zivilisation

Die großen Probleme mit der Ernährung aller Menschen auf unserem Planeten werden wir aber nur nur lösen können, wenn wir vorrangig unser Fleischproblem lösen. Und dafür gibt es nur wenige Möglichkeiten:

Eine ist, dass wir alle Vegetarier und Veganer werden. Oder dass wir uns alle zumindest ganz dramatisch im Fleischkonsum einschränken. Dramatisch weniger meint: auf ungefähr ein Zehntel des heutigen Konsums.

Allerdings glaube ich nicht wirklich daran, dass es uns in der kurzen Zeit, die uns zur Korrektur noch bleibt, gelingen wird, diesen gewaltigen Bewusstseinswandel in der Bevölkerung überall auf der Welt zu erreichen. Ja, in den reichen Ländern spüren wir einen erfreulichen Trend des Bewusstseinswandels, aber der schafft es nicht einmal, die Zunahme des Fleischkonsums in anderen Staaten auszugleichen. Es ist ein Fluch unserer Zivilisation, dass gesellschaftlicher Wohlstand leider zunehmend auch mit Fleischkonsum verbunden wird. So kommt es dazu, dass zum Beispiel die Inder, die traditionell eher ein Volk der Vegetarier sind, immer mehr Geflügel- und Schweinefleisch verzehren. Der globale Fleischkonsum nimmt stetig zu.

In meinen Vorträgen frage ich zu Beginn meine Zuhörer, wie viele von ihnen Vegetarier oder Veganer sind. Da schnellen dann meist nur wenige Hände in die Höhe. Es sind jedes Mal etwa 1–4 Prozent, also ein gutes Abbild unseres bundesdeutschen Verhaltens zum Thema, denn einer Analyse des Robert Koch-Instituts zufolge ernähren sich 4,3 % der Deutschen fleischlos. Wenn ich dann meinen Zuhörern vom Welthunger, den Klimaschäden und dem Raubbau des Menschen an seinen eigenen Ressourcen erzähle, rutschen einige Fleischliebhaber zwar etwas unruhig auf ihren Stühlen herum. Aber die wenigsten können sich vorstellen, ihr Verhalten zu ändern. Wenn ich am Ende meines Vortrags dann noch einmal frage, wer jetzt, mit all dem Wissen um die Schädlichkeit des Fleischkonsums, sich ehrlich zu Vegetarismus bekennen wird, dann gehen zwar ein paar mehr Hände nach oben. Aber es reicht nicht.

Und ich möchte hier niemandem mit der Moralkeule kommen. Ich esse auch immer mal wieder gerne Fleisch. Ich achte dabei auf die Qualität und eine ökologisch vertretbare Herstellung des Fleisches, das ich verzehre. Kaufe bio, regional und wenig. Und ich finde es großartig, dass sich bei immer mehr Fleischessern ein Bewusstsein über den Fleischkonsum einstellt und sich alte Kaufgewohnheiten langsam ändern. Aber es wird nicht klappen, dass die ganze Welt im Bio-Supermarkt die heutigen Mengen an Fleisch kauft, wo für teures Geld gute Qualität geboten wird. Damit kriegen wir den Weltfleischbedarf, der weiterhin steigt und steigt, nicht gedeckt.

Wir brauchen qualitativ hochwertiges, bezahlbares Fleisch, das aber ohne diese fürchterlichen globalen Nebenwirkungen erzeugt wird. Und die gute Nachricht ist: Dank der Digitalisierung und des technologischen Fortschritts gibt es mittlerweile Alternativen.

Ich spreche von „In-vitro-Fleisch".

Petrischale heil!

Es ist heute schon möglich, gutes Fleisch sehr viel schneller und vor allem umweltfreundlicher und ohne all die beschriebenen katastrophalen gesellschaftlichen Auswirkungen zu erzeugen.

Denn das Fleisch muss nicht von der Schlachtbank kommen.

Sondern aus dem Labor.

Aus dem Labor? Ich weiß, dass das nicht sexy klingt. Saftige Burger und Petrischale gehen im Kopf keine harmonische Verbindung ein. Aber ich möchte Sie davon überzeugen, es als die beste Option wahrzunehmen, die wir aktuell haben. Dazu lege ich Ihnen erst mal die Fakten auf den Tisch: Das In-Vitro-Fleisch, von dem ich spreche, ist kein künstliches Fleisch! Nicht etwas synthetisch Hergestelltes mit Fleischgeschmack. Ich spreche von ganz normalem Fleisch, genauer von Muskelfleisch, das eben einfach nur woanders als am Knochen gewachsen ist. Nämlich im Labor. Ausgangsmaterial sind Stammzellen. Die können Sie ganz einfach jedem beliebigen Tier entnehmen, das tut nicht weh, Stammzellen sind ausreichend verfügbar und absolut natürlich.

Diese Stammzellen werden in einer Nährstofflösung mit Energie versorgt und beginnen sich zu vermehren und dann zu wachsen. Und dieser Wachstumsprozess kann technologisch gesteuert und vor allem beschleunigt werden. So kann diese Form der Fleischerzeugung große Mengen produzieren. Aus einer einzigen Stammzelle werden Tausende Zellen und diese wachsen in wenigen Wochen zu großen Mengen an Muskelfleisch. Ohne Knochen, ohne Innereien, ohne Fell, Haare und anderes tierisches Beiwerk, das bei der Fleischverarbeitung als Abfallprodukt entsorgt oder in alle möglichen industriellen Prozesse, zum Beispiel in der Kosmetikproduktion, beigemischt wird, ohne dass die Verbraucher das mitbekommen.

Dabei hat der Prozess, der aktuell in den Labors abläuft, noch Luft nach oben und wird ständig verbessert. 2013 hat der niederländische Wissenschaftler Mark Post mit seinem Forscherteam den ersten In-vitro-Burger präsentiert. Kostenpunkt für den Laborburger: 325.000 Dollar. Okay, ein stolzer Preis, den die meisten von uns als zu teuer empfunden hätten. Und das Schlimmste war: Er hat nicht einmal geschmeckt. Warum nicht? Es fehlten damals die notwendigen Fettzellen.

Aber Mark Post gab nicht auf. Er und sein Team machten weiter, lösten zahlreiche Probleme, und im Jahr 2016 sprach er davon, dass derselbe Burger nun für elf Dollar hergestellt werden kann. Es tut sich immens viel in der Forschung. Das drängendste Problem besteht gerade darin, dass die Nährstofflösung aktuell noch aus fötalem Kälberserum gewonnen wird, für das eine Kälberzucht natürlich Nachschub produzieren muss. Bliebe das so, dann würden wieder Tiere aufgezogen und geschlachtet, um Fleisch zu erzeugen.

Aber all die beteiligten Forscher und Innovatoren sind sicher, dass es nur eine Frage weniger Jahre ist, bis es der Forschung gelingen wird, die Nährstofflösung anders zu erzeugen oder sie gar aus einem rein pflanzlichen Stoff herzustellen. Die Verfahren entwickeln sich hier rasant weiter. Und bald wird es nicht nur effizienter, das Fleisch in der Petrischale herzustellen – sondern auch günstiger als auf dem konventionellen Weg.

Die Herstellung von In-vitro-Fleisch und die Entwicklung weiterer Produkte, die bisher von der Tierproduktion abhängen, werden ein komplett neuer Geschäftszweig. Nein, viel mehr, es wird *The next Big Thing* werden. Wer das als Erstes im großindustriellen Maßstab beherrscht, der wird diese Welt an entscheidender Stelle mit regieren. Vermutlich auch ein Grund, warum es mit Sergey Brin von Google und Richard Branson sowie Bill Gates vor allem die Datenmilliardäre in USA sind, die in diese Projekte investieren. Sie haben verstanden, worum es hier geht. Und wir hier in Deutschland? Wiesenhof ist bislang das einzige deutsche Unternehmen, von dem bekannt wurde, dass es in in diese Technologie über ein Startup in Israel investiert.

Ja, es werden immer mehr Start-ups, immer mehr innovative Köpfe, vor allem in den USA, den Niederlanden und Israel, die an neuen Visionen arbeiten, wie unsere Fleisch- und Lebensmittelproduktion ohne das Züchten und Töten von Tieren aussehen kann. Die erste niederländische Laborfleischfabrik will nächstes Jahr in Betrieb gehen, die ersten Produkte für den Massenmarkt sind für das Jahr 2021 in Aussicht gestellt.

In Kalifornien entwickelt das Startup „Memphis Meats" bereits seit einiger Zeit Geflügelfleisch aus der Petrischale und sogenannte „Meatballs". Auch sie wollen bis 2021 den Markteintritt geschafft haben.

Wenn wir es, vielleicht in 10–15 Jahren, geschafft haben, große Mengen der Fleischproduktion so organisiert durchzuführen, dann öffnen sich endlich neue Optionen. Weltweit! Entscheidend ist: Ungefähr 70 % der landwirtschaftlich genutzten Flächen werden heute für den Anbau von Tierfutter verwendet. Diese Flächen werden dann zum großen Teil frei für neue Nutzungen. Die Kleinbauern in den ärmeren Ländern können auf ihren Feldern wieder ihrer bäuerlichen Landwirtschaft nachgehen und sich selbst und ihre Mitmenschen mit gesunden Lebensmitteln versorgen. Damit können wir den Hunger dort endgültig besiegen. Außerdem können wir einen Teil dieser Flächen für den Anbau von hocheffizienten Energiepflanzen für Biogasanlagen nutzen.

21.400.000.000 Hühner

Endlich ist dann der heutige Konkurrenzkampf in der Nutzung landwirtschaftlicher Flächen beendet. Diese zusätzlichen Erträge aus Energiepflanzen werden dazu beitragen, dass wir noch schneller noch viel mehr Biogas in unsere Gasnetze bekommen und dadurch das Verbrennen fossiler Gase noch früher beenden können. Es sind so unendlich viele Veränderungen, die sich ergeben werden, wenn wir endlich nicht mehr Tiere züchten, impfen, füttern, töten und essen müssen, um mal ein gutes Stück Fleisch genießen zu können. Wir lösen mit dem In-vitro-Fleisch aber nicht nur unsere drängenden ökonomischen Fragen nach der Welternährung. Bei vielen Vegetariern spielt ein ganz anderes Argument für die Abstinenz eine Riesenrolle: nämlich das ethische. Und in der Tat haben in der Massentierhaltung die industrielle Fleischproduktion, die Aufzucht und Schlachtung von Tieren selten etwas mit würdigem, artgerechtem Umgang mit Lebewesen zu tun.

Haben Sie eigentlich eine Vorstellung davon, über wie viele Nutztiere wir dabei sprechen?

Im Jahr 2016 waren es nach Aussage von FAOSTAT, der Agrarorganisation der UNO, weltweit ca. 1 Milliarde Schweine, 1,2 Milliarden Schafe und 1,5 Milliarden Rinder, die wir züchteten und töteten. Hinzu kamen atemberaubende 21,4 Milliarden Hühner. 21.400.000.000 Hühner, die jedes Jahr für unseren Konsum unter meist beschämenden Verhältnissen gezüchtet und getötet werden. Und es werden jeden Tag mehr.

Die Petrischale und die Stammzellen dagegen scheren sich nicht um artgerechte Haltung oder moralisches Gesichtspunkte. Sie produzieren stumm, genügsam und sicher das Fleisch unserer Zukunft.

Es gibt allerdings einen Wermutstropfen, den ich Ihnen nicht vorenthalten kann. Die Petrischale braucht für ihr reales Wunder jede Menge Energie. Weitaus weniger Energie als die Fleischproduktion in der industriellen Landwirtschaft. Aber dennoch Energie – und zwar mehr als eine rein vegetarische Ernährung verbrauchen würde. Aber auch dieses Problem ist lösbar. Denn um die Klimabilanz von Laborfleisch zu optimieren, müssen die Fleisch-Inkubatoren schlicht mit grüner Energie versorgt werden. Die zukünftigen „Fleischfabriken" in Europa werden möglichst nah an großen

Wind- oder Solarparks gebaut werden, damit diese dann für ausreichend saubere und günstige Energie sorgen. Sie wissen ja mittlerweile, dass all das möglich ist.

Sauber, ethisch korrekt, wohlschmeckend und unendlich: Ich bin sicher, das In-vitro-Fleisch wird in Zukunft ein zentraler Baustein der Welternährung. Es klingt nur noch so lange wie Zukunftsmusik, bis wir auch hier quasi am Ernährungs-Tipping Point angekommen sind. Nämlich dann, wenn die letzten technologischen Fragen gelöst sind und der Preis des Neuen den Preis des Alten um ein Deutliches schlägt. Wenn der leckere Hackbraten der Zukunft, der in der Nährstofflösung gewachsen ist, auch noch preiswert ist, dann wird sich die große, globale, fleischessende Gemeinde gerne dieser Entwicklung zuwenden.

Doch damit nicht genug. Es gibt auch außerhalb von den Laborburgern und Petrischalenschnitzeln noch zahlreiche Alternativen, wenn es ums Thema Essen und Ernährung geht.

Wo ist der Maître?

Machen Sie mit mir einen Sprung über den großen Teich: Sie befinden sich gerade auf einer Urlaubsreise in den USA, genauer gesagt in Boston. Ein kleines, nagendes Hungergefühl plagt sie – diesmal nicht nach Fleisch, sondern nach einem gesunden Gericht mit Reis und viel Gemüse. Abgerundet mit einem Topping aus frischen Kräutern und etwas geriebenem Parmesan. Und natürlich gut gewürzt. Ah – und noch während Sie von dem leckeren Gericht träumen, haben Ihre Füße Sie weitergetragen – direkt vor das Restaurant „Spyce". Doch als Sie das Lokal betreten, sind Sie erst einmal erstaunt. Irgendetwas stimmt hier nicht.

Da, wo in herkömmlichen Restaurants der Tresen steht, sehen Sie eine Konsole mit vielen rotierenden Kochtöpfen, in denen verschiedene Mahlzeiten vor sich hinköcheln. Irgendwie erinnern sie an lustige kleine Betonmischer. Wo ist denn der Koch, der übel gelaunte Maître, der hier den Löffel schwingt und das Zepter in der Hand hält? Abgeschafft. Den gibt es nicht mehr!

Die richtigen Zutaten werden per Knopfdruck maschinell in die Töpfe gefüllt und dann schonend per Induktionstechnik gegart. Ist das Gericht vollendet, senkt sich der Topf, und die dampfende Köstlichkeit gleitet auf einen bereitgestellten Teller, der dann nur noch zum Platz des Gastes gebracht werden muss. Mmmmh lecker! Und das Beste kommt jetzt noch – zumindest für das Küchenpersonal, das es genau genommen auch nicht mehr gibt. Die Töpfe spülen sich selbst und sind sofort wieder einsatzfertig! Das könnten Sie und ich doch auch in der Küche gebrauchen, stimmt's? Und das Ganze ist keine *Brave New World*, sondern Boston. Und dort bereits Realität, gesteuert von schlauen Algorithmen und bewegt von feinster Robotik.

Diese Technik ist nicht nur geeignet für Restaurants, sondern auch für große Kantinen von Unternehmen und Universitäten. Statt in der Schlange anzustehen, drücken Sie einfach einen Knopf oder bestellen vielleicht sogar per App Ihre Mahlzeit auf dem Weg zur Mensa. Wenn Sie dort ankommen, steht dann schon der dampfende Teller für Sie bereit – gleichbleibende Qualität ist garantiert. Dass das Pay-System auch per App funktioniert, ist dann schon selbstverständlich.

Und es gibt noch viel mehr Leute, die sich um Ihr leibliches Wohl sorgen und dabei die neusten Technologien anwenden. Kennen Sie zum Beispiel die Firma JUST? Sie ist aus der Firma Hampton Creek hervorgegangen und sie hat in den vergangenen Jahren begonnen, eine umfassende Datenbank aufzubauen. Sie analysiert die verfügbaren Pflanzen auf die Frage hin: *Was ist da drin? Was kann das? Was bewirkt das?* Die Ergebnisse werden digital erfasst. Sie schaffen damit einen unglaublich großen Wissenspool über die unterschiedlichen Inhaltsstoffe und die damit verbundenen Eigenschaften von Pflanzen. Das bietet eine Grundlage für innovative Entwickler und Designer von neuen Foodkonzepten. Es wird in Zukunft möglich sein, neue Lebensmittelprodukte zielgerichtet für spezifische Einsätze zu gestalten. Wie soll es aussehen, wie soll es sich anfühlen und schmecken, und welche Eigenschaften soll das Produkt haben? Wie gesund oder wie belastend soll es sein?

Soll es uns nur schmackhaft ernähren oder uns auch gesund machen, indem es über aktive Zusatzstoffe zur Behandlung irgendwelcher gesundheitlicher Probleme führt?

Durch die genaue Analyse der Inhaltsstoffe können umwelt- und produktionsfreundliche pflanzliche Stoffe gefunden werden, aus denen Produkte neu entwickelt werden – aber mit dem gleichen Geschmack, den gleichen Eigenschaften und dem gleichen Aussehen wie Produkte, die wir bisher aus der zerstörenden Landwirtschaft kennen. Vielleicht ja auch mit ganz neuen Geschmäcken und neuen Eigenschaften, die viel attraktiver, gesünder und bekömmlicher sind als die bisher bekannten. So haben Designer bei JUST ein Verfahren entwickelt, das aus pflanzlichen Stoffen, unter anderem der Mungbohne, ein veritables Eigelb herstellt. Ein Eigelb, das sich genauso auf der Zunge anfühlt, die gleiche Konsistenz hat, genauso schmeckt und aussieht wie das Original! Wer braucht da schon noch die tierquälerische Massenzucht von Hühnern? Wie vielen Milliarden von Hühnern können wir in Zukunft ein schreckliches Dasein ersparen, wenn die nicht mehr in lebensfeindlichen Hühnerfabriken gehalten werden, um Milliarden von Eiern zu produzieren.

Ein anderes Start-up namens Impossible Foods mit Sitz im kalifornischen Redwood City hat ebenfalls einen solchen digitalen Baukasten entwickelt. Sie produzieren das Fleisch ihres Hamburgers zu 100 % aus pflanzlichen Stoffen. Im Juli 2016 startete Impossible Foods die Produktion eines „Impossible Burgers", der aussieht, kocht, riecht, zischt und schmeckt wie konventionelles Rinderhackfleisch, aber vollständig aus Pflanzen gemacht wird. Deshalb verbraucht er 95 % weniger Land und 74 % weniger Wasser und verursacht 87 % weniger Treibhausgase als ein Burger von Kühen. Und er hat mehr Eiweiß, weniger Gesamtfett und weniger Kalorien. Zudem beinhaltet er kein Cholesterin, keine Antibiotika oder synthetische Hormone. Der Burger hat sich in den USA mittlerweile als ein beliebtes Produkt entwickelt und wird schon in mehr als 1.500 Restaurants den Gästen serviert. Pat Brown, der CEO des Unternehmens, hat eine ganz klare Strategie. Er will ein global agierendes Foodunternehmen entwickeln, das dazu beiträgt, den Fleischkonsum von heute zu beenden. Um das zu erreichen, arbeiten sie dort an zahlreichen weiteren Produkten und einer klaren Expansionsstrategie. 2019 starten sie in Asien. Hoffentlich bald auch in Europa!

Der Baukasten-Gourmet

Unternehmen wie Metro, REWE oder all die großen Lebensmittelproduzenten haben längst eine ganze Armada an Food-Designern an den Start gebracht, die neue Lebensmittel-Produkte entwerfen.

Der Kunde äußert einen Wunsch: „Ich will, dass dieses Produkt nach Vanille schmeckt, cremig und fluffig zugleich ist und durch ein Sahnehäubchen geziert wird. Aber es soll bitte schön auch gesund und kalorienarm sein." Die Möglichkeiten werden nun von der Software eruiert, und dann antwortet Sie dem Food-Designer mit der passenden Rezeptur: *Man nehme* ... Und schon haben Sie das Lebensmittel, von dem Sie geträumt haben. Ja, klingt alles befremdlich, ist aber bereits seit einiger Zeit Teil unserer Realität.

In Zukunft wird sich das weiterentwickeln, und wenn wir auf die ganz erheblichen Fortschritte im Bereich des 3-D-Drucks schauen, dann fällt es nicht mehr schwer, sich vorzustellen, dass wir uns bald einen Teil unserer Lebensmittel selbst herstellen werden. Daheim und immer genau dann, wenn wir Appetit auf ein spezielles Produkt bekommen.

Sie werden vielleicht fragen: *Da wird jetzt etwas aus irgendwelchen künstlichen Bestandteilen zusammengemixt, bäh! Das kann doch nicht gesund sein!*

Doch, kann ich Ihnen guten Gewissens erwidern, das ist alles rein pflanzlich möglich. Und ganz ehrlich, das ist beileibe keine negative Veränderung gegenüber dem bisherigen Status quo der Lebensmittelherstellung. Im Gegenteil. Immer wieder erlebe ich bei meinen Gesprächspartnern, dass bei diesem Thema mit zweierlei Maß gemessen wird. Einerseits regen Sie sich über jede kleine Sache auf, die sich auch nur annähernd nach digitaler Nahrungsmittelanalyse und -herstellung anhört, andererseits essen Sie bedenkenlos jegliche Art von Fleisch und Wurst bzw. von Fertiggerichten aus dem Supermarkt.

Ich sage Ihnen dann immer: Überlegen Sie doch mal, was Sie bislang alles zu sich nehmen: etwa abgepackte Wurstprodukte aus den Kühlregalen, von denen jeder weiß, dass sie nicht aus artgerechter Haltung stammen und auch nicht gesund sind. Oder der berühmte Formschinken – das ist keine

Delikatesse, denn er besteht aus zusammengepressten Fleischresten, also dem Müll aus der Produktion.

Igitt, oder? Auch die Erbsen, die Sie aus der Dose holen, sind nicht von Natur aus so saftig grün, sondern durch Lebensmittelfarbe aufgepeppt.

Also ist es in Wahrheit eher umgekehrt: Heutzutage sind große Teile unserer Nahrung vollgestopft mit Chemie und künstlichen Substanzen, während wir bei der zukünftigen Lebensmittelherstellung im Baukastensystem mit deutlich mehr Sorgfalt auf die verwendeten Bestandteile und deren Auswirkungen blicken können.

Natürlich brauchen wir auch in Zukunft einen starken Verbraucherschutz, damit keine neuen Tricksereien möglich werden. Und dem Verbraucher nicht weiterhin Produkte untergejubelt werden, die nur wenig mit dem zu tun haben, was auf der Verpackung und in der Werbung angepriesen wird. Aber diese Kontrolle sollte in der Zukunft auch auf digitalem Wege viel besser möglich sein als bisher.

Doch die Entwicklung neuer Technologien, die unsere Nahrungsmittelversorgung revolutionieren werden, geht natürlich stetig weiter, und sie hat schon wieder einen Quantensprung gemacht.

Genetik vom Feinsten

Ich habe Ihnen ja schon einmal kurz von CRISPR/Cas erzählt, der biochemischen Methode, die die Gentechnik in den vergangenen Jahren revolutioniert hat. Die Methode funktioniert so: Aus einem Genom wird auf biochemische Weise – quasi mit einer Schere aus Bakterien – genau ein Stück präzise herausgeschnitten, das vielleicht die Entwicklung des jeweiligen Lebewesens gestört oder ungewollte Eigenschaften hervorgerufen hat – und zwar einfach, schnell und sehr preiswert. Das heißt, sie können damit die Eigenschaften eines Organismus nachhaltig verändern. Und das Verrückte dabei ist: In dem Moment, wenn dieses Stück entfernt ist, fügt sich alles schnell wieder zusammen und von dem Eingriff ist nichts mehr zu sehen. Die frühere Gentechnik mutet gegen diese neue Präzision schon fast wie ein Schuss mit dem Schrotgewehr an.

Und während die bisherigen Methoden der Gentechnologie einen erheblichen technologischen Aufwand und ganz erhebliche Kosten verursachten, ist diese Methode eben sehr einfach, präzise, kostengünstig und vor allem mit deutlich geringeren Risiken verbunden als in der Vergangenheit.

Als die beiden Forscherinnen Emmanuelle Charpentier und Jennifer Doudna im Jahr 2012 zum ersten Mal zu dieser neuen Methode eine Veröffentlichung herausgaben, konnten viele Wissenschaftler gar nicht fassen, was sie lasen.

Diese Technik wird unsere Welt mehr verändern als die meisten biochemischen Entwicklungen je zuvor.

Ja, Sie haben recht, wenn Sie dazu Fragen und Zweifel haben. Natürlich bringt auch diese neue Technologie gewisse Risiken mit sich. Und es ist nun wahrlich nicht trivial, an der DNA eines Lebewesens herumzufummeln und diese zu manipulieren. Aber seien wir ehrlich: Das tun wir in der Tier- und Pflanzenzucht schon sehr lange und in vielerlei Hinsicht. Es ist Teil unseres bisherigen Erfolges. Außerhalb der bisherigen Gentechnologien wird das übrigens häufig mit dem Einsatz von chemischen und auch radioaktiven Methoden gemacht. Da spricht dann aber keiner drüber. Ohne diese Zucht von speziellen Pflanzen und auch Tieren wären wir nie dahin gekommen, wo wir heute sind. Wir hätten es nicht geschafft, 7,5 Milliarden Menschen zu ernähren.

Na klar, wir haben auf diesem Weg in der Vergangenheit auch Fehler gemacht. Aber genau daraus können wir lernen und es besser machen. Ich appelliere an Ihre Vernunft: Seien Sie bitte offen für die neuen Entwicklungen in dieser neuartigen Form von Gentechnologie. In der Vergangenheit hat sich in Europa eine unheimliche Angst vor den Folgen der Gentechnik entwickelt. Dabei gibt es hier völlig neue Möglichkeiten mit deutlich geringeren Risiken. Und sehr bedeutenden positiven Aspekten: In nicht allzu ferner Zeit könnten zum Beispiel durch CRISPR/Cas Gendefekte und Erbkrankheiten weitgehend ausgemerzt werden. Wir können dadurch Krebserkrankungen und andere schreckliche Krankheiten heilen.

Es ist leicht, das zu verurteilen, wenn man nicht selbst betroffen ist. Aber stellen Sie sich vor, Sie würden selbst an einer dieser vielen schrecklichen Krankheiten leiden, die vererblich sind. Stellen Sie sich vor, was in Ihnen vorginge, wenn Sie die Möglichkeit hätten, durch einen einfachen Eingriff in die Eizelle, das Risiko einer Vererbung auf Ihre zukünftigen Kinder deutlich reduzieren zu können. Würden Sie das nicht wollen? Würden Sie Nein sagen und lieber in Kauf nehmen, dass Ihre Kinder dann eben auch schwer krank würden?

Jalousie im Kopf

Es gibt ohne Zweifel viele ethische und moralische Fragestellungen, die ergeben sich im Zusammenhang mit solchen Technologien. Aber die kann man nur stellen und beantworten, wenn man überhaupt zu einer Debatte darüber bereit ist. In Deutschland haben wir in der Vergangenheit oft den leichten Weg gewählt. Wir haben uns abgewendet und das Thema verdrängt. Wir haben die Debatte und den Umgang mit solchen Technologien einfach in andere Länder abgeschoben. Das mag bequem sein. Ist deswegen aber nicht unbedingt verantwortungsvoll.

Durch CRISPR/Cas können wie in der Gentechnologie Pflanzen in ihren Eigenschaften optimiert werden, aber ohne die Risiken und Nebenwirkungen, wie wir sie aus der Vergangenheit kennen. Pflanzen können so gestaltet werden, dass sie in kargen Böden wachsen, gedeihen und trotzdem großen Ertrag erbringen. Natürlich wäre es schöner, wenn wir die benötigten Lebensmittel weltweit in kleinteiliger bäuerlicher Landwirtschaft anbauen könnten. Aber lassen Sie uns aufrichtig sein, gerade bei diesem so wichtigen Thema der Ernährung von 7,5 Milliarden Menschen – und dem Wissen, dass es jeden Tag deutlich mehr werden:

Wir kommen einfach nicht daran vorbei, moderne Technologien einzusetzen, um alle diese Menschen nachhaltig zu ernähren!

Auch die Ernteerträge aus dem Anbau von Energiepflanzen wie zum Beispiel Mais können durch CRISPR/Cas in ganz erheblichem Maße gesteigert werden. Damit können die Biogasanlagen betrieben werden, deren Anzahl sich ebenfalls deutlich erhöhen wird. Denn die haben einen großen Vorteil gegenüber Windrädern und Solaranlagen: Sie funktionieren vollkommen wetterunabhängig und können einen wichtigen Beitrag leisten, die Energieversorgung auch dann sicherzustellen, wenn kein Wind weht und keine Sonne scheint.

Ich rate uns allen dringend, dass wir endlich auch in Europa in eine offene und sachliche Diskussion darüber eintreten, welche Chancen diese neue Technologie für uns bieten kann und was wir davon bei uns nutzen wollen. In anderen Ländern ist die inhaltliche Auseinandersetzung schon in vollem Gange und die Technologie ist längst im Einsatz. Und sie wird nie mehr verschwinden. Völlig unabhängig davon, ob uns das gefällt oder nicht.

Aber selbst bei meinen klügsten Freunden, die sonst sehr offen sind, differenziert denken und urteilen, stelle ich immer wieder fest, dass bei diesem Thema eine Jalousie im Kopf runtergeht. Eine gesellschaftliche Ächtung oder Stigmatisierung der Gentechnologie hilft uns jedoch nicht weiter. Denn das ist ein Zukunftsmarkt, der sich definitiv entwickelt, das sollten wir nicht aus einer blinden Angst heraus verschlafen, sondern aktiv mitgestalten. Um für diese neuen Produkte nicht nur ein Marktplatz zu sein und viel Geld für deren Nutzen zu zahlen. Sondern um selbst aktiv zu handeln, zu gestalten und davon so zu profitieren, wie wir es wollen. Wir sollten endlich die Rolle des Zuschauers und Konsumenten gegen die des Gestalters tauschen.

Robotik, unser Freund und Helfer

Lassen Sie uns noch ein wenig auf dem Land verweilen und uns einmal genauer umschauen. Auch in der Landwirtschaft machen wir durch die Digitalisierung bereits heute große Fortschritte. Und die werden noch erheblich zunehmen: weg vom großflächigen und grobmotorischen Einsatz der Pflanzenschutzmittel und Dünger, hin zu einer genau auf die Bedürfnisse der jeweiligen Pflanzen abgestimmten Hege und Pflege, die dann optimale Erträge bringt und den Einsatz von chemischen Produkten reduziert. Und da kommt die Robotik mit der Sensorik ins Spiel: intelligente Systeme, die individuell und effizient jede Pflanze einzeln betrachten, analysieren und behandeln, um gesündere Lebensmittel herzustellen.

Das sieht so aus: Roboter fahren über die Felder und scannen jede Pflanze. Sie vermessen die Pflanze, schauen sich ihren Zustand an und analysieren, ob sie genug Wasser oder Nährstoffe hat, um optimal zu wachsen. Oder auch, ob sie von Schädlingen befallen ist: Die Algorithmen identifizieren, mit welcher Art von Schädlingen sie es zu tun haben, eruieren, was genau zu tun ist, und leiten die notwendigen Maßnahmen ein. Mit ihrem Greifarm können Sie gleichzeitig das Unkraut auf dem Feld entfernen, den Schädling sozusagen mit der Wurzel ausreißen. Hierfür sind dann in einem solchen Fall keine Pestizide mehr nötig. Auch die Ernte geht schonender vonstatten.

Die aktuellen Zauberworte in der Landwirtschaft lauten unter anderem: „Precision farming", „Agriculture 4.0", „Smart Farming" oder auch „Landwirtschaft 4.0". Es sind eine Vielzahl an Methoden und Technologien, die dazu beitragen, die Landwirtschaft effizienter, schadstoffärmer und ertragreicher zu gestalten. Die Digitalisierung gibt Bauern ganz neue Möglichkeiten. Im Stall zum Beispiel bei der Versorgung der Kühe mithilfe von Sensoren und Robotern, die das Futter bereitstellen oder die Kühe melken. Oder auf dem Feld, wo Böden mit Drohnen automatisch digital erfasst, vermessen und in ihren Eigenschaften analysiert werden. Das hilft, zielgerichteter als in der Vergangenheit zu agieren und dadurch sowohl den Menschen als auch die Umwelt zu entlasten.

Es ist in der Landwirtschaft wie überall im Leben: Die Digitalisierung bringt uns ungeheuer voran, unterstützt uns in erheblicher Weise, ersetzt aber nicht den Bauch, die Intuition des handelnden Menschen. Deshalb wird der Bauer mit all seinem Wissen und seiner Erfahrung immer gebraucht werden – aber er hat eben mehr Zeit als früher, sich um die wichtigen Dinge zu kümmern.

Discounter oder online?

Apropos mehr Zeit für wichtige Dinge: Ich gehe davon aus, dass ein erheblicher Teil der heutigen Lebensmitteleinkäufe in Zukunft online abgewickelt werden wird. Denn seien wir ehrlich, die meisten Einkäufe dieser Art machen doch nicht wirklich Spaß. Oder genießen Sie es, wenn Sie an einem Mittwochabend gegen 18:30 Uhr auf dem Weg von der Arbeit nach Hause im strömenden Regen noch mal eben in den Aldi oder einen anderen Discounter huschen dürfen, um noch mal schnell die wichtigsten Lebensmittel für das morgige Frühstück oder den heutigen Abend zu besorgen? Macht es Ihnen wirklich Freude, wenn Sie, todmüde von der Arbeit kommend, nochmal eben im Discounter durch die Gänge wetzen dürfen, um sich anschließend 10 Minuten lang mit irgendwelchen traurigen Gestalten an der Kasse anstellen zu müssen? Ich vermute, dass viele von uns diesen Einkauf lieber in der Pause im Büro mit der App ausführen würden, verbunden mit der Bitte, die Lieferung am gleichen Abend zwischen 18:30 Uhr und 20:00 Uhr an die Heimatadresse vorzunehmen.

Alle großen Einzelhandelsketten in Deutschland die ihr Geld im Food-Bereich verdienen – ob REWE, Edeka, Aldi oder Lidl – experimentieren und testen seit geraumer Zeit an Konzepten, um auch den Foodbereich im Onlinehandel erfolgreich zu platzieren. Das ist deutlich schwieriger als im Nonfoodbereich, weil hier die Themen Hygiene und Verderblichkeit von Produkten die Lieferketten deutlich erschweren und verteuern.

Aber die Handelsketten werden es hinbekommen. Und ich würde mich freuen, wenn die heutigen Marktführer in Deutschland auch in Zukunft eine wichtige Rolle in diesem Bereich spielen würden. Meine Befürchtung ist jedoch, dass auch in diesem Segment schon in einigen Jahren Amazon eine marktbeherrschende Stellung einnehmen wird. Warum? Das ist relativ simpel zu beantworten: Es geht hier an dieser Stelle nicht im Wesentlichen um Kompetenz im Bereich Food, sondern ganz wesentlich um die Kompetenz im Bereich Logistik, Onlinehandel und Versand. Und jetzt frage ich Sie: Wer kann das besser als Amazon?

Warten wir ab, in welch unterschiedlicher Weise die Lebensmittellieferungen in Zukunft geschehen werden. So, wie wir es heute kennen, oder von Lieferrobotern, die entweder auf den Straßen fahren oder mit Lieferdrohnen, die uns dann durch die Luft erreichen.

Wenn Sie sich vergegenwärtigen, in welch erheblicher Weise in unseren Städten aktuell Discounter neben Discounter gebaut wird, dann bekommen

Sie einen Eindruck davon, welch enormer Bedarf an kreativen Konzepten zur Umnutzung solcher Gebäude schon in wenigen Jahren entstehen wird.

Wie in der Badewanne

In den großen Städten werden sich auf solchen Flächen und in solchen Gebäuden zum Beispiel urbane Landwirtschaftssysteme entwickeln. Ein Megatrend in diesem Bereich ist Urban und Vertical Farming: Auf mehreren übereinander gelagerten Ebenen werden in Gebäuden oder Gewächshäusern ganzjährig Früchte, Gemüse, Speisepilze, Salate oder Algen angebaut – und zwar in oder auf den Wolkenkratzern der Metropolen wie New York oder Singapur. Das sind dann die sogenannten „Farmscrapers".

Auf dem Boden werden durch die Nutzung der Schwarmmobilität unglaublich große Flächen frei: Bahn-Brachflächen haben wir heute schon in vielen Städten, industrielle Brachflächen ebenfalls. Ungefähr 150 Millionen Parkplätze vor Supermärkten, Schulen, öffentlichen Gebäuden und entlang der Straßen werden in wenigen Jahren nicht mehr benötigt. Diese Flächen sind wie gemacht für Spielplätze, Swimmingpools, Bürgergärten und urbane Farmen. Versuchen Sie sich einfach mal vorzustellen, wie sich das Straßenbild verändern wird, wenn all die Parkplätze, auch die überall am Straßenrand, verschwunden sind. Und was sich da alles neu entwickeln könnte – überall zusätzlicher Lebensraum für uns Bürger!

Vor allem aber die Gebäudestrukturen ehemaliger Parkhäuser und der bisherigen Kaufhäuser, die durch den zunehmenden Onlineeinkauf obsolet werden, können in Zukunft zur Lebensmittelerzeugung genutzt werden. Was wollen wir mit all diesen Gebäuden sonst anfangen? Versuchen Sie mal, in ein Gebäude, das seit hundert Jahren einen Kaufhof beherbergt hat, Wohnungen zu bauen. Viel zu aufwendig bei der klassischen Gebäudestruktur eines üblichen Einkaufstempels. Aber für Indoorfarming sind diese Flächen ideal. Und hier kommt die Aquaponik ins Spiel und eröffnet neue Möglichkeiten. Sie verknüpft die Aquakultur mit der Hydrokultur, die Fischzucht mit dem Gemüseanbau, und erreicht somit eine hohe Effizienz durch die Schaffung eines geschlossenen Wasser- und Nährstoff-kreislaufes.

Sie können sich die Wirkung ungefähr so vorstellen: Es ist Sonntag, und um sich ein wenig Wellness zu gönnen, lassen Sie sich ein Bad ein – mit einer lauschig angenehmen Temperatur von 45 Grad. Für dieses Bad haben Sie den ganzen Sonntag reserviert, Sie wollen es sich so richtig gut gehen lassen. Neben der Badewanne steht ein Tablett bereit mit einem leckeren fetten Brie, einem knusprigen Weißbrotlaib, den Sie zunächst mit cremiger Butter verfeinern. Als erfrischendes Getränke haben Sie leckere gekühlte Vollmilch auf dem Tablett platziert, wenn die Dämmerung einsetzt, gehen Sie zu Ihrem Lieblingsrotwein über. Wow – what a feeling, Wellness pur!

Stellen Sie sich jetzt mal vor, dass dieses Bad in Kombination mit der gehaltvollen Nahrung nicht nur einen ganzen Tag andauert, sondern eine Woche, womöglich sogar einen Monat. Außer, dass Ihre Haut nun etwas schrumpeliger aussieht, werden Sie Folgendes feststellen: Sie gedeihen prächtig. Anders ausgedrückt: Sie werden langsam aber sicher fett!

Und genau dieses Grundprinzip macht sich die Aquaponik zunutze: In den Kellerräumen der nun leer stehenden ehemaligen Gewerbeflächen befinden sich riesige Wasserbecken. Spezielle Fischsorten, die für eine solche Aufzucht geeignet sind, wie zum Beispiel Tilapien, werden in diesen Becken in optimaler Weise gezüchtet. Fisch ist ein hervorragendes Lebensmittel, und bedingt durch die grenzenlose Überfischung unserer Meere ist diese Züchtungsmethode weltweit und schon seit langer Zeit erprobt. Das Ganze ist natürlich schon längst computergesteuert und die Systeme erlauben dadurch eine optimale Versorgung mit allem, was die Fische zum Leben brauchen.

Das Besondere bei der Aquaponik ist, dass die Ausscheidungen der Fische ebenfalls genutzt werden. Und damit meine ich vor allem das Ammoniak, welches die Fische ständig ausatmen. Mittels eines Biofilters werden diese Ausscheidungen in Nitrate umgewandelt, die den zweiten Bewohnern dieser Anlage zugutekommen: den Pflanzen. Die wachsen dann eine oder mehrere Etagen darüber im Wasser. Sie schwimmen in langen flachen Becken in einer Nährstofflösung und erfahren so eine optimale Versorgung und optimale Wachstumsbedingungen.

Diese Form der Landwirtschaft ist hochgradig digital und effizient. Da man beim Vertical Farming in ganz vielen Schichten übereinander arbeitet, ist es eben möglich, auf der eigentlich sehr kleinen Fläche eines heutigen Shoppingcenters oder Autohauses mit nur einigen Tausend Quadratmetern durchaus relevante und gute Ernteerträge einzufahren.

Solche Systeme können mit Tageslicht betrieben werden oder auch ganzjährig mit künstlicher LED-Beleuchtung, die auf genau den Spektralbereich des Lichts eingestellt wird, in dem die Pflanzen optimal gedeihen.

Farmen in der Stadt

Ich bin überzeugt, wir werden solche Systeme schon in den nächsten 5 bis 10 oder 15 Jahren überall sehen, vor allem in den Großstädten. Sie erzeugen nicht nur Nahrung, sondern sie sind Kraftwerke, die uns helfen, gleichzeitig mehrere urbane Probleme zu lösen:

Viele nicht genutzte Infrastrukturen, die durch die Mobilitätsumstellung und den wachsenden Internethandel entstehen, werden einer sinnvollen Nachnutzung zugeführt.

Und was noch wichtiger ist: Auf diese Art und Weise wird ein erheblicher Anteil an der Produktion von gesunden Nahrungsmitteln wie Gemüse, Salate, Gurken, Gewürze, Kräuter und verschiedenen Fischsorten direkt in die Städte verlegt. Diese Nahrungsmittel werden also dort erzeugt, wo sie später auch verkauft und konsumiert werden: in den Städten. Das hat viele Vorteile: Es ist kein Transport der Güter über lange Strecken mehr notwendig, was ökonomisch und ökologisch sinnvoll ist. Gestern gewachsen, heute gepflückt, morgen gegessen! Frischer geht es nicht, außer daheim im eigenen Garten. Neue Arbeitsplätze werden im urbanen Lebensraum geschaffen und kompensieren so einen Teil der weggefallenen, zum Beispiel im Einzelhandel. Zudem ist der Flächenverbrauch in der Aquaponik und vor allem im vertikalen Anbau viel geringer als in der Felderwirtschaft auf dem Land. Die Farmen in der Stadt werden mit grüner Energie betrieben, die in großen Solaranlagen auf den Dächern und den Biogas-Kraftwerken hergestellt wird.

Es entsteht ein Kreislaufsystem. Aus den Bioabfällen in der Farm werden zunächst einmal Regenwürmer gezüchtet. Die sind ein super Fischfutter und sehr wertvoll. Oder es können auch Pilze darauf wachsen. Krabben werden in diesen Farmen zukünftig genauso gezüchtet wie Algen. Die Wasserkreisläufe einer solchen Farm bieten optimale Bedingungen für Algenwachstum, welches dann vielleicht an den Außenfassaden in gläsernen Wassertanks stattfindet, denn Algen brauchen Licht. Die Abfälle wandern dann später in die Biogasanlage und erzeugen einen Teil der Energie, die diese Anlagen benötigen.

Die Abfälle können auch Grundlage für die Zucht von Insekten werden. Auf diese Art können wir unkompliziert und in großen Mengen so ganz nebenbei ein ganz wichtiges Nahrungsmittel der Zukunft produzieren! Für uns Europäer ist der Konsum von Insekten heute noch ein wenig fremd. Glauben Sie mir, auch das wird sich ändern. Es hat Gründe, warum Insekten in anderen Kulturkreisen seit Jahrtausenden in unterschiedlichster Weise mit großem Genuss verzehrt werden. Nicht nur, weil sie ein fantastischer Proteinlieferant sind, sondern weil sie je nach Zubereitungsart auch sehr schmackhaft sind. Kreative Fooddesigner haben begonnen, in Deutschland erste Produkte mit Insekten zu produzieren und zu vermarkten. Ich selbst habe noch keine großen kulinarischen Erfahrungen mit Insekten gemacht. Aber da wir Mehlwürmer für unsere Hühner haben, hat meine Frau die eines Tages auch mal in die Pfanne gehauen und wir haben sie probiert. Unser Fazit: Gut gewürzt, eine leckere Mahlzeit!

Urbane Landwirtschaft wird wieder Wirklichkeit werden, denn früher hatten die meisten Leute auch in der Stadt einen Garten hinter dem Haus, in dem sie einen Teil ihrer Lebensmittel anbauten, Hühner hielten etc. Die neue Form wird natürlich ganz anders als früher, aber sie wird unsere Welt und unsere Ernährung maßgeblich verändern. Uns, den Konsumenten wird es sehr guttun, wenn unsere Lebensmittel wieder in unserer unmittelbaren Umgebung erzeugt werden. Wir bekommen dadurch auch wieder eine ganz andere Beziehung zu ihnen. Und das kann uns dabei helfen, sie auch wieder mehr wertzuschätzen.

Back to the roots, aber bitte digital

Auch individuell wird sich in den Städten viel bewegen – und tut es auch schon jetzt. Raten Sie mal, welches Geräusch ich immer wieder höre, während ich diesen Text schreibe? Das Krähen unseres Hahnes!

Ja, ich bin dazu übergegangen, in unserem Garten Hühner zu halten, um unter ökologischen und tierfreundlichen Bedingungen unsere Frühstückseier selbst zu produzieren. Um ganz ehrlich zu sein: Es war meine Frau Silke, die das initiiert hat, und sie kümmert sich auch am meisten um die Hühner und all die Pflanzen, die in unserem kleinen Gewächshaus wachsen. Und das tun inzwischen viele. In unserer grünen Stadt gibt es eine nicht unerhebliche Anzahl an Kleingärten, in denen die Stadtbewohner ihr Gemüse selbst anbauen. Und dieser Trend wird sich noch verstärken, hin zu Gemeinschaftsgärten, die zunehmend in den frei gewordenen Flächen der Innenstädte entstehen. Oder auf großen Terrassen und Balkonen oder in den Hinterhöfen, wo die Stadtbewohner dann statt Geranien oder Stiefmütterchen lieber Tomaten, Porree und Blumenkohl anbauen. Oder Bienen züchten – dieses Hobby erlebt jetzt schon eine große Renaissance.

Für urbane Landwirtschaft dieser Art eignet sich ganz hervorragend die Form der Permakultur. Sie ist besonders ressourcenschonend, beinhaltet eine wunderbare Vielfalt an Produkten und ist sozusagen der Inbegriff von nachhaltiger Lebensmittelproduktion. Überall in Deutschland bilden sich immer mehr Initiativen, die Permakulturen in unseren Städten entwickeln und betreiben. Ein wunderbarer Trend.

Doch wohin mit dem Überschuss an Tomaten und Eiern, wenn Ihre Hinterhof-Ernte besonders gut ausgefallen ist oder Ihre Hühner besonders legefreudig waren, sodass Sie alles gar nicht selbst verbrauchen können? Hier kommt erneut die Digitalisierung ins Spiel: In vielen Quartieren der Städte werden smarte Apps, basierend auf der Blockchaintechnologie, dazu beitragen, dass der Handel zwischen Privatpersonen funktioniert. Dann geben Sie in Ihre App ein: „Habe Unmengen von Tomaten und wäre an einem Austausch gegen Honig, Gurken oder Blumenkohl interessiert." Also das gute alte „Biete-suche"-Prinzip, durch das nun Tausende von Menschen in den Städten verbunden werden und in Austausch treten. So entsteht ein neuer Handelsplatz jenseits aller Staatlichkeit und mündet in einer neuen lokalen Währung.In den Städten wird sich durch diese Faktoren – aber auch durch Industrie 4.0, die zu einer deutlich emissionsärmeren Industrie führt – eine enorme zusätzliche Lebensqualität entwickeln, gepaart mit einer neuen Art von Wettbewerb. Denn durch die gestiegene Lebensqualität wird die bereits bestehende Welle der Re-Urbanisierung intensiviert. Die zivile Gesellschaft ist an dieser Stelle gefordert, diese Qualitäten zu erhalten und gerecht zu verteilen.

Sie sehen, es wird sich in Zukunft viel zum Thema Ernährung tun, auf dem Land und in den urbanen Räumen. Und nie war die Möglichkeit so groß, sich über die neusten Entwicklungen zu informieren und daran zu partizipieren. Die Digitalisierung ermöglicht es, dass im Internet das Wissen für jedermann jederzeit verfügbar ist. Und das können Sie nutzen: Information ist der erste Weg zur Bewusstseinsbildung und zum bewussten Handeln. Und zur kritischen Analyse des eigenen Verhaltens, auch und vor allem beim Thema Nahrung:

Was esse ich da eigentlich jeden Tag?

Wie wurde dieses Lebensmittel hergestellt?

Welche Schäden sind bei der Herstellung entstanden – für Mensch, Tier und Natur?

Wenn Sie all diese Fragen ehrlich beantworten, werden Sie eine neue Offenheit gegenüber den Themen der Zukunft bei sich spüren. Denn es nutzt nichts, alles zu verteufeln oder kategorisch abzulehnen, was vielleicht in der Zukunft kommen könnte, wenn Sie sich nicht bewusst machen, was der aktuelle Zustand ist. Was Sie momentan alles zu sich nehmen.

Nach diesem Prozess der Bewusstmachung können Sie für sich selbst abwägen: Ist das, was die Zukunft bietet, besser oder schlechter für mich? Will ich überhaupt noch Fleisch essen, reduziere ich meinen Fleischgenuss und kaufe dieses wenige Fleisch dann lieber beim Bio-Bauern direkt ein? Oder verzichte ich ganz darauf?

Sie können aktiv mitsteuern, was die Zukunft bringt, sodass Deutschland und Europa eine wichtige Rolle bekommen, wenn es um die Lösung der globalen Ernährungsfragen geht. Bleiben wir nicht auf den Zuschauerrängen mit gezücktem Portemonnaie sitzen.

Wenn die Datenmilliardäre und Digitalisierungs-Pioniere aus dem Silicon Valley die Bedeutung dieser Fragen schon längst erkannt haben und hier kräftig investieren, dann sollte uns das etwas sagen. Es sollte uns sagen, dass es nun endlich an der Zeit ist, selbst zu gestalten und auch zu investieren.

Wer diese Technologien als Erster im industriellen Maßstab beherrscht und die Welt mit diesen neuen Nahrungsmitteln versorgt, sichert sich einen unglaublichen Einfluss.

Das sollten wir nicht den anderen überlassen.

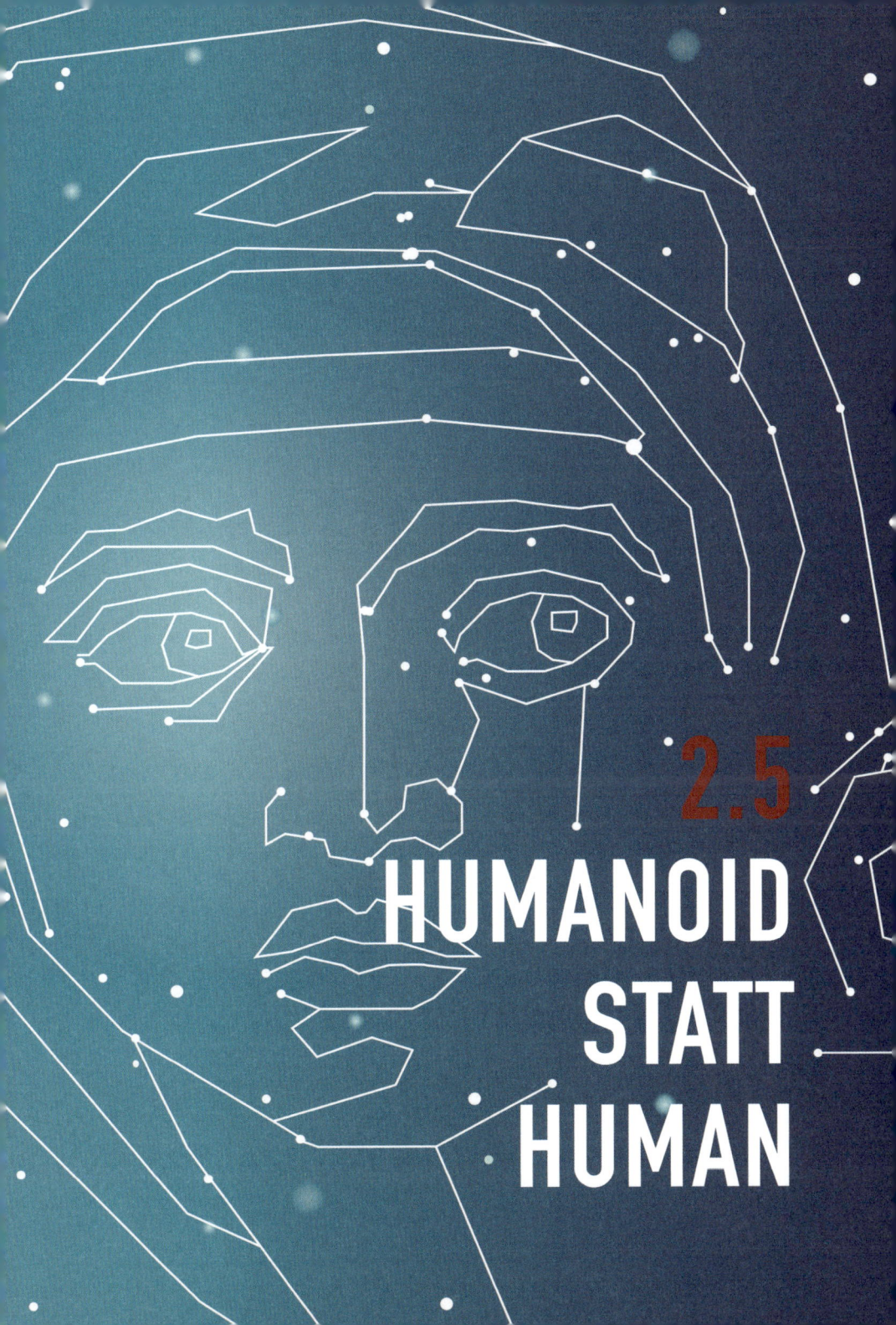

2.5

HUMANOID STATT HUMAN

Erinnern Sie sich an Spyce? Das Bostoner Fast-Food-Restaurant, das völlig ohne menschliches Küchenpersonal auskommt und wo die Gäste ihre Gerichte an Flatscreens individuell zusammenstellen? Neulich habe ich bei Facebook ein YouTube-Video davon gepostet. Mich hat das Konzept völlig beeindruckt und ich war einfach neugierig zu erfahren, was andere dazu denken. Auf dem Video konnte man sehen, wie eine Maschine nach der Bestellung die Zutaten kocht, und wie dann eine menschliche Servicekraft das Gericht aus der Maschine nimmt und es dem Restaurantgast bringt. Als ich den Clip teilte, postete ich dazu: „Robotik – die Zukunft der Gastronomie".

Keine Stunde später gab es schon über 100 Reaktionen auf mein Posting: Von einem Teil meiner Kontakte kam begeisterte Zustimmung. Aber von einem anderen Teil gab es auch heftigste Kritik.

Interessant, wie groß die Berührungsängste mit Robotern sind, insbesondere, wenn diese so ausgefeilt sind, dass sie auf einmal Tätigkeiten übernehmen, die bisher nur die Menschen ausführen konnten. Die Sorge über die kommende Roboterisierung und Automatisierung ist gewaltig. Egal, ob im persönlichen Gespräch mit Freunden oder im Dialog mit Geschäftsleuten bei Fachkongressen, die ich besuche. Eine Debatte wird oft sehr emotional geführt und das liegt wohl vor allem mal wieder an der Angst. Und die ist einerseits nachvollziehbar, andererseits aber völlig irrational. Insbesondere wenn es um die Robotik geht. Wissen Sie warum? Weil es in Deutschland vermutlich keinen einzigen Menschen gibt, der nicht regelmäßig zu Hause Roboter benutzt und sich jeden Tag darüber freut.

Praktisch hoch zehn

Überlegen Sie selbst: Wer von Ihnen nutzt regelmäßig Roboter?

Wenn ich meine Gesprächspartner das frage, dann verneinen die meisten die Frage. Nur die wenigsten vergegenwärtigen sich, dass sie mit Robotern schon lange arbeiten. Und wenn, dann nennen sie meist den Staubsaugerroboter und den Rasenroboter. Die anderen 95 Prozent der Menschen sind der festen Überzeugung, dass sie keine Roboter besitzen.

Sehr wahrscheinlich agieren auch Sie täglich vielfach mit Robotern. Haben Sie einen Toaster in Ihrer Küche? Besitzen Sie eine Kaffeemaschine? Nutzen Sie ab und zu eine Waschmaschine? Eine Spülmaschine? Einen Mixer? Haben Sie womöglich sogar eine Knetmaschine im Küchenschrank? Oder eine Eismaschine? Eine Brotbackmaschine? Einen Eierkocher? Oder besitzen Sie sogar eine der multifunktionalen Küchenmaschinen, die sowohl wiegen als auch kneten, mixen, mahlen und kochen können?

All diese maschinellen Helfer sind Roboter – weil sie eine bestimmte Tätigkeit selbstständig und ohne menschliche Mitarbeit ausführen. Sie agieren also weitestgehend autark und liefern uns ein fertiges Produkt (zum Beispiel einen köstlichen Cappuccino aus dem Kaffeevollautomaten) oder eine fertige Dienstleistung (zum Beispiel sauberes Geschirr), ohne dass wir am Herstellungsprozess großartig mitwirken müssen. Das Einzige, was wir tun müssen, ist den Auftrag zu erteilen. Und dazu reicht schon ein Knopfdruck.

Das ist bei einem Pürierstab oder beim elektrischen Rasierapparat schon anders: Weder püriert der Pürierstab die Suppe ohne Ihre aktive Mitarbeit noch rasiert der Rasierapparat Sie, ohne dass Sie ihn am Bart entlangführen. Deshalb sind das auch keine Roboter, sondern einfach nur Maschinen. Aber die Spül*maschine* ist eigentlich ein Roboter: Sie spült selbstständig jedes Teil, das im Gerät drin ist, wenn Sie einmal auf „Start" gedrückt haben. Sie mögen das Wort „Roboter" nicht im Namen tragen (anders als zum Beispiel der Pool*roboter* oder der Rasen*roboter*), aber viele unserer Küchen- und Haushaltshelfer sind – rein faktisch – weit mehr als einfache „Maschinen", – es sind Roboter!

Interessant ist aber, dass wir sie gar nicht als Roboter wahrnehmen. Zwischen der Waschmaschine und der elektrischen Zahnbürste sehen wir keinen fundamentalen Unterschied, sondern eher die Gemeinsamkeit: Beide erleichtern uns das Leben. Wir haben auch keine Angst vor der Waschmaschine, obwohl sie die menschliche Tätigkeit des Wäscheschrubbens in unseren Breiten vollständig ersetzt hat.

Aus heutiger Sicht ist das händische Wäschewaschen eine harte und zeitraubende Arbeit, die kaum jemand im eigenen Haushalt noch freiwillig übernehmen würde. Doch es ist gar nicht so lange her, da war es völlig normal, dass eine Hausfrau Stunden um Stunden pro Woche damit verbrachte. Ich erinnere mich noch an meine Oma, die in der Zeit meiner Jugend auf keinen Fall eine Waschmaschine wollte. Sie war absolut sicher, dass keine Maschine der Welt so gut und zuverlässig waschen könnte wie sie auf ihrem Waschbrett. Irgendwann, als ich sie später besuchte, hörte ich im Abstellraum plötzlich ein leises Summen, das verdächtig nach Waschmaschine klang. Oma lächelte etwas verschmitzt und ich ersparte ihr jegliche Frage oder Kommentare zu diesem Thema.

Dass die meisten „Maschinen", die bis heute Verbreitung gefunden haben, Haushaltshelfer sind, ist kein Wunder. Sauberkeit, Ordnung und regelmäßige Ernährung sind elementar, um in der Welt überhaupt agieren zu können. Deshalb ist es völlig logisch, dass die Gattung Mensch an diesen Stellen schon seit Jahrtausenden nach Wegen sucht, sich selbst die Arbeit zu erleichtern.

Kochmaschine

Nehmen Sie nur das Beispiel des Zubereitens von Nahrung oder einfach das Kochen: Die Menschen haben in den letzten 1.000 Jahren hier erhebliche Fortschritte erreicht. Im Mittelalter haben sie noch an offenen Feuerstellen gekocht – heute haben wir Multifunktionsmixer und -kochmaschinen. Und auf dem Weg dahin liegen eine Vielzahl an Erfindungen und Innovationen! Die geschlossene Herdstelle wurde erst im 18. Jahrhundert erfunden. Der ganz normale Schneebesen und der „Quirl" (ein Holzgegenstand, mit dem man händisch Suppen püriert hat), wurden ebenfalls erst um diese Zeit zu gebräuchlichen Küchengegenständen. Dann nahm die Entwicklungsgeschwindigkeit allerdings zu. 1856 wurde die erste „Küchenmaschine" patentiert – ein Handrührgerät, das aus zwei dickbäuchigen Rührbesen bestand, die von einem Handrad angetrieben wurden und mit denen man Eischnee oder Sahne schlagen konnte! Im 19. Jahrhundert wurde dann dank der Industrialisierung die „Kochmaschine" entwickelt und 1893 auf der Weltausstellung in Chicago präsentiert. Das war im Grunde das, was wir heute „Elektroherd" nennen, und für die damalige Zeit eine Sensation.

So haben wir uns von Innovation zu Innovation gehangelt. Wir haben immer spezifischere Geräte, Maschinen und Roboter entwickelt, die uns die Arbeit erleichtern. Und heute sind wir sogar so weit, dass wir mehrere Funktionen in ein einziges Gerät fassen können. Dank digital gesteuerten Multifunktionsgeräten wie etwa dem „Thermomix" der Firma Vorwerk können Haushalte theoretisch sogar auf Töpfe, Küchengeräte und den Herd verzichten, weil all die Funktionalitäten, die diese einzelnen Geräte leisten, in einen Allrounder wie den Thermomix integriert sind. Eine solche Multi-funktions-Küchenmaschine kann Nüsse mahlen, Gemüse zerkleinern, Eis-würfel zerhacken, wiegen, rühren, aufwärmen, kochen, dämpfen, kneten, Sahne schlagen, pürieren, schäumen, und so weiter und so fort. Das Gerät hat seine Rezepte in einem digitalen System gespeichert und leitet den Anwender durch die einzelnen Schritte, bzw. der Roboter leistet die meiste Arbeit selbst. Neue Kreationen und Rezepte kommen regelmäßig über das Internet hinzu und es verwundert nicht, dass diese von der zuständigen Redaktion bei Vorwerk auch stets kulturell und regional angepasst werden. Denn dieser Roboter ist ein globales Produkt und Speisen werden eben in allen Ländern und Regionen sehr unterschiedlich zubereitet. Die Digitali-sierung macht es möglich, das zu berücksichtigen und dadurch passgenaue Angebote zu entwickeln.

Für ein Unternehmen wie Vorwerk, also eine Firma, die bisher eher „old fashion" war und hauptsächlich durch die Produktion und den Betrieb von extrem haltbaren Staubsaugern und hochwertigen Teppichböden berühmt geworden war, ist der Thermomix der Schlüssel zu einer neuen Welt. Zum ersten Mal beginnt dieses Unternehmen Wertschöpfung über eine digitale Plattform zu generieren. Denn die meisten Besitzer der digitalen Thermo-mixroboter haben ein Abo abgeschlossen, damit sie kontinuierlich online die neuesten Trends, Angebote und Rezepte auf ihrem Gerät benutzen können.

Schön wäre es schon!

Das Einzige, was diese Maschine noch nicht ersetzt, ist der Backofen. Und was sie auch noch nicht leistet: Dass Sie per Fernsteuerung von der Arbeit aus Ihr Abendessen auswählen und die Maschine selbstständig zur gewünschten Uhrzeit ein komplettes Menü ganz ohne Ihre Beihilfe zaubert. Aber mal ganz ehrlich: Schön wäre es schon, oder?

Auch wenn das Genusskochen immer mehr zum Trend wird, erleben wir zeitgleich auch den Trend, dass wir uns für das tagtägliche Kochen, also für die Routinetätigkeit, immer weniger Zeit nehmen wollen. Nur so erklären sich die wachsende Anzahl an Fertigkost-Regalen in den Supermärkten und die Fast-Food-Ketten, Prizzabringdienste und Dönerbuden, die an jeder Straßenecke wie Pilze aus dem Boden sprießen. Und dieser Wunsch, Routinetätigkeiten, die uns nicht sonderlich mit Freude oder Sinn erfüllen, einfach delegieren zu können, wird noch stärker, wenn es um Tätigkeiten geht, die wir in der Summe eher als lästig empfinden: putzen, aufräumen und sauberhalten. Zwar ist nicht jeder bereit, regelmäßig Geld für eine Haushaltshilfe auszugeben, und viele Menschen machen aus der Reinigung ein nettes kleines Work-out, aber ich kann mir vorstellen, dass sehr viele Menschen dazu bereit wären, sich entweder regelmäßig oder punktuell im Haushalt helfen zu lassen, wenn diese Leistung preiswerter und jederzeit verfügbar wäre.

Was würden Sie einem Verkäufer antworten, wenn er Ihnen eine Waschmaschine anbieten würde, die eigenständig die Maschine mit der dreckigen Wäsche bestückt, diese zum Trocknen aufhängt, anschließend bügelt und dann in das entsprechende Wäschefach ihres Kleiderschrankes legt? Würde es Sie unglücklich machen, diese Arbeit delegieren zu können, wenn Sie gerade nicht zu Hause sind? Oder wenn Sie zu Hause sind, aber Ihre Zeit lieber mit Ihren Kindern verbringen? Oder wenn Sie allein zu Hause sind und einfach keine Lust auf Wäsche haben?

Was hätten Sie wohl beim Kauf Ihrer aktuellen Geschirrspülmaschine zum Verkäufer gesagt, wenn er Ihnen ein Modell angeboten hätte, das nicht nur die Teller, Töpfe, Gläser und Bestecke wunderbar spült und trocknet, sondern diese auch selbstständig von der Spüle in die Geschirrspülmaschine einräumt und später wieder in die Schränke packt? Hätten Sie Nein gesagt? Macht es Ihnen Spaß, die Spülmaschine jeden zweiten Tag ein- und auszuräumen?

Steigert es Ihre Lebensfreude, wenn Sie das Kinderzimmer zum wiederholten Male aufräumen dürfen und die ekligen Teller mit den verkrusteten Essensresten aus der vorletzten Woche unter dem Bett hervorholen? Legen Sie großen Wert auf solche Tätigkeiten? Oder hätten Sie gerne eine Maschine, die Ihnen so etwas abnimmt? Ja, natürlich wäre es wünschenswert, wenn der Teller gar nicht 14 Tage lang dort unerkannt geblieben wäre und die lieben Kinder das längst selbst erledigt hätten. Dann wäre ja auch die Menge der Ameisen im Kinderzimmer nicht so umfänglich. Aber jeder, der schonmal Kinder in der Pubertät erlebt hat, weiß, wie die Lebensrealität zuweilen aussieht.

Ein Butler? Kein Problem!

Der technische Fortschritt, die Robotik und die Digitalisierung insgesamt, vor allem aber die Verknüpfung von künstlicher Intelligenz mit der Robotik führen zu einem viel höheren Servicelevel.

Ich selbst kann das in Bezug auf meinen Rasenroboter beurteilen. Der erste, den wir viele Jahre nutzten, war schon sehr gut. Da wir ein sehr kompliziertes Gartengrundstück mit vielen Steigungen, Ecken und Kanten haben, blieb er aber hin und wieder hängen. Wenn es geregnet hatte, fuhr er sich schon mal an den Steigungsstrecken fest oder seine lange Klinge blockierte wegen eines heruntergefallenen Astes. Aber auch trotz dieser temporären Schwierigkeiten waren wir immer froh ihn zu haben, denn er hielt den Rasen in einem gleichbleibend tollen Zustand, erledigte diese Arbeiten in stoischer Ruhe und Gelassenheit und verbrauchte dabei nur wenig Energie.

Sein Nachfolger, den wir nun seit einem Jahr benutzen, zeigt aber dann die technologische Fortentwicklung. Seine ganze Konstruktion und Mechanik hat sich deutlich verbessert, die oben beschriebenen Schwierigkeiten gehören weitestgehend der Vergangenheit an. Besonders verändert hat sich aber die Bedienung und die Effizienz des Gerätes. Wo ich früher mit ziemlicher Mühe am Gerät in gebückter Haltung die Schalter zur Einstellung des Timers gesucht habe oder mit dem Schraubenschlüssel die Schnitthöhe justierte, mache ich das heute über meine App während meines Urlaubs auf einer sonnigen Insel. Die gesamte Bedienung ist digital, ich kann jederzeit sehen, wo der Roboter gerade in meinem Garten steht, bzw. welche Flächen er heute bereits gemäht hat. Ich kann die Schnitthöhe und die Stunden seiner Einsatzzeit individuell für jeden Wochentag einstellen, und wenn das Gerät einmal ein technisches Problem hat, dann bekomme ich eine entsprechende Nachricht per Mail oder SMS, so, wie ich es eingestellt habe.

Neben dem hohen Bedienungskomfort spart die Maschine aber auch noch mal zusätzlich Energie, denn sie fährt nicht mehr völlig blind im Zufallsprinzip über die zu mähende Fläche, sondern sie lernt das Grundstück kennen, merkt sich die Flächen, die bereits gemäht wurden, und steuert gezielt die noch zu bearbeitenden Flächen an. Das führt nun dazu, dass die Betriebsstunden deutlich reduziert werden können. Weniger Energieverbrauch und Materialverschleiß sind die angenehmen Folgen. Digitalisierung macht's möglich!

Die Bedürfnisse, die wir Menschen haben, können auf diese Art bald in einem viel größeren Maße gestillt werden, als es heute überhaupt möglich, bezahlbar und denkbar ist. Das liegt erstens daran, dass Roboter günstiger sind als menschliche Arbeitskräfte. Künftig werden wir uns deshalb Dienste leisten können, für die wir in der Vergangenheit einfach nicht bereit oder nicht in der Lage gewesen wären zu bezahlen. Ein Butler? Kein Problem! Ein Team-Masseur für die Mittagspause? Aber sicher!

Außerdem sind Roboter verfügbarer als Menschen. Sie können etwas für uns tun, während wir bei der Arbeit sind, im Kino oder im Urlaub. Und sie werden praktisch nie müde oder krank, sind nie genervt. Gut, sie brauchen eine Ladezeit von einigen Stunden, aber dann sind sie wieder für 12 bis 24 Stunden voll funktionsfähig, je nach Modell. Wenn wir wollen, können wir Roboter auch nachts arbeiten lassen.

Und drittens sind Roboter bei gewissen Tätigkeiten sogar besser als der Mensch. Wenn Sie sich zum Beispiel vorstellen, dass in Zukunft Robotersysteme den Roomcleaningservice in einem Hotel übernehmen sollen, dann geht es um absolut standardisierte Prozesse: Toilette reinigen, Waschbecken säubern, Handtücher wegräumen und erneuern, Seifenspender auffüllen und wieder an ihren Platz stellen. Immer an den gleichen Platz. Spätestens beim Beziehen der Betten kommen wir aber an einen Punkt, bei dem die menschlichen Fähigkeiten nicht wirklich optimal sind. Wer schon mal das Privileg hatte, ein Bett beziehen zu dürfen, der weiß, an was es uns Menschen dabei mangelt: am dritten Arm!

Manche Hausfrau, mancher Hausmann dürfte sich den schon gewünscht haben, wenn das Spannbettlaken jedes Mal wieder über die Ecke springt. Und beim Laufen, Klettern oder Gläserpolieren und vielen anderen Tätigkeiten wäre das dritte oder das vierte Bein genauso hilfreich wie der dritte oder vierte Arm. Wir stellen also fest, dass die Gattung Mensch in Wirklichkeit doch nicht in jeder Beziehung die Krönung der Schöpfung ist.

Denn die Roboter sind, einmal entwickelt, optimiert und programmiert, im Gegensatz zum Menschen auch noch in der Lage, auf Null-Fehler-Niveau zu arbeiten. Lernende KI-Systeme, die den Roboter steuern, machen einen Fehler einmal, merken sich den, und machen ihn dann nie wieder.

Forschungsteams und Unternehmen weltweit arbeiten schon seit Jahrzehnten daran, Lösungen für unsere Alltagsprobleme mithilfe von Robotik zu finden. Und sie sind schon heute näher dran, als es in der Öffentlichkeit sichtbar ist.

Salto rückwärts in den Stand

Eine Vorstellung von dem, was heute schon technisch möglich ist, gab uns viele Jahre lang Asimo. Das war ein humanoider Roboter des japanischen Konzerns Honda, der in wenigen Jahren auf den Markt kommen sollte. Dank seiner zwei Beine konnte Asimo eine Treppe rauf- und runterlaufen, mit den Kindern kicken und auf einem Tablett Getränke servieren. Er hatte eine faszinierende Fingerfertigkeit, und seine Sensoren spürten ganz genau, ob er gerade einen Pappbecher oder ein Glas in der Hand hielt. Honda entwickelte schon viele Jahre an Asimo und leider ist das System ein Beleg dafür, dass manche Entwicklungen in einer technologischen Sackgasse landen, weshalb Honda es kürzlich eingestellt hat und nun an anderen humanoiden Robotern weiter arbeitet. Honda war sehr stolz, als Barack Obama im April 2014 in Tokyo zu Gast war und Asimo mit ihm ein bisschen Fußball spielte ohne umzukippen. Denn Roboter fallen schon mal hin, und das ist natürlich besonders peinlich, wenn solch ein wichtiger Gast im Hause ist.

Wenn Sie es wollen, wird eines Tages ein solcher Roboter bei Ihnen zu Hause einen Kasten Bier aus dem Keller holen und die Flaschen ordentlich im Kühlschrank verstauen. Dann wird er die Spülmaschine ausräumen, das Geschirr in den Schrank stellen und das dreckige Geschirr einräumen. Dabei wird er vermutlich 20 Prozent mehr Gläser und Teller in die Spülmaschine reinbekommen als Sie, denn er hat einen echten Plan davon. Und während die Spülmaschine läuft, bringt der Roboter schnell den Müll raus und räumt das Kinderzimmer auf. Merken Sie was? Wenn Sie möchten, bekommen Sie bald einen Butler, einen Gärtner, einen Kinderzimmeraufräumer und einen Müllrausbringer. Heute können sich nur vermögende Leute dieses Servicelevel leisten. Wenn Roboter dieser Art massenmarkttauglich sind, wird es für jeden Durchschnittsverdiener in Deutschland erschwinglich. Es ist nur eine Frage der Zeit, bis Roboter wie er ganz selbstverständlich zu unserer Grundausstattung dazugehören werden. Ungefähr so wie heute die Einbauküche.

Das ist allerdings nur der Anfang einer viel weitreichenderen Entwicklung. Roboter sind schließlich Maschinen, die von Systemen mit künstlicher Intelligenz (KI) gesteuert werden. Und die Möglichkeiten, die die künstliche Intelligenz bietet, gehen weit darüber hinaus, uns nur unangenehme, gefährliche, nervige oder mechanische Arbeiten vom Hals zu halten. Es geht auch weit über die Delegation rein körperlicher Tätigkeiten hinaus.

Wenn Sie sich den technologischen Fortschritt in der Robotik ansehen wollen, dann lohnt es sich bei YouTube Videos der Firma Boston Dynamics zu betrachten. Dort können Sie in einem Video aus dem Dezember 2017 sehen, wie Atlas, von dem ich Ihnen im dritten Kapitel schon erzählt habe, aus dem Stand auf ca. 1,40 Meter hohe Kisten springt oder wie er aus dem Stand einen Salto rückwärts schlägt und mit unglaublicher Präzision in den Stand kommt, seinen Körper austariert und steht.

Der ganz außerordentliche Fortschritt in der Robotik der letzten 5 Jahre findet seinen Ursprung nicht in der Fortentwicklung der Elektromotoren und der verbauten Sensoren in diesen Maschinen. Ja, auch diese sind deutlich besser geworden, aber das ist nicht der ausschlaggebende Grund. Es ist die Steuerung auf die es ankommt. Es ist die künstliche Intelligenz! Nur dank ihr, dank der fortentwickelten Algorithmen kann Atlas heute diesen Salto in den Stand bringen. Schauen Sie sich dieses Video an und überlegen Sie: Wer von uns kann das?

Ja, manche Menschen können das, die meisten aber nicht. Und wenn Sie es bisher nicht können, tun Sie mir bitte einen Gefallen: Fangen Sie jetzt bitte nicht an, das zu üben! Jedenfalls nicht ohne professionelle Unterstützung.

Roboter wie Atlas können das jetzt. Aber wichtig ist zu verstehen, dass er das nie wieder verlernen wird. Und wenn ein Atlas das kann, dann kann das jeder Roboter dieser Art auf Knopfdruck. Das nennt man Schwarmintelligenz.

Und noch eines: Atlas wird jeden Tag besser, wir werden jeden Tag älter …

KI-Systeme sind eben lernfähig. Sie können Fremdsprachen lernen, sie können lernen zu kommunizieren, sie können lernen auf Menschen einzugehen, und sie können lernen Fragen zu beantworten, Probleme zu analysieren und Lösungen zu finden. Und das machen sie extrem schnell, extrem zuverlässig und unter Nutzung aller Daten, mit denen sie im Vorfeld gefüttert wurden bzw. die im Netz verfügbar sind. Wichtig ist aber eines: sie werden dabei jeden Tag besser, egal was sie gerade lernen. Dennoch ist der Roboter, obwohl er in Kombinatorik unschlagbar ist, und Ihnen die Wahrscheinlichkeit, dass es morgen regnet oder dass Russland die USA angreift, überraschend präzise ausrechnen kann, noch immer kein fühlendes Wesen. Er kann zwar durchaus verschiedene Gesichtsausdrücke und Stimmlagen, mit denen er „gefüttert wurde" erkennen, einordnen und interpretieren. Aber er kann nicht aus sich heraus empathisch sein. Er bleibt nun mal ein

Haufen programmierbarer Metallplättchen ohne Herz und Gefühle. Und hat nicht aus sich heraus eine Handlungsmotivation so wie der Mensch. Dennoch können Roboter auch kommunikativ extrem viel leisten.

Dem Menschen nachempfunden

Ich möchte Ihnen dazu ein Beispiel geben. Im Mai 2016, als ich die Europäische Robotermesse in Paris besuchte, um mich über den aktuellen Stand der Forschung zu informieren, blieb ich am Stand des japanischen Technologiegiganten SoftBank stehen und begegnete zum ersten Mal Pepper. Dieser kleine Roboter ist 1,20 m groß, hat einen weißen Körper, zwei Arme und Hände, zwei große kugelige Augen, eine Nase, zwei ohrenähnliche Gebilde, und ein Fußteil, in dem mehrere Rollen verborgen sind. Mithilfe dieser Rollen kann sich Pepper sehr gut im Raum bewegen. Er kann tanzen, Tai Chi und alle möglichen anderen Dinge. Auf seiner Brust ist ein Bildschirm mit Touchscreen integriert für die Interaktion und Kommunikation mit Menschen.

Er beherrscht mehrere Sprachen und kann souverän mit Menschen kommunizieren. Außerdem verfügt er über ein Gesichtserkennungssystem, mit dem er Personen wiedererkennt, die Stimmung seines Gegenübers erkennt und interpretiert. Über farbige Leuchtelemente an seinen Augen und Ohren drückt er seine Stimmung aus. Bei YouTube finden Sie jede Menge Videos über ihn und können ihn in Aktion sehen.

Pepper ist ein sogenannter humanoider Roboter – heute noch für die meisten eine Skurrilität. Das liegt daran, dass diese Roboter uns, im Gegensatz zum Smartphone oder zur Geschirrspülmaschine, befremdlich vorkommen, denn sie sind dem Menschen nachempfunden. Im Winter 2017 sprach mit Sophie zum ersten Mal ein humanoider Roboter vor der UN Generalkonferenz. Sophie ist ein ganz interessantes Beispiel dafür, wie menschenähnlich Roboter sein können. Aus einigen Metern Entfernung würden Sie niemals erkennen können, dass ihr Kopf in Wirklichkeit eine Maschine ist.

Hiroshi Ishiguro, ein führender japanischer Wissenschaftler im Bereich der Robotik, hat sich bereits selbst geklont, indem er einen Roboter gebaut hat, der ihm absolut ähnlich sieht. Den Mann gibt es jetzt zweimal. Und der echte von den beiden überlegt sich nun bei mancher Einladung zu einem Kongress, ob es sich noch lohnt, dort selbst hinzugehen, oder ob er lieber seinen Ersatz schicken soll. Das klingt irrwitzig, aber mal ganz ehrlich, wie viele Meetings haben Sie schon erlebt, wo Sie sich im Nachhinein gefragt haben, ob es nicht sinnvoller gewesen wäre, dort Ihren Klon hinzuschicken?

Diese Ähnlichkeit der humanoiden Roboter führt dazu, dass manche Menschen sich mit den Robotern vergleichen oder sie als Konkurrenten ansehen. Gerade deshalb halten die meisten Menschen die Hände vor die Augen, wenn es um das Thema Robotik geht. Doch es wird nicht mehr lange möglich sein, die Entwicklung der Robotik auszublenden. Wir werden eher früher als später ohnehin damit konfrontiert, denn – ob wir es hören möchten oder nicht – humanoide Roboter sind auf dem Vormarsch.

Pepper zum Beispiel kann man in Europa seit September 2016 käuflich erwerben. Und er wird heute schon in verschiedenen Branchen als Arbeitshelfer eingesetzt. Sie können ihm zum Beispiel auf dem Kreuzfahrtschiff AIDA begegnen, wo er als interaktiver Wegweiser arbeitet. So wie in zahlreichen Hotels. Oder als Berater, indem er den Gästen des Hotels spannende Tips für den abendlichen Ausflug gibt. Er steht in Hannover im Kundenzentrum des lokalen Energieversorgers und berät die Kunden dort zu neuen Strom- und Gastarifen, oder in Showrooms der Firma Smart, um neue Produkte und Dienstleistungen rund um ein Auto zu präsentieren. Auf Messen lockt er Besucher auf die Stände und verteilt Prospekte. Sogar in der Altenpflege können Sie ihm begegnen. Dort erinnert er Senioren daran, ihre Tabletten zu nehmen und ausreichend Wasser zu trinken. Er macht auch stundenlang Gedächtnistraining mit demenzkranken Menschen, singt mit ihnen ihre Kinderlieder oder trägt die aktuellen Nachrichten samt Wetterbericht vor. Ja, Roboter wie Pepper sind wirklich fähige Kommunikatoren und können menschliche Leistungen sinnvoll erweitern und unterstützen.

Wie würden Sie entscheiden?

Natürlich können sie nicht die menschliche Zuneigung eines menschlichen Pflegers ersetzen. Aber ein Roboter, der in Zukunft im Altenheim Dienste leistet wie zum Beispiel Essen bringen, oder die Betten beziehen, sich darum kümmern, dass die Senioren rechtzeitig zur Tagesschau vor dem Fernseher sitzen, bei Bedarf Temperatur messen, und so weiter, entlastet die Pflegekraft, die wiederum die knappe Zeit, die sie hat, stärker in Gespräche mit den Bewohnern investieren kann. Denn, seien wir ehrlich: Die Realität im Seniorenheim ist nicht, dass die Senioren jeden Tag in umfänglicher Weise die Gesellschaft der Pflegekräfte zum Zwecke der Unterhaltung genießen, sondern dass die Pflegekräfte kaum damit zurande kommen, die allernötigste Grundversorgung zu leisten. Sie huschen durch die Zimmer, machen schnell die Betten, sorgen dafür, dass alle ihre Medizin bekommen, den Weg zur Toilette schaffen und abends in das richtige Bett fallen.

Für entspannte Gespräche, Spaziergänge, zum Zuhören oder einfach nur, um jemandem die Hand zu halten stehen die Pfleger viel zu sehr unter Druck. Und das ist auch gar kein Wunder, denn in Deutschland fehlen derzeit ca. 40.000 Pflegekräfte. Die Pflegefälle nehmen dramatisch zu, die Pflegedauer wird statistisch gesehen immer länger und der Job des Pflegers gewinnt bislang nicht an Attraktivität. Weil wir als Gesellschaft einfach nicht bereit sind, dafür mehr Geld auszugeben und die Arbeitsbedingungen für diese Leute zu verbessern. Deswegen, ist absehbar, dass der Fachkräftemangel sich in diesem Bereich in den nächsten Jahren sehr deutlich verstärken wird.

Und auch wenn die Bundesregierung in den letzten Wochen angekündigt hat, sich hierbei um Verbesserungen bemühen zu wollen, es wird wohl leider nur ein Tropfen auf den heißen Stein sein. Gerade in dieser Situation macht es sehr viel Sinn, sich zum einen zu überlegen, welche Tätigkeiten endlich digitalisiert werden können, damit der ganze zeitaufwendige Papierkram wegfällt. Und zum anderen, welche so standardisierbar sind, dass sie von Algorithmen und Robotern übernommen werden können, und auf welche sich die Menschen konzentrieren sollten. Zum Beispiel: menschliche Zuwendung!

Wie würden Sie sich entscheiden, wenn Sie persönlich die Wahl hätten: zwischen einem Roboter, der mit Ihnen stundenlang singt oder Gedächtnistraining macht, und dabei nie müde oder ungeduldig wird? Und der jetzigen Situation, nämlich kein Betreuer, der Ihnen hilft, Ihre grauen Zellen zu trainieren – weil das Altenheim niemanden hat, der mit Ihnen Gedächtnistraining macht. Ganz ehrlich, ich würde den Roboter wählen! Und wenn ich darüber hinaus so alt wäre, dass ich mich nicht mehr selber waschen kann, mein Körper mittlerweile in so einem Zustand ist, so dass ich mich nicht einmal selbst im Spiegel ansehen möchte und dann die Wahl hätte zwischen einer 21-jährigen Thailänderin, die mich badet und mir den Po abwischt und einem Roboter, der es tut, dann würde ich den Roboter wählen. Vor ihm wäre es mir jedenfalls nicht peinlich, mich auszuziehen oder ausgezogen zu werden.

Glauben Sie mir, die allermeisten pflege- und hilfsbedürftigen Menschen denken ähnlich und haben eine ganz andere Perspektive auf diese Dinge als Menschen, die persönlich nicht betroffen sind. In meiner Firma Entrance, von der ich in diesem Kapitel weiter unten noch berichten werde, erleben wir nach jedem Bericht in den Medien zu unserer Arbeit mit den Robotern wie Pepper, dass Betroffene bei uns anfragen, ob wir solche Systeme schon bereitstellen können. Und was diese heute leisten können, um sie in ihrer misslichen Situation zu unterstützen. Wir sind oft traurig, dass wir vielen heute noch keine Maschinen anbieten können, die ausreichende Leistungsfähigkeiten jenseits von kommunikativen Aufgaben haben. Aber wir sind sehr froh zu wissen, dass sich das in wenigen Jahren ändern wird.

Mein Freund Kolja sitzt nun schon seit ca. 20 Jahren im Rollstuhl. Ich bin sicher, dass ich ihn in einigen Jahren mit Unterstützung eines „Exoskelettes" werde laufen sehen. Das ist so ein Zwischending zwischen Roboter und Mensch. Eine Art Robotergestell, welches man anlegt und dann die Körperfunktionen übernimmt oder unterstützt, die ein Mensch entweder schonen will oder schon nicht mehr beherrscht. Es wird noch etwas Zeit brauchen und Kolja wird dann auch hart arbeiten müssen, aber wir beide werden noch in diesem Leben ein Bier am Tresen trinken und uns dabei direkt in die Augen sehen. Im Stehen!

Ich persönlich bin immer dafür, dass jeder selbst entscheidet, welche

Leistung für ihn am besten passt. Ich sehe aber den wachsenden Bedarf, gerade in Branchen, die stark vom Fachkräftemangel betroffen sind, Arbeiten auszulagern, die standardisierbar sind, sodass sich die immer wertvoller werdenden Mitarbeiter auf ihre Kernkompetenzen konzentrieren können. Auf das, was nur sie wirklich leisten können.

Eins ist mir in diesem Zusammenhang wichtig zu erwähnen: Die Tatsache, dass Roboter in der Pflege einsetzbar werden, bedeutet nicht, dass wir die menschlichen Pfleger mit Robotern ersetzen werden. Das wäre gar nicht möglich, denn Roboter können vieles und sie werden in 50 Jahren noch viel mehr können. Aber einem Menschen in die Augen zu schauen und ihm über den Arm zu streichen, echtes Mitgefühl zu zeigen, wenn jemand es braucht, das wollen wir dann doch lieber von einem Menschen bekommen. Meine erste Begegnung mit Pepper, die ich im Mai 2016 auf der Robotermesse in Paris hatte, wird für mich unvergesslich bleiben. Nicht nur, weil es unglaublich war, zu sehen, dass ein Roboter tatsächlich auf mich eingehen kann, sondern weil mir als Unternehmer die Tragweite dieser technischen Neuerung bewusst wurde.

Vereinfacht gesagt: Roboter sind nicht nur Handlanger, sondern sie können dank ihrer Verknüpfung mit Systemen der Künstlichen Intelligenz wirklich zum wichtigen Partner des Menschen werden! So wie das Smartphone heute kaum mehr aus dem Alltag wegzudenken ist, so werden Roboter in einigen Jahren unsere persönlichen Assistenten werden. Unsere Berater. Unsere Sprachtrainer, unsere Gedächtnistrainer, unsere Fitnesstrainer, unsere Butler, unsere Pflegeassistenten, unsere Kindermädchen, unsere Verkaufsassistenten, und so weiter und so fort. Kurz: Unsere Helfer, auf die wir nicht mehr verzichten wollen. Wie der Staubsauger oder die Waschmaschine.

Süßer Kerl

Auf dem Weg von Paris zurück nach Hause wurde mir klar: Die Entwicklung der Robotik wird in den nächsten Jahren so gewaltig an Tempo zulegen, dass humanoide Roboter in wenigen Jahren zum ganz normalen Bestandteil des Straßenbildes gehören werden. So wie heute in jedem Zug, Flughafen oder Bus 90 Prozent der Menschen auf ihr Smartphone schauen, so werden in einigen Jahren in Supermärkten, Kaufhäusern, auf Messen, in Hotels, in Gastronomiebetrieben und ziemlich überall im öffentlichen Raum Roboter wie Pepper, Asimo und Co. agieren und die unterschiedlichsten Aufgaben übernehmen.

Deshalb entschloss ich mich nach meiner Rückkehr aus Paris, noch ein weiteres Unternehmen zu gründen und in das Geschäft der künstlichen Intelligenz und Robotik einzusteigen. Mir war an diesem Tag klar, dass nun der Zeitpunkt gekommen war, an dem man sich entscheiden muss, zukünftig Käufer oder Entwickler zu sein. Da ich von Grund auf unternehmerisch denke und fühle, war für mich auch klar, dass es ungeheuer spannend wäre, diesen Entwicklungsprozess nicht nur von außen zu verfolgen – sondern ich wollte ihn gerne selbst mit gestalten.

Die neue Firma „Entrance" – Gesellschaft für künstliche Intelligenz und Robotik mbH" hat sich seither prächtig entwickelt und ist auch für jemanden wie mich, der nun seit mehr als 33 Jahren Unternehmer ist, eine völlig neue Erfahrung. Es ist so ein richtiges Start-up und entwickelt sich mit ungeheurem Tempo. Dass dieses Unternehmen heute, ca. 20 Monate nach seiner Gründung, bereits mehr als 15 Mitarbeiter beschäftigt und für zahlreiche große internationale Konzerne sowohl Konzepte als auch die entsprechenden Softwaretools für den Einsatz solcher Roboter entwickelt, hätte selbst ich damals nicht für möglich gehalten.

Und die Paris-Reise hatte noch eine zweite ganz praktische Folge: Im September 2016 bekamen wir den ersten Pepper zu uns nach Wuppertal in die VillaMedia geliefert. Wir waren natürlich alle ganz aufgeregt. In den Tagen vor der Anlieferung ermahnte mich meine Frau Silke mit zunehmender Intensität:

Komm bloß nicht auf die Idee, ein solches Monster mit nach Hause zu bringen!

Als es dann endlich so weit war und Pepper in unserem Innovationszentrum zum ersten Einsatz kam, schlich Silke dann irgendwann von ihrem Arbeitsplatz in Richtung Pepper. Die Neugierde war einfach zu groß. Nach ungefähr 45 Minuten kam sie zurück und bei mir am Büro vorbei, streckte den Kopf seitlich durch die Tür und säuselte mit dem süßesten Unterton aller Zeiten:

Bringst du den süüßen Kerl heute Abend mit nach Hause? Och bitte ...!

Ich konnte und kann den Designern, die Pepper erschaffen haben, nur dankbar sein, dass der erste humanoide Roboter derart entwickelt und gestaltet wurde. Es ist zunächst einmal kein Nachteil, dass bei den meisten Frauen sämtliche Muttergefühle geweckt werden. Und es half auch mir in dieser speziellen Situation ...

Leben 4.0.

Ja, wie wird denn das Leben und Arbeiten sein in 10, 20 Jahren, Herr Heynkes?

Diese Frage wird mir oft gestellt. Ich kann die Zukunft zwar nicht vorhersagen, aber wenn ich die Megatrends, die heute schon da sind, und die neuesten technischen Möglichkeiten zu einem Gesamtbild zusammenfüge, dann sehe ich zum Beispiel, dass in wenigen Jahren immer mehr standardisierbare Abläufe digitalisiert werden.

Zum Beispiel in der Gastronomie. Zu Beginn dieses Kapitels habe ich ja den Roboter in dem Restaurant in Boston erwähnt. Und von der Kritik der Menschen berichtet, die darauf hinwiesen, dass es doch sehr unfair wäre, wenn dann Menschen durch solche Roboter ersetzt würden und deshalb ihren Job verlieren könnten.

In meiner Funktion als Inhaber einer großen Eventlocation in der Wuppertaler VillaMedia kann ich darauf hinweisen, Profis aus der Branche betrachten das durchaus differenziert. Oder anders gesagt, ich und viele andere Betreiber von Gastronomiebetrieben, wie auch sicherlich mancher Kellner, werden kaum etwas mehr herbeisehnen als den Tag, an dem diese Roboter in ihren eigenen Küchen stehen und arbeiten.

Warum? Ganz einfach, weil es fast nichts Schwierigeres gibt als einen verlässlichen, sauberen, intelligenten, kommunikativen, nicht gewalttätigen und nicht drogensüchtigen Koch zu finden, der dann auch noch kochen kann! Sie meinen, das wäre übertrieben? Fragen Sie mal Menschen, die in der Gastronomie arbeiten ... Und Sie können sich gar nicht vorstellen, wie froh ich bin, dass wir so einen gefunden haben und dieser heute unser Chefkoch ist. Danke, Sven!

Diese Branche ist eine besondere und sie wird mit Sicherheit zu denen gehören, die am schnellsten den Einsatz solcher automatisierter Robotersysteme vorantreiben wird. Denn der Fachkräftemangel ist hier heute schon gewaltig. Und hinzu kommt der ständige Bedarf an Saisonkräften, weil das Business halt häufig saisonal ausgerichtet ist. Ob nun in touristisch geprägten Gegenden oder in eventorientierten Locations wie der unserigen. Manchmal brauchen Sie so gut wie niemanden und plötzlich jede Menge Kräfte.

Wenn bei uns in der VillaMedia in der Sommersaison an jedem Samstag vier Hochzeiten parallel stattfinden, brauchen wir natürlich ein großes und kompetentes Team, um das zu bewerkstelligen. Und wir brauchen vor allem flexible Teams, denn niemand weiß vorab, wie lange so ein Brautpaar feiern will. Und wenn dann am nächsten Tag morgens schon wieder die nächsten Gäste zur Kommunion vor der Tür stehen, dann müssen manche Mitarbeiter die ganze Nacht hindurch bedienen, sauber machen, umbauen, Tische neu eindecken, polieren und wieder kochen.

Glauben Sie mir, es ist kein Vergnügen, so etwas zu organisieren. Es wäre ein Segen für uns und unsere Mitarbeiter, wenn wir einen Teil dieser Servicearbeiten durch Roboter erledigen könnten. Einem Roboter ist es egal, wie spät es ist. Er arbeitet 24 Stunden am Tag, 365 Tage im Jahr. Er beklagt sich nicht, hält sich an Regeln, und wenn er einmal einen Fehler macht, dann merkt er sich diesen und macht ihn nicht noch mal. Das würde ich mir bei manchen meiner menschlichen Mitarbeiter manchmal auch wünschen ... :-)

Chip statt Chips

Aber auch der ganze Verwaltungskram, der etwa in Banken, Versicherungen, Universitäten, Ämtern, Krankenhäusern, Bibliotheken, Betrieben und praktisch in jedem Unternehmen oder in jeder Institution anfällt, wird in

Zukunft automatisiert ablaufen, diese Tätigkeiten werden komplett von Algorithmen und Robotern übernommen. Die Menschen werden sich viel stärker auf ihre Kernkompetenzen konzentrieren können, weil die ganze Bürokratie von Maschinen erledigt wird.

Nehmen wir mal als Beispiel den medizinischen Bereich: Ein großer Teil der Dokumentation, die Ärzte, Pfleger oder Krankenschwestern heute erledigen müssen, wird künftig automatisch im Hintergrund ablaufen. Medikamente, die ausgegeben werden, muss niemand mehr von Hand in eine Papier- oder Computerdokumentation eintragen, sondern sie werden automatisch aufgezeichnet und in die Patientenkartei gespeichert werden. Wenn ein Patient auf die Toilette geht, werden – vielleicht mit einem in der Toilette integrierten Chip – automatisch seine Zuckerwerte gemessen und ebenfalls sofort in dessen Kartei gespeichert.

Aus heutiger Sicht ist das befremdlich, zumal eine solche Möglichkeit an das extrem sensible und wichtige Thema Datenschutz rührt. Aber ich sehe es kommen. Und neben der Tatsache, dass die Datennutzung natürlich gesetzlich reguliert werden muss, sodass die Privatsphäre eines jeden Menschen gewahrt bleibt, kann die Digitalisierung gerade in der Medizin die Menschheit einen großen Schritt weiterbringen. Mit Hilfe von immer feineren Messungen kann die Früherkennung von Krankheiten stark vorangetrieben werden.

Stellen Sie sich vor, wir könnten schädliche körperliche Entwicklungen im Keim ersticken, weil wir zum Beispiel durch Sensoren und Messungen bestimmte Veränderungen im Körper eines Menschen rechtzeitig feststellen. Dann könnten wir verhindern, dass bestimmte Krankheiten überhaupt ausbrechen! Das wird nicht für jede Krankheit gelten, aber vielleicht für viele und das würde vielen Betroffenen unsägliches Leid ersparen. Und den Krankenkassen und den Beitragszahlern, also uns, Unsummen an Geld.

Diese Vorstellung ist gar nicht so weit weg davon, Realität zu werden. Mit dem „Smart Contact Lens Project" arbeitet das Forschungsteam von Google X ja bereits seit 2014 an einer Kontaktlinse für Diabetiker, die Blutzuckerwerte misst und vor Schwankungen warnt. Und das Ulsan National Institute of Science and Technology in Südkorea hat 2018 auch einen Prototypen für eine smarte Kontaktlinse vorgestellt, die die Glukosewerte in der Tränenflüssigkeit misst. Wenn solche Technologien den Eingang in den Massenmarkt finden, müssen Patienten und Ärzte erstens weniger Messungen durchführen (bei Diabetikern sind es bis zu sieben Messungen am Tag), und zweitens tragen die digital gesteuerten Geräte auch zur Regulierung und somit zur Krankheitsbekämpfung bei. Angedacht ist etwa, den Diabetikern einen winzigen Chip mit einem Jahresvorrat an hochkonzentriertem Insulin unter die Haut zu legen, von dem das System je nach Bedarf sich bedient und dem Träger die genau richtige Menge verabreicht.

Diese Tendenz, die arbeitenden Menschen von Bürokratie und Verwaltung zu „befreien", wird in jeden Lebensbereich und in jeder Branche Einzug halten.

Und diese Entwicklung ist ein Segen, denn dadurch erhalten wir erst die Freiräume, um uns kreativen und innovativen Vorhaben zu widmen. Projekten, die wirklich Fortschritt ermöglichen! Und diesen Fortschritt, den können nur wir Menschen anstoßen. Denn nur wir wissen, was wir brauchen und was wir wirklich wollen. Hm o.k., stimmt: Wir und Amazon wissen das ... :-)

Schöne neue Welt

Es klingt so, als wäre die künstliche Intelligenz die Lösung aller unserer Probleme. Wenn wir uns nur darauf einlassen würden, wäre alles in Butter und die gesamte Gesellschaft würde nur davon profitieren. Ganz so rosig ist die Zukunft allerdings nicht, nur weil „die Roboter kommen". Wie bei jeder neuen Entwicklung gibt es zunächst Gewinner und dann Verlierer.

So hat auch die neue Freiheit, die ich beschrieben habe, ihren Preis: Es fallen Tätigkeiten weg, für die heute Menschen bezahlt werden. Viele davon sind zwar mechanische Tätigkeiten, die zum Beispiel für manchen Handwerker einfach ein notwendiges Übel sind, aber dessen Arbeitsplatz nicht direkt gefährden. Andere Jobs aber, wie etwa Sachbearbeiter oder Busfahrer, sind vom Aussterben bedroht, wenn der Großteil der anfallenden Arbeit automatisierbar wird.

Ein hervorragendes Beispiel dafür, wie sich dadurch die Arbeit und damit auch die Wirtschaft künftig verändern werden, ist der Finanzsektor. Angesichts der Digitalisierung steht diese Branche jetzt schon stark unter Veränderungs- und Innovationsdruck. Dass Banken und Versicherungen in wenigen Jahren nicht mehr in der heutigen Form existieren werden, ist schließlich ein offenes Geheimnis und für jeden Nutzer von Onlinebezahlsystemen wie Paypal selbstverständlich. Einzig die Verantwortlichen bei manchen Banken und Versicherungen selbst wollen es noch nicht wahrhaben.

Überlegen Sie doch selbst: Was macht ein Sachbearbeiter einer Versicherungsgesellschaft, der zum Beispiel in der Schadensabwicklungs-Abteilung arbeitet, den ganzen Tag? Nun ja, er bearbeitet eine gewisse Anzahl an Schadensfällen und versucht bei jedem einzelnen herauszufinden, ob der Versuch eines Betrugs seitens des Kunden vorliegt oder die Vertragsbedingungen einer Zahlungsverpflichtung seitens der Gesellschaft im Wege stehen. Heißt auf Deutsch: Es geht schlicht und ergreifend um die Frage, ob die Gesellschaft diesen Schaden regulieren und damit bezahlen muss oder nicht. Für eine Versicherungsgesellschaft eine sehr relevante Frage.

Die Teams, die mit dieser Aufgabe betraut sind, sind speziell hierfür geschult und suchen in den Unterlagen des Kunden nach Merkmalen, die einen erhöhten Verdacht zulassen, dass in diesem Fall tatsächlich eine Zahlungsverpflichtung verweigert werden könnte. Diese Fälle werden dann mit besonderer Obacht behandelt und man prüft, ob die Forderung zum Schadensausgleich tatsächlich verweigert werden kann. – Eine komplexe Aufgabe, die aber jeden Tag unzählige Male abläuft, und immer wieder nach dem gleichen Muster.

Merken Sie was? Das ist eine perfekt standardisierbare Routineaufgabe! Dass ein Algorithmus, der hierfür programmiert und sorgfältig trainiert wurde, diese Tätigkeit schon nach kurzer Zeit deutlich schneller und am Ende auch mit deutlich größerer Präzision erledigen kann als die geschulten Sachbearbeiter, liegt auf der Hand. Würde eine Versicherungsgesellschaft also einen Algorithmus auf die Aufgabe ansetzen, statt einige 100 Sachbearbeiter, könnte sie die Bearbeitung der eingereichten Schadensfälle erheblich beschleunigen. Auch die Treffergenauigkeit würde an-

steigen. Die wenigen verbliebenen Mitarbeiter in der Sachbearbeitung können sich mit noch mehr Sorgfalt den vom Algorithmus aussortierten Fällen
widmen und werden dadurch noch mehr Fälle im Sinne der Gesellschaft
klären können. Das wiederum wird dazu führen, dass die Versicherungsgesellschaft noch mehr Kosten einspart und die Beiträge sinken können.

Für die jeweilige Versicherungsgesellschaft entsteht hier natürlich eine
große Chance der Kostenreduktion und der erhöhten Rentabilität. Hinzu
kommt aber, dass die Gesellschaft sehr viele zufriedene Kunden gewinnt.
Denn wer in Zukunft seinen Schadensfall über eine Onlineplattform bei
der Gesellschaft einreicht, wird, vorausgesetzt, die Zahlung steht ihm zu,
in wenigen Minuten das Geld auf seinem Konto finden. Außerdem sinken
seine Beiträge, weil die Gesellschaft einen Teil der Ersparnisse an seine
Kunden weitergeben wird.

Und jetzt beurteilen Sie mal selbst: Welcher Kunde würde dies nicht als
positives Zeichen für die Flexibilität und Fairness der Versicherungsgesellschaft bewerten?

Bei der Kundenzufriedenheit kann die Automatisierung Wunder bewirken. Und sie wird, gerade in der Übergangszeit, den Unternehmen, die
rechtzeitig die Chancen der künstlichen Intelligenz erkennen und nutzen,
enorm schnell einen riesigen Wettbewerbsvorsprung geben.

Selbstfindung und Neuorientierung

Die einzige Kehrseite ist: Ein Großteil der Sachbearbeiter steht plötzlich
ohne persönliche Perspektive in diesem Unternehmen da. Die Algorithmen
haben ihre Arbeit übernommen. Ja, es wird so kommen. Und dieses Szenario betrifft weitaus mehr Menschen, als wir denken. Jeder Einzelne von uns
erledigt auch Routinearbeiten im Arbeitsalltag. Und je mehr Standardtätig-
keiten Teil einer Job Description sind – ganz unabhängig von der Branche –
desto höher die Wahrscheinlichkeit, dass es diese Jobs künftig entweder
nur noch selten oder eben in dieser Form gar nicht mehr geben wird.

Aber das bedeutet nicht, dass die Menschen, die diese Jobs heute verrichten, nicht mehr gebraucht werden, im Gegenteil! Ich bin überzeugt: Je-

der Mensch auf diesem Planeten hat einen Lebenssinn und eine Lebensaufgabe. Jeder Mensch kann der Gesellschaft nützen. Und nur indem er es tut, erfährt er Sinn und Befriedigung. Wer heute jedoch einen Verwaltungsjob hat, wird sich künftig stärker als bisher fragen müssen: Was macht meinen Beitrag zur Gesellschaft denn wirklich aus? Wie kann ich den Menschen dienen? Welche Stärken und Fähigkeiten habe ich, die ich bisher noch nicht eingesetzt habe? Kurz: Diese Menschen werden erst mal ein Stück Selbstfindung und Neuorientierung betreiben müssen – doch genau darin liegt die Chance für sie! Und für die Gesellschaft. Denn diese Menschen werden sich künftig mit viel mehr Leidenschaft in die Gesellschaft einbringen können als heute, wenn sie eine Tätigkeit finden, die ihren Stärken und Talenten wirklich entspricht.

Keine Frage, das erfordert von jedem Einzelnen eine gewaltige Umstellung. Und vom Staat erfordert der Einsatz von Robotern in Verwaltung und Industrie ein völlig neues Steuerkonzept. Auch der Bedarf an Life Coaches wird auf absehbare Zeit extrem wachsen, schließlich wird eine Vielzahl von Menschen Begleitung bei ihrer beruflichen Weiterentwicklung oder Umorientierung brauchen. All das sind massive Veränderungen, die nicht von der Hand zu weisen sind.

Insbesondere weil die Geschwindigkeit der technischen Entwicklung der menschlichen Veränderungsbereitschaft weit vorauseilt. Wir stehen vor einer riesigen Herausforderung! Aber eine, die wir nicht abwenden können. Diese Entwicklungen werden kommen, und zwar schneller als wir denken. Sie klopfen heute schon an. Und das Beste, was wir tun können, um den Kopf über Wasser zu behalten, und die Situation für uns positiv zu nutzen, ist: die Welle zu reiten. Das heißt proaktiv auf die Zukunft zuzuarbeiten, statt uns von ihr überrollen zu lassen. Sowohl individuell als auch gesellschaftlich.

Die völlig falsche Frage wäre jetzt: *Wie können wir diese böse Entwicklung aufhalten?* Kein Mensch kann sie aufhalten. Sie ist schon da und sie ist schlicht nicht zu verhindern, weil wir alle diese Entwicklung selbst vorantreiben – mit unseren Kaufentscheidungen, unseren Bedürfnissen und unserem täglichen Verhalten.

Die einzig sinnvolle und hilfreiche Frage ist: *Was können wir heute tun, um die Zukunft so zu gestalten, wie wir sie haben wollen?* Denn eins ist klar: Die Freiräume dafür sind da, und sie werden jeden Tag größer und zahlreicher!

Wir entscheiden darüber, wie wir Roboter einsetzen. Wir entscheiden, welche Arbeiten wir noch selbst erledigen wollen, und welche nicht. Und wir entscheiden auch darüber, welche Leistungen es uns wert sind, von Menschen ausgeführt zu werden und für welche wir Algorithmen bevorzugen. Und deshalb entscheiden indirekt auch wir als Gesellschaft darüber, welche Arbeiten wir von Menschen verrichten lassen, also welche „Jobs" und „Arbeitsplätze" wir behalten, und welche wir streichen, weil wir die Arbeit an die Roboter delegieren.

Ich gebe Ihnen ein Beispiel: Wenn wir als Gesellschaft großen Wert darauf legen würden, Bücher direkt von Menschen zu kaufen, würden wir weiterhin in die Buchhandlung gehen, und es tun. Dadurch, dass in den letzten Jahren Amazon dem stationären Buchhandel eindeutig den Rang abgelaufen hat, ist ablesbar, dass es uns anscheinend nicht so wichtig ist, bei Büchern von Menschen bedient und beraten zu werden. Sonst würden nicht über die Hälfte der Kunden in diesem Land ihre Bücher regelmäßig bei einem Algorithmus kaufen. Amazon zwingt niemanden, dort einzukaufen. Jeder Kauf passiert freiwillig. Und diejenigen, die dort einkaufen, tun es, weil sie bestimmte Vorteile davon haben.

Die Nachfrage bestimmt das Angebot – und damit bestimmen wir mit unserer Nachfrage, welche Arbeit in Zukunft human erledigt wird und welche humanoid. Ja: Wir haben die Zukunft selbst in der Hand!

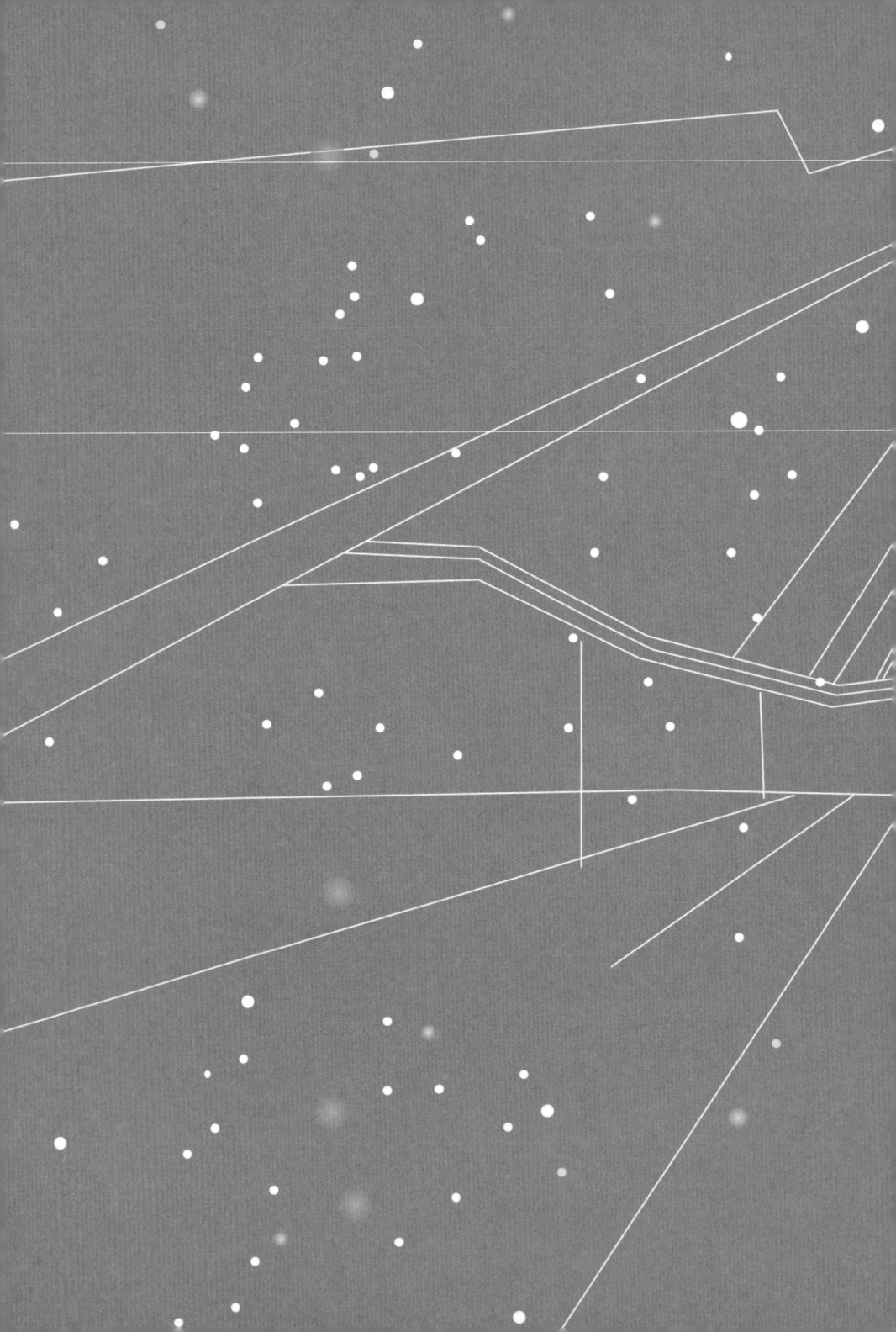

3.

AUF NACH EUTOPIA

3.1

DIKTATUR
DER
ALGORITHMEN?

Kennen Sie Amazon?

War ein Scherz!

Aber wissen Sie noch, womit die angefangen haben?

Ja, die haben damals Bücher verkauft. Bücher! Und heute? Was können Sie denn heute bei Amazon nicht kaufen?

Irgendwie ist es doch schon praktisch, dass es inzwischen bei Amazon fast alles gibt: Bücher, Musik, Elektrogeräte, Kleider, Schreibwaren, Schmuck, Handtaschen, Uhren, Drogerieartikel und sogar Lebensmittel! Und dass Amazon es immer zuverlässig und termingerecht bis zur Tür liefert.

Und die Overnight-Lieferung ist auch super, nicht wahr? Oder nachts um drei Bestellungen am Smartphone aufgeben zu können. Cool, oder?

Aber dass sich deshalb das Stadtbild ändert, dass das kleine Modegeschäft im Zentrum schließt oder der Buchladen zum Bauchladen wird, um sich gerade noch über Wasser zu halten, der Kaufhof schließt und viele andere ehemalige Geschäfte mittlerweile von Handyshops und Wettbüros oder Spielsalons belegt wurden, das finden die leidenschaftlichen Amazon- oder besser gesagt all die Online-Käufer meist gar nicht so schön. Und sie finden es auch nicht schön zu hören, dass sie mit ihrem Verhalten dazu beitragen, die Automatisierung, die Entwicklung der Robotik und die Digitalisierung voranzutreiben. Am liebsten würden sie die Augen davor verschließen und Google und Facebook dafür verantwortlich machen.

Doch ich frage Sie: Wer nutzt Google, Facebook & Co?

Es sind nicht irgendwelche Aliens, sondern Sie und ich. Wir alle! Wir alle, oder besser gesagt: fast alle, treiben die technische und digitale Entwicklung voran …

Und nur deswegen sind humanoide Roboter, Drohnen, Virtual Reality Brillen und jede Menge anderer digitaler Kram auch heute schon im Handel erhältlich und zunehmend im Einsatz.

Und jeden Tag entscheiden wir uns mehr und mehr, die Arbeit an Algorithmen abzugeben, statt sie in menschlicher Hand zu belassen.

Kurz: Es ist unsere Entscheidung.

Kalte Füße

Alle Tätigkeiten, die Routinetätigkeiten sind, werden künftig digitalisiert.
Zu 100 %.

Wenn ich diesen Satz in Diskussionen fallen lasse, sehe ich vielen Zuhörern an, wie sie erstarren. Denn ich zeige ihnen, dass Routinetätigkeiten nicht nur bei sogenannten niederen Tätigkeiten anzutreffen sind. Auch Ärzte, Lehrer, Banker, Verkäufer, Anwälte, Unternehmensberater und Ingenieure verrichten Routinetätigkeiten. Und zwar täglich! Die Diskussion, die entbrennt, ist geprägt von der Angst:

Aber das ist doch die völlige Entmenschlichung! Wenn die Roboter bei jeder Form von Arbeit mitmischen, und praktisch alle Jobs übernehmen, wo bleibt denn das menschliche Miteinander? Es fehlt nur noch, dass wir irgendwann anfangen, Roboter zu heiraten ...

Letzteres ist freilich übertrieben, zumindest derzeit. Doch die Angst ist natürlich grundsätzlich berechtigt, denn die anstehenden Veränderungen in der Arbeitswelt sind so umfänglich wie noch nie zuvor. Die KI-Systeme sind nämlich heute schon in der Lage, manche Tätigkeiten, die jetzt noch von Menschen erledigt werden müssen, zu übernehmen. In wenigen Jahren werden sie ein Vielfaches davon können, weil sie jeden Tag besser werden.

Nehmen wir zum Beispiel den Bereich der Justiz. In den USA werden seit neustem Algorithmen eingesetzt, um den Richtern bei ihren Entscheidungen zu helfen. Im Fall von Triebtätern stellt sich zum Beispiel die Frage: *Wird der Täter womöglich rückfällig? Wie groß ist die Wahrscheinlichkeit? Rechtfertigt die Angst vor seiner möglichen Rückfälligkeit eine weitere Inhaftierung, obwohl der Täter seine Strafe längst abgesessen hat?*

Menschliche Gutachter haben sich in der Vergangenheit besonders bei solchen Fragen schon sehr häufig geirrt. Was natürlich dann immer zu erheblichen Protesten in der betroffenen Gesellschaft geführt hat. Nun experimentieren die Amerikaner damit, menschliche Gutachten durch Gutachten von KI-Systemen zu ersetzen. Die Debatte darüber, inwieweit die Algorithmen hier zuverlässigere Vorhersagen treffen als wir Menschen, wird auch zu uns nach Europa kommen. Und nach meinem Wissensstand im Bereich künstlicher Intelligenz kann ich sagen: Es ist höchst wahrscheinlich, dass Algorithmen hier schon in wenigen Jahren einen deutlich besseren Job machen als die meisten Menschen. Besser heißt in einem solchen Fall, dass der Algorithmus weniger Fehler macht als ein Mensch. Weniger, nicht gar keine. Denn hier ist eben immer noch ein Mensch beteiligt. Der Täter, das Unfallopfer, der Einbrecher, der Drogenabhängige, etc. Sie alle sind Menschen und deshalb nicht standardisierbar.

Natürlich müsste die Entwicklung solcher Algorithmen von unabhängigen Stellen überwacht werden, um Missbrauch möglichst ausschließen zu können. Am Ende des Tages haben die Algorithmen den Menschen gegenüber zwei wesentliche Vorteile : Sie können auf so viele Daten – und Daten bedeutet an dieser Stelle „Erfahrung" – zugreifen, wie ein Mensch in seinem ganzen Leben nicht verarbeiten kann. Sie können nicht nur wie ein menschlicher Gutachter die eigenen Erfahrungen in die Bewertung einfließen lassen, oder die in den letzten Jahren angelesenen, sondern sie können auf alle vergleichbaren Fälle weltweit blicken. Die Daten – oder besser der Erfahrungsschatz – ist einfach unendlich viel größer. Und: Algorithmen sind immun gegen Emotionen, Sympathien und sonstige menschliche Regungen, die auf unbewusster Ebene Entscheidungen mit beeinflussen. Die hundertprozentige Sachlichkeit und Objektivität eines Algorithmus ist auch dem klügsten, erfahrensten und bestausgebildeten Gutachter oder Richter nicht möglich. Als Menschen sind und bleiben wir bei allem Bemühen immer subjektiv und vielfältig manipulierbar.

Die Diskussion darüber, ob wir solche technische Unterstützung bei gerichtlichen oder anderen zu treffenden Entscheidungen nutzen wollen, müssen wir erst noch führen. Doch angesichts des ohnehin nicht besonders ausgeprägten Vertrauens in die Justiz (wie heißt es doch so schön: Vor Gericht und auf hoher See ist man in Gottes Hand) ist damit zu rechnen, dass die Akzeptanz von solchen Instrumenten sehr schnell sehr hoch sein wird. Denn sie verhilft letztendlich voraussichtlich zu mehr Gerechtigkeit, was ein extrem hoher gesellschaftlicher Wert ist.

Wenn wir das Szenario allerdings weiterdenken, müssen wir uns auch eingestehen, dass irgendwann das KI-System zum Entscheidungsträger werden könnte. In dem Moment, wo wir sagen: Der Algorithmus kann es besser einschätzen als wir Menschen, haben wir nicht nur die Beratungs-funktion, sondern irgendwann auch die Entscheidung an den Algorithmus abgegeben.

So gesehen sind über kurz oder lang nicht nur die Tätigkeiten der heutigen Sachbearbeiter, sondern auch die vieler Juristen und Richter der Job eines KI-Systems. Wenn wir einmal berücksichtigen, in welch dramatischer Weise sich in deutschen Land- und Amtsgerichten die Akten auf den Tischen der Richter stapeln, wie lange es heute in vielen Fällen dauert, bis endlich überhaupt mal „Gerechtigkeit" gesprochen wird, dann wird deutlich, welche positiven Auswirkungen hier erreicht werden können.

Je mehr wir diese Systeme zukünftig einsetzen und in unserem Alltag ihre Funktionalität und Überlegenheit ganz praktisch erleben, umso mehr Vertrauen wird entstehen. Ganz praktisch heißt das zum Beispiel dieses: Wenn eine Mutter eines Tages ihr fünfjähriges Kind in ein Roboterauto setzt und damit alleine zum Kindergarten fahren lässt, dann setzt das ganz eindeutig voraus, dass sie mittlerweile großes Vertrauen in die Leistungsfähigkeit dieses Systems entwickelt hat. Sie hat gelernt, dass dieser Algorithmus dem menschlichen Autofahrer, also auch ihr selbst, überlegen ist. Ich bin sicher, dass der Tag kommen wird, an dem die Mütter unserer Gesellschaft dieses ganz selbstverständlich machen und ohne Sorge um ihr Kind den Tag genießen, auch mit dem Wissen darum, dass in der Kita neben den menschlichen Betreuern mehrere humanoide Roboter mit ihrem Kind interagieren und ihnen das Essen zubereiten. An diesem Tag werden wir diese Systeme überall in unserer Lebenswirklichkeit nutzen. Wofür benötigen wir dann noch menschliche Berater? Wer braucht noch einen Unternehmensberater, Ernährungsberater, Marketingberater, Steuerberater, Rechtsanwalt etc.?

Algorithmen machen keine Deals

Und wer braucht noch Politiker?

Der Job eines häufig schlecht informierten, zuweilen hochgradig eitlen Landtagsabgeordneten, Kommunalpolitikers oder Bürgermeisters, der mehr daran interessiert ist, sich selbst ein Denkmal zu bauen, als dem Volk zu dienen, ist vielleicht schon bald besser durch einen Algorithmus umgesetzt!

Meiner Meinung nach würde jeder kluge Politiker bei Entscheidungen mit hohem Komplexitätsfaktor (und das sind praktisch alle Entscheidungen, die in der Politik anfallen) qualifizierte Algorithmen zurate ziehen.

Die Frage an den Roboter würde zum Beispiel lauten: *Sollen wir diese Umgehungsstraße so wie geplant bauen?* Ein Algorithmus würde absolut alle Faktoren, die bei der Entscheidung eine Rolle spielen, erfassen und analysieren. Er würde sie in Bezug auf gesellschaftlichen Ertrag und Risiko bewerten, Aspekte des Umweltschutzes und der unmittelbaren Auswirkungen auf die Anwohner durch Lärm und Gestank betrachten. Ökonomische Auswirkungen und Aspekte anschauen und am Ende ein Gesamturteil bzw. eine Empfehlung formulieren. Natürlich abgewogen nach den Vorgaben der Menschen, welche Aspekte welche Priorität haben sollen.

So wie die DB-App Ihnen heute sagt, wie Sie am schnellsten von Frankfurt nach Cuxhaven kommen, wo Sie umsteigen sollten, und welche Bahnen Sie wann nehmen, so wird künftig ein KI-System den Politikern signalisieren: baut diese Umgehungsstraße lieber nicht, der wirtschaftliche Aufwand und die negativen Auswirkungen auf Mensch und Natur stehen vielleicht in keinem gesunden Verhältnis zu den Erträgen. Oder er wird den Bau befürworten, weil die Daten unterm Strich zu einem positiven Ergebnis für die Gesellschaft kommen. In dem Fall würde er ohne eigene Interessen entscheiden.

Der Politiker von heute schielt dagegen womöglich mehr auf die kommende Wahl und will sich als Macher inszenieren. Er entscheidet vielleicht dafür, weil es seine Fahrt zur Arbeit verkürzt und seine Immobilie, die am Weg liegt, dadurch im Wert steigt. Oder er plädiert dagegen, weil seine eigene Ruhe dadurch womöglich gestört wird. Vielleicht will er aber auch nur einem anderen einen Gefallen tun, der ihm den letzten Karriereschritt ermöglicht hat. Vielleicht hat er ja einen der vielen Deals gemacht, die wir Menschen alle jeden Tag machen. Aus purem Egoismus. Ohne den Blick auf das Ganze. Der Algorithmus aber macht keine Deals.

Ich bin ganz sicher, dass wir schon in wenigen Jahren eine heftige gesellschaftliche Debatte zu der Frage bekommen werden: Wie sehr wollen wir in politischen Entscheidungsprozessen lieber auf KI-Systeme statt auf Politiker vertrauen? Wer will ausschließen, dass womöglich eines Tages eine Partei antritt, die im Kern aus einem KI-System besteht? Oder zumindest aus menschlichen Bewerbern, die dafür plädieren, ein System der künstlichen Intelligenz stets in die Entscheidungsprozesse mit einzubeziehen.

Natürlich werden Sie bei den heutigen Politikern auf kein Verständnis stoßen, wenn Sie das fordern. Sie können ja vieles verlieren. Aber wie werden wir Bürger am Ende entscheiden, wenn wir immer mehr positive Erfahrungen mit diesen Systemen machen und unser Vertrauen in die Leistungsfähigkeit und Unabhängigkeit eines Algorithmus irgendwann größer ist als in die Integrität, das Wissen und die politische Intelligenz eines von uns uns gewählten Volksvertreters?

Mal ehrlich: Wie viele würden sich heute bereits wünschen, in den USA wäre ein Algorithmus statt eines unberechenbaren Egomanen Präsident des Landes. Wenn Sie sich die unanständigen Machtkämpfe zwischen den eitlen, egoistischen und machtversessenen Akteuren der CSU und der aktuellen Kanzlerin der großen Koalition im Frühsommer 2018 in Berlin in Erinnerung rufen , dann könnten wir uns doch auch heute schon Maschinen im Bayerischen Landtag, dem Deutschen Bundestag oder dem Kanzleramt wünschen.

Während früher Roboter nur bestimmte Tätigkeiten in der Industrie erledigen konnten, sind die KI-Systeme jetzt so ausgereift, dass sie auch Tätigkeiten übernehmen können, für die bisher Menschen ein Studium bzw. einen hohen Bildungsgrad benötigt haben. Warum sollten Sie nicht auch bei politischen Entscheidungsprozessen eine wichtige Rolle spielen?

Bildung 4.0

Merken Sie was?

Wir überschreiten eine entscheidende Linie. In naher Zukunft werden KI- und Robotersysteme einen ganz erheblichen Teil der Arbeiten ausführen können, die viele von uns bisher ausführen mussten.

Großartig, oder? Endlich übernehmen Roboter einen großen Teil dieser stumpfsinnigen Tätigkeiten und wir werden davon befreit!

Halleluja! Feiern Sie schon?

Denn ich versichere Ihnen: Nachdem wir Industrie 4.0 entwickelt haben und jetzt zunehmend in der Wirtschaft implementieren, werden wir jetzt Bildung 4.0 und Arbeit 4.0 gestalten dürfen.

Bei der Bildung ist es so ähnlich wie bei unserer Wirtschaft:

Das System kollabiert!

Unser Bildungssystem ist bislang in keiner Weise zukunftsfähig und kann im jetzigen Zustand die großen Herausforderungen der Digitalisierung nicht bewältigen, weil es schon die Herausforderungen der jüngeren Vergangenheit nicht wirklich bewältigt hat. Denn gemessen am Aufwand, den wir treiben, ist der Erfolg ungenügend. Natürlich wäre eine kontinuierliche Fortentwicklung eines solchen Systems die Idealvorstellung, aber ich habe mittlerweile meine Zweifel, ob das noch gelingen kann.

Ein solches System muss im Zweifelsfall zerstört werden, damit die reale Chance auf einen wirklichen Neubeginn entsteht. Dann könnte endlich ein Bildungssystem entstehen, das die individuelle Leistungsfähigkeit von Schülerinnen und Schülern wirklich berücksichtigt. Indem endlich begonnen wird, den Fokus auf die Entwicklung von Persönlichkeiten zu legen und sich nicht darauf zu konzentrieren, Kindern irgendwelche Lerninhalte hineinzutrichten, von denen jeder weiß, dass die allermeisten Kinder diese Inhalte niemals mehr brauchen werden. Ein System, in dem Kindern und Jugendlichen der angeborene Drang nach Lernen und Entwicklung, die natürliche Neugierde und Kreativität nicht mehr ausgetrieben, sondern diese eben befördert werden.

Dann könnten wir endlich dahin kommen, junge Menschen auf das vorzubereiten, was dieses Leben für sie bereit hält. Eine völlig veränderte Berufswelt, in der sie das Privileg besitzen werden, sich immer wieder verändern zu dürfen. Die Kinder von heute werden niemals dazu genötigt werden, 40 Jahre lang den gleichen Beruf ausüben zu müssen. Das ist Geschichte. Welch ein Segen, denn welcher Job macht 40 Jahre lang wirklich Spaß? Die Kinder und Jugendlichen von heute werden sich ständig verändern dürfen, immer wieder neue Qualifikationen erwerben und anwenden dürfen. Darauf müssen wir sie endlich vorbereiten. Sie sollten heute lernen, wie man lernt, wieder und immer wieder. Und vor allem ist es wichtig, dass sie sich darauf freuen. Dass sie lernen, dass es eine große Bereicherung für ihr Leben wird. Kunst, Kultur, Tanz, Theater, Sprechen und sich selbst und die eigenen Ideen präsentieren können. Empathie und Kreativität, Teamfähigkeit, Innovationsfreude und Krtitikfähigkeit, das sind Qualitäten die wir in unserer Gesellschaft heute und zukünftig immer mehr brauchen.

Ideologische Debatten der vergangenen Jahre in der Bildungspolitik haben massiv dazu beigetragen, die Beteiligten zu verunsichern. Es wurden die Fragen zu den wirklich wichtigen Inhalten und vor allem zur notwendigen zeitgemäßen Qualifikation der Lehrenden vernachlässigt. Wenn wir heute an vielen Stellen der Gesellschaft eine mangelnde digitale Kompetenz kritisieren, dann betrifft das die Lehrer häufig in ganz besonderer Weise. Aber was macht es mit einem Lehrer in den Fünfzigern, wenn seine Schüler ihm womöglich in ganz vielen Belangen weit voraus sind?

Das Dilemma unseres Bildungssystems liegt auch im Föderalismus. Es ist absurd, was in diesem Zusammenhang in Deutschland passiert. Während wir es einerseits anstreben, europäische Standards zu schaffen, gelingt es uns teilweise nicht einmal innerhalb Deutschlands, dass Bildungsabschlüsse aus dem einen Bundesland auch in den anderen Gültigkeit erhalten. Absurd!

Die anstehenden Reformen in der Welt von Bildung 4.0 sind massiv. E-Learning nimmt jeden Tag zu, endlich. Aber im Wesentlichen außerhalb der Bildungseinrichtungen. Selbstorganisiert lernen Hunderttausende Schüler und Studenten mittlerweile mehr über gut gemachte YouTube-Videos als im Unterricht. Das ist überhaupt nicht schlimm, wäre aber noch viel effizienter, wenn alle Lehrer solche Instrumente bewusst als digitale Ergänzung ihres eigenen Unterrichtskonzeptes einsetzten und dann die daraus entstehenden Zeiträume für individuelle Betreuung nutzen würden.

Bildung 4.0 beschreibt als Schlagwort die umfangreichen Veränderungsprozesse in der Bildungswelt, so wie Arbeit 4.0 für die anstehende Transformation in der Arbeitswelt von morgen steht.

Arbeit 4.0

Und diese neue Arbeitswelt wird sich in ganz erheblicher Weise von der bisherigen unterscheiden. Gott sei Dank!

Denn vieles ist heute nicht gut in unserer Arbeitswelt.

Viele Jobs sind stumpfsinnig, geprägt von sinnentleerten Tätigkeiten. Das Arbeitsumfeld in vielen Unternehmen ist immer noch uninspirierend und eher menschenfeindlich. Die meisten nehmen das gar nicht mehr wahr, weil es halt schon so lange so ist. Man gewöhnt sich ja an alles.

Auch an alles Schlechte. Sind Sie schon mal durch die öden Bürowüsten der allermeisten Verwaltungsgebäude geschlichen?

Sind das dort Arbeitsplätze, an denen Sie gerne Ihre Zeit verbringen möchten? Sind die elenden Routinetätigkeiten, bei denen weder Kreativität noch Empathie eine wirkliche Rolle spielen, wirklich befriedigend? Machen die Menschen das dort wirklich gerne?

Wir könnten einen Test machen. Lassen Sie uns gemeinsam durch diese Gänge laufen, an die miefigen Bürotüren klopfen und die Leute fragen:

Ist das cool hier? Geht es Dir richtig gut? Wenn ich Dir ab morgen jeden Monatsersten das gleiche Geld überweisen würde, das Du heute auch bekommst: Würdest Du morgen wieder hierher kommen?

Glauben Sie mir, viele würden noch im gleichen Moment nach Hause gehen. Zu Recht! Weil die Arbeitsbedingungen an vielen Arbeitsplätzen mies und die Anforderungen vieler Tätigkeiten, die viele von uns ausführen müssen, nicht wirklich reizvoll und erfüllend sind.

An dieser Stelle entgegnen mir Menschen dann häufig, dass Arbeit ja auch nicht dazu da sei, reizvoll und beglückend zu wirken, sondern sie diene halt dem Gelderwerb und dieser sei nun mal nötig, um leben zu können. Stimmt, so ist das häufig in unserer Gesellschaft. Ich komme darauf im letzten Kapitel dieses Buches noch einmal zurück.

Natürlich gilt das nicht für alle Arbeitsplätze. Ja, zum Glück.

Empfindsame Wesen

Manche Unternehmen haben längst die Zeichen der Zeit erkannt, haben begriffen, dass Menschen, die gute Leistung erbringen sollen, auch eine entsprechende Arbeitsumgebung benötigen. Dass Menschen eben keine Roboter sind, sondern empfindsame Wesen.

Überall da, wo Kreativität, Empathie und Leidenschaft gefordert sind, fühlt sich das für viele schon heute ganz anders an. Dort sind die Anforderungen eher hoch und die Arbeitsbedingungen zunehmend so, wie es sein sollte. Anregend, herausfordernd, mitnehmend und vertrauensgebend.

Die Entwicklung wird weiter in diese Richtung gehen, immer mehr werden Arbeitgeber verstehen, dass es keine Alternative zu einem massiven Veränderungsprozess in unserer Arbeitswelt gibt. Unternehmen werden sich zunehmend zu Organisationen entwickeln, die wir heute als „Clubs" bezeichnen würden. Und die Arbeitnehmer, die bereit sind, ihre „Arbeitskraft" in Form von Ideen, Wissen, Kreativität, Leidenschaft und Loyalität dem Clubbesitzer für eine gewisse Dauer zur Verfügung zu stellen, die werden genau wissen wollen, mit wem sie da kollaborieren sollen. Kollaboration ist das Stichwort unserer Zeit. Es geht um gemeinsames Agieren, weil man gemeinsame Ziele definieren und erreichen will. Deshalb fragen sogenannte „Arbeitnehmer" heute auch nach ganz anderen Dingen als früher. Früher ging es im Wesentlichen um Geld und große Autos.

Heute geht es vor allem bei den jungen Menschen um diese Fragen:
Welche Ziele verfolgt dieses Unternehmen?
Welche Werte vertritt es?
Sind das auch meine Ziele und Werte?
Wer sind die Menschen, mit denen ich dort kollaborieren soll?
Sind das Menschen, mit denen ich meine kostbare Zeit verbringen will?
Ist das Arbeitsumfeld anregend und inspirierend?
Ist das Business dieses Unternehmens eigentlich nachhaltig und zukunftsfähig?
Wie flexibel ist das Unternehmen, was meine Arbeitszeitgestaltung betrifft?

Wie viel Zeit bleibt mir während der Arbeit für Experimente?

Wie ist das Unternehmen strukturiert? Wie hierarchisch ist es organisiert?

Ach ja, und natürlich wird auch das noch gefragt: Werde ich fair bezahlt?

Alles verändert sich!

Geld ist immer noch wichtig, aber bei Weitem nicht mehr das Wichtigste, wenn es für junge und qualifizierte Menschen um die Entscheidung geht, wie und mit wem sie in den nächsten Jahren an was arbeiten wollen. Und viele entscheiden sich für schlechter bezahlte Jobs, weil dort all die anderen Faktoren überzeugen. Das ist auch die einzige Chance für kleine innovative Unternehmen wie zum Beispiel meine Firma Entrance. Wer bei uns als Programmierer arbeitet, verdient sicherlich weniger Geld als bei Microsoft oder Google. Aber er findet ein Umfeld, in dem er sich wohlfühlt, ein Team, das ihn trägt, spannende Projekte, in denen er sich entwickeln kann. Und eine Möglichkeit, seine ganz individuellen Lebenswünsche mit den beruflichen Anforderungen in Einklang bringen zu können.

Hierbei spielen viele Themen wie flache Hierarchien, flexible Arbeitszeiten und vor allem Arbeitsorte eine große Rolle.

Mitleid mit einem Roboter

Wie oft begegne ich Spezialisten und Managern im Zug, die mir berichten, dass sie auf dem Weg ins entfernte Zuhause sind, nachdem sie gerade 5 Tage an einem anderen entfernten Ort bei der Arbeit verbracht haben. Ohne ihre Familie und Freunde. Und fast alle haben die gleiche Leidensgeschichte: Obwohl in der heutigen Zeit die meisten Tätigkeiten dieser Leute von jedem Ort der Welt gemacht werden könnten, weil digitale Tools das eben möglich machen, dürfen sie entweder gar nicht oder nur selten aus dem Homeoffice arbeiten. Warum? Weil Chefs von gestern ihnen heute nicht vertrauen. Weil Chefs von vorgestern meinen, derjenige würde dann zu Hause den ganzen Tag mit den Kids spielen oder im Liegestuhl liegen, anstatt seinen Job zu machen. Welch ein Irrsinn!

Mal abgesehen davon, dass es heute längst zahlreiche Digitalplattformen gibt, die es jedem am Arbeitsprozess Beteiligten möglich machen, Arbeitsprozesse zu monitorisieren und solches Fehlverhalten recht schnell aufzudecken: Was denkt ein solcher Vorgesetzter eigentlich von seinem Mitarbeiter? Warum hat er den denn überhaupt eingestellt, wenn er bei ihm diese Einstellung vermutet? Wie leistungsfähig und verlässlich wäre ein solches Teammitglied denn generell, wenn es wirklich so ticken würde?

Die Arbeitgeber, die heute noch so denken, werden sich schon bald wundern. Denn wir haben längst einen so großen Facharbeitermangel und ein so dermaßen zunehmendes Selbstbewusstsein bei den Arbeitnehmern, dass diese Arbeitgeber dann demnächst die ganze Arbeit selbst machen dürfen. Weil niemand mehr bereit sein wird, in solchen Verhältnissen zu arbeiten. Zumindest niemand der wirklich gut ist!

Hierarchien müssen abgebaut und Strukturen verschlankt werden. Denn die Entwicklungsprozesse in unseren Unternehmen müssen drastisch beschleunigt werden. Das geht aber nur mit agilen Strukturen und kreativen Teams, die ihr ganzes Potential nutzen. So entsteht Schwarmintelligenz!

Jedes Unternehmen, das es nicht schafft, sich dahin zu entwickeln und zu modernisieren, wird ums Überleben kämpfen müssen.

So wie wir in der Arbeit 4.0 einen anderen Umgang der Menschen untereinander ermöglichen müssen, so ist es auch nötig, ein komplett neues Mensch-Maschine-Verhältnis zu entwickeln! Denn früher haben Roboter in der Industrie hinter Stahlkäfigen, abgeschirmt vom Menschen, geschuftet. Und jetzt? In wenigen Jahren werden humanoide und andere Roboter an unseren Arbeitsplätzen mit uns gemeinsam agieren, mit uns kollaborieren. Abends auf der Couch sitzen und mit uns gemeinsam das Fußballspiel verfolgen. Dann brauchen wir aber auch eine Beziehung zu diesen Maschinen. Glauben Sie mir, das ist nicht trivial, das wird uns fordern. Ich arbeite nun seit einigen Jahren viel mit Robotern und weiß, wovon ich spreche. Ich habe diese Momente schon erlebt, als Kollegen mich darauf hinwiesen, dass ich manchmal mit dem Roboter genauso spreche wie mit meiner Frau. Als ich plötzlich Mitleid mit einem Roboter bekam, nur weil der umgefallen war. Mich wieder daran erinnern musste, dass das doch einfach nur eine Maschine ist und es ihr gar nicht wehtut, wenn sie umfällt.

Alles verändert sich.

Die Märkte, in denen wir als Unternehmen agieren, verändern sich rasant. Und auch die Regeln, nach denen das Spiel läuft, befinden sich in einem gewaltigen Transformationsprozess.

Dass sich die Werte unserer Gesellschaft in einem großen Veränderungsprozess befinden, ich denke, das spüren wir doch alle. Es ist längst vieles anders, als es noch vor einigen Jahren war. Ja, manche dieser Veränderungen sind subjektiv betrachtet negativ, für mich, Sie oder andere. Aber es passiert und wir müssen damit umgehen. Wir müssen vor allem darauf achten, dass wir es sind und bleiben, die diesen Prozess noch steuern. Dass wir, die Menschen, im Zentrum dieses Transformationsprozesses bleiben. Wir dürfen nicht zum Spielball, zu einem von vielen Bausteinen dieses Prozesses degradiert werden. Wir müssen endlich den Platz am Steuer übernehmen. Damit wir, die Bürger, mit unseren Interessen im Zentrum bleiben.

Unsere Art zu arbeiten und somit auch zu leben wird sich fundamental verändern. Studien zufolge werden wir in den kommenden fünf bis zehn Jahren durch die Digitalisierung den notwendigen Ausgleich zu dem sich zuspitzenden Fachkräftemangel erleben. Und in den nächsten 10–20 Jahren werden wir vermutlich bis zur Hälfte der heutigen Arbeitsplätze an KI-Systeme und Roboter verlieren. Bus-, LKW- und Taxifahrer werden ebenso betroffen sein wie Ärzte, Juristen und Banker. Natürlich haben die gut ausgebildeten Banker größere Chancen, eine neue Perspektive zu finden, als die meisten Busfahrer, etwa als Grundschullehrer oder als IT-Administrator. Das ändert aber nichts daran, dass wir in ein riesiges systemisches Problem laufen: Unsere staatlichen Systeme werden kollabieren!

Wir spielen keine Rolle mehr

Ob es um die Entlohnungs-, Renten-, Steuer- oder Sozialversicherungssysteme geht, sie alle basieren auf einem entscheidenden Faktor: auf der Arbeit der Menschen. Jede Stunde, in der wir arbeiten, entsteht Wertschöpfung in irgendeiner Weise. Und diese Wertschöpfung ist die Basis für den Lohn und die Steuern und Abgaben, die wir darauf leisten. Sie sind der bisherige Garant für all unsere staatlichen Systeme, die uns eine Versorgung bei Arbeitslosigkeit, Krankheit oder im Alter garantieren. Sie sind gleichzeitig auch die Basis für den allergrößten Teil der Steuereinnahmen, mit denen der Staat unser System aufrechterhält. Ob es nun um den Straßenbau, die Verteidigung, die Bildung oder die Kultur geht. In unserem System basiert alles auf der Arbeit von Menschen und der dort entstehenden Wertschöpfung.

Zwar werden viele Steuergelder auch durch unseren Konsum, wie zum Beispiel bei der Mehrwertsteuer abgeschöpft, aber auch diese Gelder fließen nur dann, wenn wir ein Einkommen haben, weil wir für Geld arbeiten. Wenn wir nun aber erkennbar in eine Zeit kommen, in der Algorithmen und Roboter einen ganz erheblichen Teil dieser Wertschöpfung generieren, dann kann dieses System nur kollabieren. Denn für keine Stunde, die Roboter heute arbeiten, zahlen die Eigentümer, also die Unternehmen, Lohnsteuer, Krankenversicherungs- Arbeitslosen- oder Rentenversicherungsabgaben. Nichts davon.

Jetzt sagen manche Politiker: Das ist ja gar nicht schlimm, die Unternehmen, die diese Systeme einsetzen, die machen dann ja deutlich höhere Gewinne und davon profitiert dann der Staat, also wir alle über die Steuern auf die Unternehmensgewinne.

Ja? Ist das so? Die zahlen alle Steuern auf ihre hier erwirtschafteten Gewinne? Wirklich?

Wie steht es mit den Giganten? Mit Amazon, Google, Apple, Facebook, IKEA, Starbucks & Co.? Es sind lächerliche Summen, die sie an Steuern hier zahlen. Die wenigen, die sie zahlen, leisten sie in Steuerparadiesen oder nach der Steuerreform des Herrn Trump nun in den USA. In den Ländern, in denen ein großer Teil der Wertschöpfung generiert wird, schauen die Menschen in die Röhre. Das ist die Wahrheit.

Nun könnten wir uns ja zurücklehnen und sagen, es gibt doch immer noch eine Menge große deutsche Unternehmen, die hier ihre Steuern zahlen. Stimmt! Volkswagen, Mercedes, BMW, Deutsche Bank, Allianz, Commerzbank, usw.

Aber erstens ist die Steuerquote der Unternehmen heute bei Weitem geringer als das, was wir alle heute über die Lohnsteuer und die Sozialversicherungsabgaben bezahlen. Und zweitens:

Was glauben Sie, welches dieser Unternehmen in 10, 15 oder 20 Jahren noch existieren wird?

Die Ökonomie der Zukunft ist eine digitale Ökonomie. Aber mit Ausnahme von SAP finden Sie in Deutschland und Europa eben aktuell kein einziges relevantes Unternehmen der Digitalwirtschaft. Die großen deutschen Unternehmen haben den digitalen Wandel bisher nicht im Ansatz geschafft, teilweise haben sie nicht einmal wirklich damit begonnen. Und wenn einzelne von ihnen doch noch existieren sollten, wer werden die Eigentümer sein? Und wo werden dann noch welche Steuern und Abgaben abgeführt? Chinesische Investoren kaufen seit geraumer Zeit weltweit alles, was zu kaufen ist. Seit Neuestem haben sie eine nicht unerhebliche Beteiligung an Mercedes Benz. Den einzigen großen Roboterhersteller in Deutschland, die Firma Kuka, haben sie bereits vor Jahren geschluckt.

Die Datenkraken im Silicon Valley besitzen so viel Cash, dass sie jeden deutschen Konzern aus der Portokasse übernehmen könnten, wenn sie Interesse daran hätten. Dass sie offensichtlich gar kein Interesse daran haben, sollte uns ernsthaft zu denken geben ...

Hinzu kommt die große Gefahr einer nächsten gewaltigen Bankenkrise in Verbindung mit einem erneuten Platzen der Immobilienblase und der gigantischen Staatsverschuldungen weltweit. Wenn man mit Ökonomen über dieses Thema spricht, wird es richtig spannend. Klar, jeder in der Sache Interessierte erkennt, dass die Märkte seit Jahren durch die EZB mit Geld geflutet wurden und sich in China und zahlreichen anderen Ländern eine gewaltige Verschuldungskrise abzeichnet. Jeder kritische Beobachter erkennt aber auch, dass sämtliche Versprechen der Politik, die uns 2008, nach der letzten Bankenkrise gemacht wurden, um solche Krisen in Zukunft unmöglich werden zu lassen, obsolet sind. Die Rahmenbedingungen sind schlimmer als je zuvor.

Ein bisschen besser als Afrika

Und noch eines ist klar erkennbar: Weil die Ökonomien der Zukunft digitale Ökonomien sind, sind Daten nicht das Öl von morgen, sondern von heute. Schauen Sie sich im Web die entsprechenden Statistiken und Grafiken an. Wenn man alle digitalen Plattformökonomien von Rang betrachtet, dann ist eines heute klar: Wir in Europa bzw. in Deutschland spielen keine Rolle mehr. 3 % beträgt aktuell der Weltmarktanteil europäischer Unternehmen. Der Anteil Afrikas liegt bei 2 %, der Anteil asiatischer Konzerne bei ca. 31 % und der Anteil der US-Amerikaner bei aktuell ca. 64 %. Spannend ist, das der asiatische Anteil jedes Jahr enorm wächst. Unserer in Europa stagniert. In den zukunftsweisenden globalen und digitalen Ökonomien, die ich ja auch in diesem Buch beschreibe, sitzen wir aktuell auf den Ersatzbänken. Wir sind ein bisschen besser als Afrika ...

Diese Situation ist entstanden, weil wir hier in Deutschland und Europa seit Jahren im Tiefschlaf sind. Und zwar auf allen Ebenen. Große Teile von Politik und Wirtschaft liegen hierbei eng umschlungen im gleichen Bett. Von der Industrie angefangen bis hin zu vielen Unternehmen in unserer stolzen mittelständischen Ökonomie. Welche Bedeutung Daten in unserer Zeit haben und welche völlig neuen Wertschöpfungsketten damit entwickelt werden können, wenn man die Kreativität, die notwendige Kompetenz und Technologie besitzt, das ist in vielen Chefetagen deutscher Unternehmen auch jetzt noch nicht angekommen. Wir alle waren und viele von uns sind noch immer im Tiefschlaf.

Wer die Dynamik und Agilität, sowie die strategische Kraft der asiatischen Ökonomie, begonnen bei kleinen innovativen Start-ups bis hin zu gigantischen Megakonzernen wie Softbank, Alibaba, JD.com oder Tencent beobachtet, der erkennt, was uns in Europa blüht. Diese Akteure werden uns hier in der Alten Welt schon in wenigen Jahren technologisch und ökonomisch überrollen. Sie sind uns heute bereits in allen wesentlichen Bereichen der Digitalisierung weit voraus. Aber viel wichtiger ist, dass sie das haben, was bei uns fehlt: Eine industriepolitische Strategie und Konzeption. Von den Regierungen in Peking, Tokio oder Seoul mitentwickelt. Organisiert und umgesetzt in unmittelbarer Kollaboration mit den wichtigsten, innovativsten und kapitalstärksten Investoren ihres Systems. Wir werden, wenn es so weitergeht, zu technologisch abhängigen Kolonien der asiatischen Digitalkonzerne. In allen entscheidenden Technologiefeldern, die unsere nähere Zukunft prägen werden, sind wir bereits heute abgehängt und nur noch Konsumenten.

Es ist naiv zu glauben, dass wir mit unserem aktuellen politischen und wirtschaftspolitischen Kurs und unserer innovationsfeindlichen Haltung in Deutschland und Europa ökonomisch und gesellschaftlich überleben werden. Wir haben nicht mehr viel, was wir dieser Innovationsdynamik ernsthaft entgegensetzen könnten. Natürlich fällt es vielen schwer, jetzt solch grundsätzliche Fragestellungen zuzulassen, denn wir haben doch aktuell so viele gute Zahlen. Der Export boomt, die deutsche Automobilindustrie fährt, trotz aller Betrügereien am Kunden, ein Rekordjahr nach dem anderen ein, die neue Bundesregierung der großen Langeweile träumt von der Vollbeschäftigung im Verlaufe der nächsten Jahre.

Sie meint sogar, ein Heimatministerium hätte aktuell eine höhere Priorität als ein Digitalministerium.

Glauben Sie nicht? Ist aber so!

Historische Fehlentscheidung

Vor wenigen Wochen saß ich mit unserem aktuellen Bundeswirtschaftsminister, Peter Altmaier, gemeinsam in einer Talkshow in Frankfurt. Nachdem ich eine Keynote zu den Auswirkungen der Digitalisierung zum Besten gegeben hatte, diskutierten wir gemeinsam mit Wolfgang Bosbach über diese Themen. Nachdem ich Peter Altmaier direkt gefragt hatte, warum es denn nun auf Bundesebene nicht dieses so bitter benötigte Digitalisierungsministerium mit Geld und Kompetenzen gäbe, da sagte er, dass er dieses Ministerium auch gefordert hätte. Aber er meinte, dass wir bis heute keine neue Bundesregierung zusammenbekommen hätten, wenn diese Forderung aufrechterhalten worden wäre.

Auf meine Frage, wer von den Beteiligten denn nun bitte schön konkret das Digitalministerium verhindert hätte, antwortete er:

Alle! Alle drei an den Koalitionsverhandlungen beteiligten Parteien, alle zukünftigen Minister. Denn niemand sei bereit gewesen, in seinem jeweiligen Ressort auf die damit verbundenen Kompetenzen und Ressourcen zu verzichten.

Niemand!

In dieser Bundesregierung hat ganz offensichtlich bis heute niemand begriffen worum es wirklich geht und was gerade passiert. Die Verantwortlichen dort in Berlin behandeln das Thema der „Großen digitalen Transformation" als eines von vielen wichtigen Themen. Niemand von ihnen versteht, dass es sich in Wirklichkeit um eine Schicksalsfrage für Deutschland und Europa handelt.

Wolfgang Bosbach, den ich später zum gleichen Thema noch einmal befragt hatte, gab eine ganz klare Einschätzung dazu ab: „Die Not ist nicht groß genug. In der aktuellen Situation ist kein Minister bereit, auf Einfluss und Ressourcen für ein solches zentrales Digitalisierungsministerium zu verzichten." Auf meine Frage hin, ob die Politiker dort in Berlin denn keine Sorge hätten, dass die Not schon bald deutlich größer werden könnte, meinte er, dass dieses in den kommenden drei bis vier Jahren noch nicht zu befürchten sei.

Und genau das ist unser Problem. Die Verantwortlichen dort denken nur in den zeitlichen Dimensionen von Legislaturperioden. Was danach kommt, interessiert niemanden wirklich. So nach dem Motto: Wer weiß, ob ich dann noch dabei bin. Da können sich dann ja andere drum kümmern.

Diese historische Fehlentscheidung der aktuellen Bundesregierung wird weiter dazu beitragen, dass unser System vor die Wand fährt.

Wie selbstverständlich und wichtig ein solches Ministerium wäre, zeigt ja die Tatsache, dass es ein solches mittlerweile sogar in vielen Bundesländern und auch in den meisten anderen Ländern Europas gibt. Digitalisierung auf der „Regierungs- und Verwaltungsebene" von Staaten und Organisationen braucht vor allem: Innovation, Kreativität, Regeln, Standards und Führung! Dies braucht es in einem Staat von der Spitze ab durch alle staatlichen Strukturen hindurch mit einem System. So wie zum Beispiel in Estland. Erst kürzlich war ich in Tallinn und habe mich darüber informiert, wie im Mekka der Digitalisierung so was abläuft.

Ich habe 3 Tage geweint.

Jeder Bürger Estlands hat einen digitalen Personalausweis und eine persönliche digitale ID mit einer Chipkarte, die es ihm möglich macht, sich fälschungssicher von jedem PC der Welt aus auf seiner persönlichen digitalen Plattform, die wie eine Ringleitung angelegt ist, einzuloggen und sicher zu identifizieren. Jeder Este hat das!

Auf dieser Plattform können die Bürger alles machen, was im Verhältnis Bürger-Staat zu organisieren ist.

Beispiele gefällig? Gerne: Auto abmelden, Kindergarten anmelden, Firma gründen, bei Wahlen abstimmen, Dokumente erneuern, Beglaubigungen anfordern, Steuererklärung abgeben, alles, einfach alles außer Heiraten und Scheidenlassen ...

Und das allermeiste davon: mit einem Klick!

Komfortabel, sicher und zuverlässig.

Was bedeutet das in der Konsequenz? Die allermeisten Esten vertrauen dem System und genießen den hohen Komfort. Jede Menge Dienstleister und Versorger können sich auf dieser staatlichen Ringleitung andocken und darüber ihre Leistungen den Bürgern sicher zur Verfügung stellen. Und diese können das nutzen, wenn sie möchten. Das System wird jeden Tag leistungsfähiger. Die Verwaltungsapparate in Estland benötigen ca. 40 % weniger Personal als in vergleichbaren Ländern. Die Bürger haben die totale Kontrolle über ihre Daten und einen intelligenten Service. Jeder Bürger kann ganz genau feststellen, welcher Beamte wann und warum auf welche seiner Daten zugegriffen hat. Bei Missbrauch gibt es hohe Strafen. Niemand steht stundenlang auf dem Amt herum und muss sich mit mangelhaftem Service in den Ämtern begnügen. Niemand muss lange diskutieren und sich von schlecht gelaunten oder schlichtweg überforderten Beamten schikanieren lassen.

Ja, ich weiß dass die meisten unserer Beamten und Angestellten im öffentlichen Dienst einen guten Job machen. Und wenn sie dann mal schlecht drauf sind, dann mag es oft so sein, dass sie überfordert sind, weil der Staat einfach nicht die notwendigen Ressourcen zur Verfügung stellt.

In Ländern wie in Estland haben diese Leute deutlich bessere Arbeitsbedingungen, weil ein wesentlicher Teil der standardisierten Arbeit am Bürger im Netz organisiert wird und man sich in den Ämtern auf die komplexen und wirklich wichtigen Aufgaben fokussieren kann.

Und wir hier in Deutschland?

Bunter Flickenteppich

Wir verspielen unsere Zukunft. Politisch wie ökonomisch. Die notwendigen Veränderungsprozesse werden blockiert. Von Menschen in Politik und Verwaltungen, die nicht verstehen, was gerade in dieser Welt passiert. Menschen, die in ihren selbst geschaffenen Strukturen dermaßen verfangen sind, dass sie nicht einmal mehr irgendeinen Ausweg erkennen. Ich vermute schon, dass viele der Beteiligten längst das eigene Desaster erkannt haben, längst wissen, dass diese Systeme in keiner Weise zukunftsfähig sind. Sie starren wie die Maus auf die Schlange und warten auf den eigenen Niedergang. Die völlige Mutlosigkeit hat sich breit gemacht. Diese Systeme erlauben keinen neuen kreativen Ansatz, keine offene Diskussionen, sie verwalten sich nur noch selbst. Und sie werden gestützt, von hierarchischen Strukturen, die größtenteils noch aus der Kaiserzeit stammen. Und von unserem föderalistischen System.

In Deutschland regieren im Wesentlichen die Bundesländer. Und so wie bei den Themen der Sicherheit oder der Bildung macht natürlich auch beim Thema Digitalisierung jedes Bundesland, was es will. Wenn es überhaupt wirklich was macht.

Es ist ein Desaster in Form eines bunten Flickenteppichs. Wir bräuchten eigentlich mindestens eine klare bundesweite Digitalisierungsstrategie, besser eine europäische, mit klaren Vorgaben und Standards im Umgang mit Daten und deren Verarbeitung. Damit diese mindestens bundesweit zwischen sämtlichen Behörden und Verwaltungen ausgetauscht und ausgewertet werden könnten. Stattdessen macht so ziemlich jede Institution im ganzen Land, was sie will ...

Die digitale Servicequalität für die Bürger ist in den meisten Kommunen lächerlich. Wir feiern uns dafür, wenn Bürger ihren Termin auf dem Amt online vereinbaren können. Das nennen wir dann digitalen Service.

Das entspricht der gleichen mittelmäßigen Logik, wie die meiner IHK im Bergischen, die zu einem Digitalisierungskongress einlädt und die Gäste dann nötigt, nach einer digitalen Anmeldung die Bestätigung auf Papier auszudrucken und wenige Monate später zur Vorlage am Eingang mitzubringen.

Ich kann es gar nicht oft genug wiederholen: Wir sind in Deutschland nichts anderes als ein Entwicklungsland der Digitalisierung. Und das hat zum einen mit mangelhafter technologischer Entwicklung, viel mehr aber mit der Ignoranz in den Köpfen der handelnden Personen zu tun.

Der daraus resultierende Schaden für unsere Volkswirtschaft ist unbeschreiblich, und ich vermute, dass niemals irgendein Ökonom in der Lage sein wird, diesen volkswirtschaftlichen Schaden zu berechnen.

In so ziemlich jeder größeren Stadt basteln die Verantwortlichen aktuell an Ihren eigenen Strategien und Softwarelösungen. In dem ein oder anderen Bundesland haben sich Kommunen und Landkreise auf freiwilliger Basis zusammengetan und einen Dienstleister damit beauftragt, gemeinsame Softwarelösungen zu entwickeln. Was schon mal ein Fortschritt ist. Aber in der Summe bleibt alles ein riesiges Stückwerk.

Es tut mir leid das sagen zu müssen: Unterm Strich sind wir aktuell in keiner Weise auf das vorbereitet, was gerade auf uns zukommt. Die Welle des Tsunamis rollt, nimmt Minute für Minute mehr Energie auf und bei uns stehen gerade eine Menge Leute gelangweilt am Strand und schauen desinteressiert aufs Meer hinaus.

Diese vierte industrielle Revolution wird uns überrollen, wenn es so weitergeht.

„Unnatürliche" Todesfälle

Ich befürchte, dass wir bei dieser vor uns liegenden disruptiven technologischen Entwicklung die erforderliche gesellschaftliche Entwicklung nicht in der notwendigen Geschwindigkeit schaffen werden. Ich sehe eine große Gefahr, wenn es uns nicht gelingt, die Menschen bei diesem Prozess richtig mitzunehmen, sie zu Gewinnerinnen und Gewinnern dieses Prozesses zu machen. Das Problem besteht darin, dass sie nicht ausreichend Zeit und Unterstützung für die eigene Veränderung bekommen. Diese Gefahr ist groß, denn das Tempo der technologischen Veränderungen wird jeden Tag schneller, denn sie verläuft eben nicht mehr linear sondern exponentiell.

Das könnte dazu führen, dass immer mehr Menschen in Hoffnungslosigkeit und Depression verfallen, weil sie das Gefühl entwickeln, bei all dem nicht mehr mitzukommen und nicht mehr beteiligt zu sein.

Damit könnte sich ein Problem verschärfen, das bereits heute riesig ist und in unserer Öffentlichkeit leider systematisch ausgeblendet wird, weil es ein Tabu ist.

Selbsttötungen!

Wenn Sie sich einmal die amtlichen Statistiken ansehen, in denen erfasst wird, auf welche Art und Weise eigentlich Menschen in Deutschland sterben, jenseits der „normalen" Todesfälle, die mit Krankheiten wie zum Beispiel Herz-Kreislauf, Krebs, Diabetes oder dem Alter zusammenhängen, dann werden Sie womöglich staunen.

Mit die häufigste Todesursache der sogenannten „unnatürlichen" Todesfälle sind Selbsttötungen. Es macht durchaus Sinn, sich mit diesen Zahlen einmal zu beschäftigen. Denn wenn Sie lesen, dass zum Beispiel im Jahr 2015 in Deutschland ca. 680 Menschen Todesopfer krimineller Handlungen wurden und gleichzeitig mehr als 10.000 Menschen den Freitod gewählt haben, dann könnten Sie in Frage stellen, ob wir uns als Gesellschaft, vor allem aber auch in den Medien, immer mit den richtigen Fragen beschäftigen. Ob wir tatsächlich die richtigen Prioritäten setzen.

Es werden in Deutschland Milliarden aufgewendet, um die Anzahl der Todesopfer im Verkehr zu reduzieren. Das ist einerseits natürlich richtig. Aber wenn ich sehe, dass mehr als dreimal so viele Menschen durch Suizid ums Leben kommen als im Straßenverkehr, dann frage ich mich schon, ob die Verhältnismäßigkeit stimmt. Mein Eindruck ist, dass wir bei Weitem nicht so viel Aufmerksamkeit und Ressource aufwenden, um Menschen zu helfen, die an Depressionen leiden bzw. um die Ursachen ihrer zunehmenden Hoffnungslosigkeit zu erforschen.

Im Jahr 2015 wurden in Westeuropa ca. 165 Menschen durch Terrorakte getötet. In Deutschland waren es keine fünf. Seit der Jahrtausendwende wurden in 17 Jahren in Deutschland weniger als 60 Menschen Opfer eines Terroraktes. Das ist erfreulich, denn in den 70er, 80er und 90er Jahren des letzten Jahrhunderts waren es deutlich mehr.

In den 17 Jahren seit der Jahrtausendwende haben sich aber mehr als 160.000 Menschen in Deutschland entschieden, nicht mehr leben zu wollen, weil sie das Gefühl hatten, es nicht mehr zu können. Die Dunkelziffer dabei einfach mal ausgeblendet.

Und jetzt frage ich Sie: Wie viele Talkshows und ARD-Brennpunkte haben Sie in den letzten 17 Jahren zu diesem Thema gesehen? Ich kann mich leider an kaum eine erinnern.

Wieviele Talkshows, Brennpunkte und Sondersendungen mussten wir in den letzten Jahren zum Thema „Terror in Deutschland" über uns ergehen lassen? Wer vermag sie zu zählen? Wieviele Leitartikel? Wieviele desinformierende oder hetzerischen Zeitungsartikel? Wieviele Aufgeregtheiten in den sozialen Medien?

Und wie sie streiten und diskutieren, dort in den Talk-Shows vor dem Millionenpublikum. Sie echauffieren sich und blasen sich gewaltig auf. Mancher Promi und Politiker unserer Zeit erweckt den Eindruck, als gäbe es kein Thema, bei dem man sich besser profilieren kann als bei diesen Terrorthemen. Da wo Angst herrscht, kann man den Menschen fast jeden Blödsinn als dringende Notwendigkeit verkaufen. Hauptsache jetzt passiert was. Und dann akzeptieren die Menschen auch viel eher, in Zukunft in einem Überwachungsstaat zu leben. Sicherheit geht nun mal vor!

Aber wer von den politisch Verantwortlichen beschäftigt sich nachhaltig mit der Frage: Warum schaffen wir es eigentlich nicht, Menschen zu helfen, die verzweifelt sind?

Wie viele Milliarden wenden wir auf, um uns vor geifernden und todesmutigen IS-Kämpfern zu schützen? Wir geben sogar einen erheblichen Teil unserer Freiheitsrechte auf, weil diese Panikmache der letzten Jahre uns das Gefühl vermittelt hat, dass schon im nächsten Moment jemand um die Ecke kommt und uns den Kopf abschneiden will.

Bitte nicht falsch verstehen, Sicherheitsvorkehrungen waren immer schon richtig und sind es auch heute. Aber haben wir noch das richtige Maß? Setzen wir die richtigen Prioritäten?

Meine Sorge ist, dass die schon lange erschreckenden Zahlen der Selbsttötungen noch einmal deutlich zunehmen könnten, wenn wir uns als Gesellschaft nicht endlich intensiv mit den anstehenden Veränderungsprozessen auseinandersetzen und konkrete Unterstützung für Betroffene organisieren.

Wir brauchen eine umfassende Struktur mit kompetenten „Lifecoaches". Menschen also, die mit viel Empathie und Sachverstand anderen Menschen auf ihrem ganz persönlichen Weg der eigenen Transformation helfen können. Es gilt, diese Menschen zu begleiten, damit sie sich mit all den Veränderungen in unserer Gesellschaft zurecht finden können. Den Menschen zu helfen, die eine berufliche Veränderung benötigen, weil es ihren Beruf ganz plötzlich nicht mehr gibt, und ihnen beratend zur Seite zu stehen, wenn es darum geht, die eigenen Talente zu erkennen und eine Leidenschaft für ein neues Leben zu entwickeln. Es wird eine große Zahl an diesen „Lifecoaches" brauchen, und wir wären klug beraten, solche Organisationsstrukturen schnell zu entwickeln. Denn es bleibt uns nicht mehr sehr viel Zeit dafür.

Es geht eben um mehr als nur um Zahlen und Fakten. Es geht um mehr als die Frage nach meinem Job oder der Höhe meines Arbeitslosengeldes. Es geht womöglich für manche ums nackte Überleben.

50-50

Momentan steht das Spiel fifty-fifty: Entweder übernehmen eines Tages Systeme der Künstlichen Intelligenz die Kontrolle über große Teile unseres täglichen Lebens, oder die Menschen finden zur Besinnung und gestalten endlich den notwendigen Prozess der Regulierung und Kontrolle über die Systeme der Künstlichen Intelligenz, um selbst über ihr Leben und die Zukunft ihrer Kinder und des Planeten zu entscheiden.

Beispielhaft könnte dabei der Prozeß im Zusammenhang mit der Kontrolle der Atomwaffen sein. Hier hat die Menschheit bewiesen, dass sie nach einem katastrophalen Erlebnis lernfähig war. Und Strukturen, Regularien und Kontrollmechanismen entwickelt hat, die nötig sind, um eine solche Technologie und deren Ausbreitung so zu beherrschen, dass bis heute seit Nagasaki kein weiterer Atomwaffeneinsatz stattgefunden hat.

Wenn wir uns in Bewegung setzen und *jetzt* unser Leben, unser Arbeiten und unsere Gesellschaftsordnung gestalten, in Kenntnis aller Folgen der Digitalisierung und des Vormarsches der Künstlichen Intelligenz, dann haben wir die Chance, das Spiel für uns zu entscheiden.

Wenn wir die Fehlbarkeit des Faktors Mensch zum Beispiel aus politischen oder juristischen Prozessen heraushalten, haben wir die Chance auf deutlich mehr Gerechtigkeit in der Welt.

Wenn wir uns nach der Automatisierung von Routinetätigkeiten aktiv neue, höherwertige Betätigunsfelder erschließen, und mit unserer urmenschlichen Kreativität die Welt zu einem besseren Ort machen, werden wir noch mehr Sinn und Bewusstsein erfahren, als wir es heute tun.

Und wenn wir für die ganze Arbeit, die die KI-Systeme und Roboter verrichten werden, ein faires Entlohnungssystem finden, in dem alle Menschen Gewinner werden, dann haben wir tatsächlich ein leichteres und schöneres Leben!

Denn eins ist klar: Die künstliche Intelligenz ist da, sie lässt sich auch nicht mehr abschaffen. Und noch haben wir die Gelegenheit, zu entscheiden, wie wir sie einsetzen: so, dass sie uns als Menschen dient – oder so, dass sie beginnt, uns das Leben zu diktieren. Wenn wir jetzt als Kollektiv kluge Entscheidungen treffen, dann können wir die Welt dank den Robotern sogar menschlicher machen, als sie heute ist.

Wir können die globale Ungerechtigkeit, die globale Umweltzerstörung, den Welthunger, die allseits herrschenden Energie- und Versorgungsengpässe, die finanziellen Probleme, die Schere zwischen Arm und Reich und sogar den Klimawandel beenden!

Wäre das nicht schön? Noch nie hatten wir so gute Chancen, die globalen Probleme zu lösen wie jetzt. Wir haben ein ungeheures Privileg: Wir dürfen die Weltordnung neu entwickeln. Und wir sollten jetzt damit beginnen.

3.2

GLOBAL
DIGITAL

Wenn wir uns die aktuelle Situation in der politischen Landschaft Europas und darüber hinaus ansehen, die großen Herausforderungen durch den zunehmenden Populismus in den Gesellschaften und das Erodieren der gemeinsamen Werte und politischen Landschaften, dann fällt es schwer zu glauben, dass wir aus dieser Situation heraus jetzt wirklich eine neue Weltordnung entwickeln können.

Aber seien wir realistisch. Die neue Weltordnung ist bereits in der Entwicklung. Wenn wir wollen, dass sie auch unsere Interessen berücksichtigt, dann werden wir uns jetzt dabei entsprechend einbringen müssen, denn wir befinden uns in der Phase einer großen Selbstzerstörung bestehender Systeme. Und wirklich große Veränderungen sind nur möglich, wenn das Bestehende zerstört wird. Und ich finde, dass es ein Privileg ist, in einer Zeit zu leben, in der wir uns ganz aktiv an dieser Entwicklung des neuen beteiligen können.

Chancen für gerechte Teilhabe

Mit den Chancen der Digitalisierung die bestehenden globalen Probleme lösen und eine neue, gerechtere Weltordnung schaffen – was für eine Chance und Herausforderung für uns in den reichen und hochindustrialisierten Ländern. Wir haben viel zu gewinnen, aber natürlich auch viel zu verlieren. Wenn wir über diese Chancen nachdenken, müssen wir uns aber auch mit der Frage befassen, was diese ganzen technologischen Fortschritte für die heute schon benachteiligten Länder vor allem im südlichen Teil des Planeten konkret bedeuten. Wird sich die Situation für diese nicht eher noch verschärfen, wird das Gefälle der Weltwirtschaft nicht noch größer werden?

Wenn jemand diese Befürchtung äußert, widerspreche ich ihm gerne und vehement. Denn es ist meine feste Überzeugung, dass durch die Digitalisierung die Menschen und die Gesellschaften, die heute benachteiligt sind, völlig neue Chancen bekommen. Chancen für eine gerechte Teilhabe, die sie bis jetzt nie zuvor in dieser Form hatten. Die Chance, endlich mal nicht der letzte in der Wertschöpfungskette zu sein, sondern adäquat zu partizipieren. Und dadurch zusätzliche Entwicklung und in deren Folge auch einen höheren gesellschaftlichen Wohlstand zu generieren. Das könnte bedeuten: Partizipation an technologischer Entwicklung, Wertschöpfung und stabile gesellschaftlichen Rahmenbedingungen.

Doch Chancen haben und Chancen nutzen sind zweierlei Dinge: Es ist noch lange nicht ausgemacht, dass die sogenannten Entwicklungsländer sie wirklich wahrnehmen. Denn auch diese Völker müssen ähnliche Prozesse wie wir durchlaufen, um mit der Technologie richtig umgehen zu lernen, sie zu pflegen und zu warten und sie weiterzuentwickeln. Bei der Implementierung von neuer Technologie in ärmeren Ländern kommt es auch darauf an, die Menschen mitzunehmen und den Technologietransfer unter Berücksichtigung der kulturellen Besonderheiten zu gestalten.

Sonst kann es passieren, dass die neue Technologie sich selbst überlassen wird und zugrunde geht, wie es in Afrika schon viel zu oft der Fall war: Solaranlagen, die beim ersten Defekt plötzlich ausgefallen sind, verrotten auf den Dächern der Krankenhäuser. Teure Technologie, die in Form der westlichen Entwicklungshilfeprojekte installiert wird, dann aber nicht mehr gewartet werden kann, weil häufig Ersatzteile, Know-how und Bewusstsein fehlen, macht unterm Strich keinen Sinn. Wenn flankierend nicht die nötige Infrastruktur geschaffen, Wissen konstruktiv weitergegeben und zur Mentalität passend vermittelt wird, ist die Wahrscheinlichkeit eines Versagens hoch. Und das kann teuer werden – verrottende oder ungenutzte Technologie kann sich kein Staat der Welt leisten und nimmt auch den Glauben an den Nutzen von modernen Technologien bei den betroffenen Menschen!

Benachteiligung mit System

Warum die Völker aus dem Süden heute immer noch so sehr benachteiligt sind, hat natürlich unendlich viele auch sehr individuelle Gründe, je nachdem, in welche Region man schaut. In jedem Fall ist es auch das Resultat einer teils selbst gewählten Abhängigkeit von den reichen Ländern im Norden, unfairen Handelsbedingungen, die wir im Norden diktieren, mangelnder Infrastruktur, mangelnder Bildung und großer Korruption in vielen dieser Staaten. Dieser Zustand dort ist durchaus von Menschen gemacht und kein Zufall. Der Rückstand der deutlich langsamer entwickelten Staaten rührt aber auch daher, dass deutlich reichere Staaten wie der unsere davon leben, dass es anderen nicht so gut geht. Die Entwicklungsländer werden von uns noch viel zu oft als Produktionsstätten zu Dumpingpreisen oder als gefügige Absatzmärkte für Überreste unserer eigenen Produktion missbraucht. Diese Staaten sind für die Industrienationen die billigen Produktlieferanten, sie stellen unter ausbeuterischen, menschenunwürdigen Bedingungen die niedrigpreisigen Güter her, die wir konsumieren.

Zum Beispiel in Afrika, das unendlich reich an Rohstoffen ist, die unsere Industriegesellschaft benötigt: Unter welchen menschen- und umweltzerstörenden Bedingungen etwa im Kongo der Abbau von Kobalt passiert, liegt auch in unserer Verantwortung. Oder zum Beispiel in der Textilindustrie, die wir mehr oder weniger komplett in zahlreiche Länder Asiens verlagert haben, damit Bekleidungsartikel für Ketten wie H&M oder Primark und viele andere „Topmarken" so billig sind, wie wir sie heute verlangen. Zynische Zungen (und sagen die nicht oft die Wahrheit?) nennen diese Bekleidung auch Wegwerfware, da es teurer ist, sie zu waschen und erneut zu tragen, als sie im Müll zu entsorgen und sofort neue zu kaufen. Was machen wir da? In einer Zeit, in der wir genau wissen, dass wir nur durch nachhaltiges Wirtschaften und dementsprechend bewussten Konsum überleben können, befördern wir diesen Wahnsinn.

Die zunehmende Anzahl der armen Menschen in Deutschland und den anderen reichen Ländern rechtfertigt diese Entwicklung in keiner Weise. Denn erstens macht es auch für Arme keinen Sinn, Produkte zu kaufen, die dann nach kurzer Benutzungszeit in den Müll wandern, weil sie einfach ein schlechtes Produkt sind und spätestens dann ein wirklich teures Produkt geworden sind. Zweitens lebt die große Masse bei uns immer noch in vergleichsweise hervorragenden wirtschaftlichen Bedingungen und hat deswegen durchaus die Möglichkeit, sehr bewusst auszuwählen und nach entsprechenden Produktstandards zu schauen.

Win-win-win-win

⁕ Übrigens, auch bei diesen Themen kann uns die Digitalisierung sehr helfen. Per App. In Großbritannien gibt es schon seit einigen Jahren die sogenannte „Giki badges"-App. Sie kaufen ein, scannen den Barcode des ausgewählten Produkts, und die App zeigt Ihnen mit sehr einfachen Erklärungen direkt an, ob dieses Produkt unter Aspekten der nachhaltigen Herstellung und der gesundheitlichen Auswirkungen zu empfehlen ist. Wenn Sie möchten, bekommen Sie auch direkt den Hinweis auf bessere Produkte oder solche, die aus dem „Fairen Handel" aus heute benachteiligten Ländern stammen.

Das ist eine Win-Win-Win-Win-Situation: Sie als Verbraucher finden ein besseres Produkt, der Anbieter des besseren Produktes findet Sie und damit einen neuen Kunden, die Gesellschaft als ganzes profitiert davon, weil die Umwelt weniger geschädigt wird, und unter Umständen profitieren noch Anbieter aus heute benachteiligten Ländern davon. Ist das nicht großartig? Leider gibt es dies App noch nicht in Deutschland, aber ich denke, es wird nicht mehr lange dauern, bis sich auch hier Anbieter dafür finden werden.

Um diesen zukunftsfeindlichen Kreislauf zu durchbrechen, gibt es nur eine Möglichkeit: Es muss ein Bewusstseinsprozess bei allen Schichten der Bevölkerung und allen Altersgruppen in Gang gesetzt werden, der zum Umdenken führt. Wir müssen diesen Völkern endlich eine faire Chance geben: mit unserer Bereitschaft, fairen Handel zu betreiben, dort faire Produktionsbedingungen zu schaffen und den Menschen die benötigte Technologie zur Verfügung zu stellen.

Ein Faktor spielt uns dabei in die Karten: Die Digitalisierung macht es möglich, dass Prozesse, die bislang nur oder vor allem in den sogenannten industrialisierten, entwickelten Ländern funktionierten, plötzlich relativ schnell an jeder Stelle dieses Planeten implementiert werden können. Nämlich überall da, wo es Strom und Internet gibt! Das sind die beiden Voraussetzungen für die ökonomische und ökologische Weiterentwicklung, sie können einen echten Boom auslösen.

In den letzten Jahren haben sich diese Bereiche auch in den benachteiligten Staaten dramatisch schnell entwickelt. Zum Beispiel ist das Smartphone in Afrika die absolute Nummer eins der Gebrauchsgüter, ich würde sogar sagen, es hat auf diesem Kontinent eine noch größere Bedeutung als bei uns! Über ihr Smartphone führen viele Afrikaner große Teile ihrer Kommunikation, aber auch ihrer wirtschaftlichen Aktivitäten aus. Zum Beispiel wickeln sie Bezahlvorgänge völlig selbstverständlich über die Smartphones ab. Und ich habe Ihnen ja schon an anderer Stelle prognostiziert: Es bleibt nicht nur beim digitalen Bezahlen, sondern es wird auch alternative Währungen geben! Wenn zum Beispiel Giganten wie Google, Amazon, Apple, Alibaba oder Facebook eigene Währungen etablieren. Die Blockchain-Technologie ist eine große Chance gerade für die heute benachteiligten Länder. Wenn sie auf digitale Lokalwährungen umsteigen, können sie die Abhängigkeit von einer internationalen Währung wie dem Dollar oder dem Euro überwinden.

Der andere große Faktor, das Internet, ist in vielen dieser Länder schon angekommen. Und wo dies noch nicht der Fall ist, werden Unternehmen wie Facebook und Google dafür sorgen, dass es überall hinkommt. Erst kürzlich stellte Airbus seine neue unbemannte und solarbetriebene Drohne mit dem Namen „Zephyr" vor. Sie hat 25 Meter Spannweite, wiegt 75 Kilo, fliegt auf ca. 20.000 Meter Höhe und kann einen Monat lang ununterbrochen in der Luft bleiben. Solche preiswerten Systeme werden in Zukunft viele Aufgaben übernehmen, die in der Vergangenheit entweder von sehr teuren Satelliten übernommen wurden oder eben gar nicht erledigt werden konnten. Airbus will in einer Kooperation, unter anderem mit Facebook, digitale Services und flächendeckendes Internet bis in die entlegensten Gebiete dieser Länder bringen. Ehrlich gesagt könnten wir hier in Deutschland diesen Service ebenfalls sehr gut gebrauchen. Leider!

Eine flächendeckende Internetversorgung in den heute benachteiligten Ländern werden wir in den nächsten Jahren auf jeden Fall erleben. Dafür stehen die kommerziellen Interessen dieser großen Unternehmen, die auch dort ihr Geld verdienen wollen. Und sie werden sich diesen aufstrebenden Markt nicht entgehen lassen!

Es werde Licht

Smartphones und Internet, alles schön und gut. Aber das bringt alles nichts, wenn die sonstige Infrastruktur nicht vorhanden ist. In vielen afrikanischen Staaten ist die Stromversorgung noch ein riesiges Problem. Über die Hälfte der heute auf dem Kontinent lebenden 1,2 Milliarden Menschen hat überhaupt noch keinen Zugang zu Elektrizität. Insgesamt ist die Energieversorgungssituation aktuell noch in vielen nicht industrialisierten Ländern desaströs.

Aber ich habe einen Traum: In 10–20 Jahren werden Strom, Wärme, Kälte und die Voraussetzungen für eine nachhaltige Mobilität in vielen dieser Länder Realität sein. Und damit setzt eine ganz neue Entwicklung ein, damit setzen ganz neue Wertschöpfungsmöglichkeiten ein. Ich sehe in genau diesen Ländern eine große Chance: die Energieversorgung und Infrastruktur neu zu denken. Und hier endlich Mal von vorne herein alles richtig zu machen!

Wer zwingt sie denn, unsere Fehler der Vergangenheit zu wiederholen?

Sinkende Kosten für erneuerbare Energieerzeugungsanlagen können vielen afrikanischen Ländern den Sprung in eine saubere Zukunft ermöglichen. Den Umweg über schmutzige Energie kann sich der Kontinent sparen.

Genau das ist auch die Botschaft des früheren Generalsekretärs der Vereinten Nationen, Kofi Annan, wenn er sagte:

Die afrikanischen Nationen müssen sich gar nicht erst auf die alten, kohlenstoffreichen Technologien fixieren. Wir können unsere Energieerzeugung ausweiten und einen allgemeinen Zugang zu Energie erreichen, indem wir direkt zu den neuen Technologien springen, die die Energieversorgungssysteme überall auf der Welt transformieren.

Jetzt geht es also von vorne los – die neue Energieversorgung in diesen Ländern kann in etwa so aussehen, wie ich es Ihnen als Vision für unser Land geschildert habe: direkt, erneuerbar, dezentral und digital. Und vor allem: in der Hand der Bürger und der Unternehmen vor Ort.

Aber natürlich lassen die großen Energiegiganten sich ihre Pfründe nicht so leicht entreißen und wollen natürlich in diesen kommenden Märkten mitmischen. Das heißt, dass auch hier die immer gleichen Oligarchen versuchen, zentrale Strukturen mit großen Kraftwerken und entsprechendem Energietransport über Hunderte Kilometer lange Leitungen zu organisieren.

Dabei ist Afrika geradezu prädestiniert dafür, die Nutzung grüner Energie zu etablieren. Nicht unbedingt die Wasserkraft, die zur Zeit in manchen Regionen noch eine sehr wichtige Rolle spielt. Mehr als ein Drittel der Staaten in Afrika bezieht momentan den Hauptanteil der Elektrizität aus Wasserkraftwerken. Wasserkraft? Sie werden jetzt vermutlich erstaunt nachfragen: Das wird in diesem staubtrockenen Kontinent zur Energieversorgung genutzt? Tatsächlich ist die Wasserkraft dort erst durch die Trockenperioden der letzten Jahre zu einer höchst unzuverlässigen Energiequelle geworden. Und das führt dazu, dass auch die Teile der Bevölkerung, denen eigentlich Strom zur Verfügung steht, unter ständigen Ausfällen leiden. Grund für die Ausfälle ist aber natürlich auch, dass der Strombedarf ständig steigt und neue Kapazitäten nicht in der gleichen Geschwindigkeit mitwachsen.

Doch viele afrikanische Staaten sind gerade erst dabei, eine neue oder alternative Infrastruktur für die Energieversorgung aufzubauen. Und dabei wird die grüne Energie immer wichtiger: Laut einem Bericht der International Renewable Energy Agency IRENA gibt es in Afrika eine gewaltige verfügbare Menge an grüner Energie. Die Forscher errechneten ein Potenzial von 300 Millionen Megawatt Sonnenenergie sowie 250 Millionen Megawatt Windenergie. Die gesamte Kapazität aller Kraftwerke auf dem afrikanischen Kontinent betrug bei voller Leistung Ende 2015 aber nur 150.000 Megawatt, davon 3,6 % aus Sonnen- und Windkraftwerken. Was liegt also näher, als in Afrika direkt auf die richtigen, erneuerbaren Energien zu setzen und Windkraftanlagen und Sonnenkraftwerke zu errichten? Das ist die perfekte Lösung für diese Länder! Auf jeden Fall ist die deutsche und europäische Politik aufgefordert, dort zu helfen. Und zwar diesmal richtig! In der Vergangenheit waren viele sogenannte Entwicklungshilfeprojekte, bei aller Mühe und gutem Willen der Beteiligten, oft nicht wirklich von nachhaltigem Erfolg.

Wir und vor allem die Menschen in diesen Ländern haben dadurch sehr viel Zeit verloren, Zeit und Perspektive. Ein Grund, warum so viele sich aktuell wieder auf den Weg in den Norden machen.

Jetzt ist nachhaltiges Handeln gefragt und auch eine gezielte politische und industriepolitische Strategie, die auch den afrikanischen Staaten hilft, sich selbst zu helfen. Das ist die Chance, es deutlich besser zu machen als in der Vergangenheit. Auch im unternehmerischen Bereich gibt es hierfür durchaus schon sinnvolle Modelle.

Energie aus dem Container

Durch gezielte Partnerschaften mit Unternehmen, die in einen kontinuierlichen Prozess der Zusammenarbeit und Veränderung investieren, kann viel geschehen. Im Bereich Photovoltaik gibt es ein paar Firmen, die das sehr engagiert und professionell organisieren, zum Beispiel ein Unternehmen aus dem Frankfurter Raum, Africa GreenTec: Torsten Schreiber, seine Frau Aida, die selbst aus Mali stammt, und ihre vielen Mitstreiter haben ein Konzept entwickelt, bei dem Schiffscontainer hier in Deutschland umgerüstet und mit einem standardisierten Energieversorgungssystem ausgestattet werden. Dann werden diese vor Ort, aktuell vor allem in vielen dieser zahlreichen weit abgelegenen Dörfer in Mali und Niger und hoffentlich bald in ganz Afrika, installiert und gemeinsam mit den Einwohnern in Betrieb genommen.

Africa Greentec qualifiziert und beschäftigt in diesen Dörfern dann Mitarbeiter, die diese Anlagen und seine Kunden betreuen. Denn es handelt sich hier nicht um ein mildtätiges Entwicklungshilfeprojekt, sondern um ein neues Geschäftsmodell. Die Entwickler und Betreiber aus Deutschland verstehen die Bevölkerung dort als Kunden und Partner. Außerdem betreuen sie die Anlagen auch zukünftig zentral aus Deutschland, dank Digitalisierung. Ein Monitoring der installierten Anlagen ist per Satellitenverbindung und dank entsprechender digitaler Tools überhaupt kein Problem mehr. Das hilft auch den neuen Mitarbeitern vor Ort, da sie einen kontinuierlichen Support im Umgang mit der neuen Technologie bekommen.

Zum ersten Mal hat dann so ein Dorf saubere und preiswerte Energie zur Verfügung: Denn die Container sind ausgestattet mit einer modularen Solaranlage, die jederzeit erweitert werden kann, und mit Speichersystemen, sodass der tagsüber gewonnene Strom auch nachts genutzt werden kann. Dank der integrierten Internet-Satellitenanlage bietet Africagreentec den Dorfbewohnern neben dem Strom, zukünftig auch eine Internetverbindung via W-LAN. Mit der gewonnenen Energie werden auch Pumpen betrieben, um die Bevölkerung besser als bisher mit Wasser zu versorgen. Vor Kurzem hat man begonnen, auch Biogasanlagen zu integrieren, um aus den pflanzlichen Abfällen grünes Gas zu gewinnen, mit dem die Menschen dann ihre Mahlzeiten kochen können. Das führt dazu, dass weniger Holz geschlagen wird und die Vegetation sich besser entwickeln kann.

Das ist eine von vielen großartigen Initiativen, die aktuell laufen. Sie zeigen, wie wichtig es ist, die Dinge miteinander zu kombinieren. Erst kommt der Strom, jetzt zumeist aus Solaranlagen, in Zukunft mit Sicherheit auch aus vielen Windkraftanlagen. Diese saubere Energie hilft unter anderem, Wasser zu pumpen, das Biogas sorgt für Nahrung und schützt Wälder, das Internet ermöglicht Kommunikation und Wissen. Strom und Internet sind die Basis für gesellschaftliche und wirtschaftliche Entwicklung. Auch dort in jedem dieser entlegenen Dörfer in Mali.

Die Erfahrungen, die Torsten Schreiber und sein Team dort machen, sind sehr ermutigend: Sie entwickeln Partnerschaften auf Augenhöhe mit den Menschen vor Ort und diese Menschen nehmen das gut an. Sie entwickeln daraus aber vor allem auch ganz konkrete Geschäftsmodelle, die zukunftsfähig sein sollen. Ein Börsengang ist damit geplant und soll schon bald das benötigte Kapital bringen, damit dieses Projekt schwarmfähig wird.

Kein Wunder, dass die Menschen vor Ort begeistert sind, denn bislang bestand die Energieversorgung in diesen Dörfern aus ein paar rostigen Diesel-Generatoren, für die es nie genug Treibstoff gab, um sie mehr als ein paar Stunden am Tag vor sich hin rödeln zu lassen – für eine äußerst notdürftige Stromration. Das ist eine extrem umweltfeindliche und fürchterlich teure Energieversorgung. Ungefähr einen Euro, und damit mehr als das dreifache als bei uns, kostet der Strom pro Kilowattstunde aus dieser dreckigen Quelle, auch weil der dafür benötigte Diesel immer wieder per Tankwagen durch das ganze Land transportiert werden muss. Wenn nun Strom aber dauerhaft und verlässlich im Dorf zur Verfügung steht, dann entwickeln sich neue Ökonomien: Die Menschen werden initiativ, entwickeln neue Geschäftsmodelle, können Waren kühlen, mit Geschäftspartnern kommunizieren, kleinere Maschinen betreiben, um im Manufaktur-Stil Produkte herzustellen. Und das alles in Gegenden, die bislang ohne Strom auskommen mussten. Das ermöglicht zunehmend Wertschöpfung, steigenden Wohlstand und gesellschaftliche Entwicklung in Regionen, die völlig benachteiligt waren. Das bedeutet Perspektive für die Menschen dort, das motiviert sie dann zu bleiben und ihr eigenes Land zu entwickeln, anstatt sich in einem Boot auf dem Mittelmeer in Lebensgefahr zu bringen.

Go Africa!

Sie sehen, dass eine Menge Bewegung, Entwicklung und Aufschwung diesen Kontinent und seine Länder erfasst. Noch nie dagewesene Chancen entstehen, die Entwicklung aktiv zu steuern und nicht mehr nur Zuschauer bei der Bereicherung und Wertschöpfung der großen Player zu sein.

Einige Länder nehmen diese Chancen schon beherzt wahr. Überall in Afrika beginnen sie, aggressiv ihre Kapazitäten im Bereich Sonnen- und Windenergie auszubauen, was eine unglaubliche Dynamik in Gang bringt.

Ägypten, Äthiopien, Kenia, Marokko und Südafrika marschieren beim Ausbau erneuerbarer Energiequellen im Moment vorneweg. Marokko hat im Februar 2016 ein Solarkraftwerk am Rande der Sahara mit rund 500.000 Parabolantennen in Betrieb genommen.. Sie gewinnen nicht nur große Mengen an Sonnenenergie, sondern sie können diese dort auch speichern. Marokko will außerdem bis zum Jahr 2020 42 Prozent seines Bedarfs an elektrischem Strom aus erneuerbaren Energiequellen erzeugen. Solche Nachrichten machen mir unglaublich viel Hoffnung!

Denn sobald Strom und Internet verfügbar sind, beginnt ein völlig neuer Prozess – zum Beispiel im Bereich Bildung. In vielen dieser Länder herrscht momentan noch ein Bildungsdilemma, es gibt einfach nicht genug Schulen, viel zu wenig gut ausgebildete Lehrer, Unterrichtsmaterialen, Lehrpläne etc.

Durch die digitalen Plattformen wie YouTube oder andere Kanäle kommt ein völlig neuer Prozess in Gang: Da können Bildungsprogramme auf sehr effiziente Weise digitalisiert und einem Millionenpublikum zur Verfügung gestellt werden. Dann reicht ein guter Mathe-/Physik-/Sprachlehrer, dessen Content digitalisiert und in den lokalen Lehrplan integriert wird. So einen Spitzenlehrer können Sie an jeder Stelle der Welt einsetzen. Nicht dass Sie mich missverstehen: Ich sage nicht, dass keine Schulen oder Lehrer mehr gebraucht werden. Das werden Sie auf jeden Fall! Aber als paralleles Element wird E-Learning mehr Möglichkeiten schaffen, aufzuholen und sich Wissen anzueignen.

Denn Wissen ist Macht und macht den Unterschied. Schauen Sie sich nur mal die rapide Entwicklung des 3D-Drucks an: Er basiert auf einer „uralten" Technologie: Rapid-Prototyping gibt es schon seit Jahrzehnten. Doch diese Technologie hat sich in den letzten 10 Jahren beispiellos entwickelt, hat durch die Digitalisierung und neue Materialien einen immensen Schub bekommen. Wir können heute eigentlich jedes Material drucken: Beton, Metalle, flüssiges Holz, Zement, Glas, Titanlegierungen. Von Legomännchen über Maschinenbauteile bis hin zu Häusern: Alles ist druckbar. Und wahnsinnig effizient, denn jeder gedruckte Körper entsteht Schicht für Schicht – es fallen also keine Reste an, es gibt kaum Müll.

Die wirklich kreative Leistung steckt aber im digitalen Bauplan. Und der kann überall zur Verfügung gestellt und auch individuell verändert werden. Wenn der einmal im Netz ist und Sie ihn sich – egal wo auf der Welt – herunterladen. Sobald Strom, ein 3-D-Drucker und Materialien vorhanden sind: kann die Produktion überall stattfinden. In den heute benachteiligten Ländern werden so neue Ökonomien entstehen und wachsen – und die werden neue Wertschöpfungsketten zur Folge haben. Viele Produkte, die wir heute noch in Europa herstellen, in diese Länder exportieren und dort teuer verkaufen, produzieren die benachteiligten Länder künftig selbst: schnell, effizient und nachhaltig. Dadurch werden dort neue Arbeitsplätze geschaffen. Wenn zum Beispiel eine Baumaschine in Afrika defekt ist, müssen die Ersatzteile nicht mehr bei einem Händler in Europa bestellt und per Schiffscontainer geliefert werden. Was 8 Wochen oder länger dauert, unökologisch und teuer ist. Nein! Der Bauplan kann im Internet heruntergeladen und vor Ort dann mit dem 3D-Drucker ausgedruckt werden. Das dauert dann nur 1 bis 2 Tage, je nach Material, dann habt man es an Ort und Stelle und zur Verfügung.

Natürlich ist das Druckermaterial zunächst einmal bei uns besser verfügbar als in den ärmsten Ländern. Aber die Versorgung mit solchen Rohstoffen wie z. B. Kunststoffgranulat zu organisieren, ist viel einfacher, als hunderttausende verschiedene Ersatzteile jeweils individuell zu beschaffen.

Sehr viel tut sich auch bei den digitalen Start-ups, die in Afrika jetzt auch wie Pilze aus dem Boden schießen. Die DEMO Africa ist zum Beispiel eine Technologiekonferenz, die innovative und zukunftsweisende Geschäftsideen von Start-ups identifiziert und ihnen die Chance gibt, ihre Produkte und Dienstleistungen vor einem Publikum aus potenziellen Kapitalgebern, IT-Experten und -Einkäufern sowie Marketingverantwortlichen und Medienvertretern vorzustellen.

Da präsentieren sich dann Firmen wie das nigerianische Unternehmen Mavis Computel Ltd. Das hat für Kinder, Eltern und Lehrer die Technologie „Talking Books" entwickelt, in dem interaktive, audio-visuelle Bücher und Poster in Englisch und vielen afrikanischen Sprachen angeboten werden, mit einem speziell entwickelten Stift, der die Inhalte auch vorliest.

Oder Bitsoko aus Kenia: Bitsoko ermöglicht es mithilfe der Blockchaintechnologie, über das Smartphone Geldbeträge einfach und preiswert per Internet zu überweisen

Oder auch Eco-mc^2 Compressed Air Energy Storage aus Südafrika: Sie stellen Batterien zur Speicherung von Solarenergie her, die Energie mithilfe von Luftdruck bis zu 36 Stunden speichern.

Die anstehenden dramatischen Veränderungen in der Landwirtschaft habe ich ja bereits an anderer Stelle beschrieben. Das wird hoffentlich schnell dazu führen, dass die Völker in Afrika, Lateinamerika oder Asien neue Chancen bekommen, ihre eigene Nahrungsmittelversorgung wieder in die eigenen Hände zu nehmen und einerseits durch den Einsatz moderner

Technologien, aber auch durch den traditionellen Anbau der Kleinbauern selbst zu organisieren.

Durch die Digitalisierung gibt es momentan so viele neue Chancen für eine gerechtere Welt. Wir müssen sie nur erkennen und wirklich Gerechtigkeit wollen. Und Bewusstsein für die notwendigen Veränderungen entwickeln und endlich auf Augenhöhe mit den Menschen in all diesen Ländern kollaborieren. Wir müssen einfach endlich lernen, in globalen Zusammenhängen zu denken und Afrika und die anderen benachteiligten Länder in Südamerika oder Asien dabei unterstützen, sich unabhängig von den milden Gaben der westlichen Welt zu machen. Dank der Digitalisierung und mit ihr ist das möglich! Spätestens dann ist sie auch für die jetzt noch benachteiligten Länder kein Schreckgespenst. Sondern eine Riesenchance für JEDEN Weltbürger, für die Weltgemeinschaft und eine neue Weltordnung.

Lassen Sie uns diese Chance ergreifen!

3.3

ZUKUNFT!
WER
KOMMT
MIT?

Ja, wir dürfen und müssen ziemlich vieles verändern in unserer Gesellschaft, wenn wir wollen, dass die großen Chancen der Digitalisierung genutzt und die vielen bestehenden Risiken minimiert werden können. Wir hier in Deutschland spielen bei diesen ganzen Themen aktuell nicht die allerwichtigste Rolle. Sie und ich mögen das bedauern, aber wir müssen das insgesamt zur Kenntnis nehmen.

Wenn wir diesen globalen Veränderungsprozess wirklich mitgestalten wollen, dann muss uns eines völlig klar sein: Wir sind heute schon in erheblicher Weise auf eine starke Stimme Europas angewiesen. Und die Bedeutung eines starken und handlungsfähigen Europas wird noch sehr viel wichtiger werden.

Ich habe beschrieben, wie schlecht unsere Karten aktuell stehen, unser bisheriges ökonomisches Gewicht im globalen Kontext zu halten. Klar sollte jedem von uns sein: Die Rückstände holen wir nur noch gemeinsam in einer starken Europäischen Union auf, und auch nur in diesem Bündnis können wir uns auf globaler Ebene noch Gehör verschaffen und unsere Interessen vertreten. Deshalb ist mein Plädoyer an dieser Stelle ganz klar und absolut leidenschaftlich:

Lassen Sie uns sofort mit diesem immer wiederkehrenden Bashing von Europa, der EU, denen da in Brüssel und so weiter aufhören!

Eutopia Europa

Wir haben nur diese eine Welt und darauf gibt es nur dieses eine Europa. Und auch wenn es natürlich stimmt, dass vieles in der EU heute falsch läuft, manches ineffizient und abgehoben ist, man sich manchmal um die falschen Themen kümmert und und und …: Es ist das beste Europa, das wir je hatten. Und wenn es die EU noch nicht gäbe, müssten wir sie heute erfinden.

Und das sollten wir auch machen:

Die EU neu erfinden! So schnell es geht!

Wir brauchen eine neue, eine echte Europäische Union. Wir sollten es jetzt mal mit Konsequenz, Leidenschaft und Vertrauen versuchen. Denn viele der heutigen Missstände resultieren aus den zahllosen Konstruktionsfehlern dieser Union. Zwei Schritte vor, drei zurück. Alle zusammen, aber irgendwie dann doch lieber allein. In großer Solidarität miteinander, aber bei dem jeweiligen Thema nur so, wie ich es will.

So geht es seit Jahren, weil viele der Beteiligten nicht bereit waren, sie konsequent zu wollen, die Einigkeit!

Der französische Staatspräsident Emanuel Macron lebt eine neue Vision der Einigkeit vor und plädiert klar für das, worum es jetzt geht: Lasst uns endlich mit Leidenschaft für ein wirklich gemeinsames Europa streiten. Mit allen Konsequenzen. Wer eine gemeinsame Währung hat – und wir sollten trotz aller Mängel sehr froh sein, dass wir diese haben – der muss jetzt auch endlich eine gemeinsame Wirtschafts-, Finanz- und Sicherheitspolitik betreiben.

Es war ein großer Fehler der verantwortlichen Politiker, dieses bisher unterlassen zu haben. Wer eine gemeinsame Außengrenze pflegt und darin einen gemeinsamen Wirtschaftsraum mit Dynamik und gegenseitigem Vertrauen entwickeln will, der muss auch eine gemeinsame Arbeits,- Sozial- und Innovationspolitik entwickeln und betreiben.

Ich bin ganz sicher, wir werden uns entscheiden müssen: Machen wir so weiter wie bisher, dann zerbricht diese Europäische Union in wenigen Jahren. Dann fallen wir zurück in die Zeiten vor dem zweiten Weltkrieg. Dann ist unser Frieden hier in Europa in höchster Gefahr und unsere wirtschaftlichen Chancen auf eine angemessene Teilhabe bei den digitalen Plattformökonomien wären gleich null. Dann sind wir erledigt. Vor allem wir hier in Deutschland. Denn wir sind nun mal, und das schon seit langem, die größten Profiteure dieser Europäischen Union. Wir haben am meisten zu verlieren. Unser Wohlstand basiert darauf, dass Deutschland mit Europa erfolgreich ist. Deshalb ist es auch an uns, uns ganz klar für dieses neue und wirklich vereinte Europa zu entscheiden. Denn wir haben nicht mehr die Wahl zwischen diesem Ziel und dem Status quo. Der Status quo ist nicht mehr lange zu erhalten, er ist schon Geschichte.

Wir brauchen jetzt endlich ein echtes Europäisches Parlament mit allen üblichen Befugnissen eines Parlamentes. Wir müssen jetzt eine wirkliche

Europäische Regierung bilden und diese unselige halbdemokratische Kommission mit ihren Kommissaren ablösen.

Es braucht einen echten Europäischen Ministerpräsidenten, einen Außenminister, Finanzminister etc. – so wie sie eine vernünftige Regierung eben hat.

Und wir müssen endlich verbindlich werden im Miteinander. Wer in diesem neuen Europa dabei sein will, muss sich an die Spielregeln halten. Wer Solidarität für sein Land einfordert, der muss auch Solidarität zurück geben. Wie kann es sein, dass ein Land wie Ungarn Milliarden an Hilfen kassiert, sich aber schlichtweg weigert, in Solidarität mit den anderen auch Flüchtlinge aufzunehmen. Wer sich nicht an die Spielregeln halten will, soll gehen oder besser gar nicht erst Mitglied werden. Wir werden damit leben können, wenn in dieser neuen wirklichen „Europäischen Union" vielleicht nur die Hälfte der heutigen Mitgliedsländer vertreten sind. Das ist immer noch besser als den Zerfall einfach so hinzunehmen und am Ende im Chaos zu versinken.

Und glauben Sie mir, wenn wir das erst einmal geschafft haben, dann werden die anderen Länder wieder ziemlich schnell kommen und um Einlass bitten …

Ja, wir Deutsche werden investieren und abgeben müssen, sonst ist das nicht zu haben, aber glauben Sie mir, wir können so unendlich viel darin gewinnen: unsere Zukunft in Frieden, Freiheit und Gerechtigkeit.

Altparteien in der Krise

Zugleich können wir Deutsche aber auch etwas verlieren, wenn wir nicht aufpassen. In vielen Ländern erleben wir seit Jahren einen gewaltigen Erosionsprozess in der jeweiligen Parteienlandschaft. Bei uns dachten viele, wir würden davon unbeschadet bleiben, aber mittlerweile haben wohl die meisten gemerkt, das es nicht so bleiben wird wie es einmal war.

Unsere parlamentarische Demokratie steckt in einer großen Krise, das erleben wir jeden Tag. Die Zeit der sogenannten Volksparteien ist zu Ende. Die SPD existiert in vielen Bundesländern nur noch als unbedeutende Splitterpartei ohne jede konkrete Machtperspektive. Die sogenannte „Union", aus den „Schwesterparteien" CDU und CSU gebildet, wird auch nur noch durch den Leim des puren Machterhalt zusammengehalten. In der Führung der CSU, die ja eigentlich nur eine kleine Regionalpartei aus dem Süden der Republik ist, wollen die aktuellen Entscheider, Seehofer, Söder und Dobrindt, eine andere Republik. Sie wollen einen klaren Rechtskurs in der Union durchsetzen und damit die politische Achse der Union verschieben. Die CSU will eine andere Union und ein anderes Deutschland, deshalb wird die CDU sich irgendwann entscheiden müssen, was sie will.

Ich halte es für möglich, dass die CDU sich in absehbarer Zeit von der CSU trennen wird und ihren eigenen Weg geht. Für die SPD wäre dieses vermutlich das Ende, weil die CDU sich damit endgültig für die bürgerliche Mitte entscheiden würde und was zur Folge haben könnte, dass die eine Hälfte der SPD-Anhänger zur CDU und die andere Hälfte zu den Linken abwandern würden. Für die AFD würde das vermutlich bedeuten, dass sie mit der CSU bundesweit einen harten Wettbewerber im Kampf um die Stimmen der Vergessenen und gestrigen bekäme.

Und die Grünen? Vor wenigen Wochen konnte ich mit Robert Habeck, dem neuen Bundesvorsitzenden, in Berlin darüber sprechen. Er beschrieb mir sehr anschaulich, wie sehr er und seine Co-Vorsitzende Annalena Baerbock seit einigen Monaten daran arbeiten, die eigene Partei auf einen Reformkurs zu bringen. Die Verharrungskräfte sind ungemein. Wie in der ganzen Gesellschaft, so auch bei den Grünen. Habeck und Baerbock haben völlig verstanden, wie wichtig dieser Prozess ist und dass es für die Frage der Überlebensfähigkeit der Grünen ein große Rolle spielen wird, ob es gelingt, einen umfassenden und nachhaltigen Erneuerungsprozess in Gang zu setzen.

Letztendlich befinden sich die Grünen schon seit Jahren in ganz ähnlicher ideologischer und geistiger Gefangenschaft wie die anderen etablierten Parteien auch. Alle eben mit ihren jeweils eigenen Inhalten. Aber eben auch alle mit den gleichen starren hierarchischen Strukturen und der mangelnden Kraft für Innovation und Veränderung. Ich würde es den Grünen und Robert Habeck genauso wie den anderen Parteien sehr wünschen, dass sie sich aus diesen Gefangenschaften befreien können und einen wirklichen Neuanfang gestalten. Denn nur dann hätten sie eine Chance, noch eine wirklich wichtige Rolle in unserer Zukunft zu spielen. Es geht bei kommenden Wahlen, das spüren wir doch, nicht mehr um die Frage von 2 Prozent mehr oder weniger Stimmenanteil einer Partei. Es geht um ganz grundlegende Fragen von Werteordnungen und völlig neuen politischen Bündnissen, um die eigenen politischen Zielsetzungen und die eigene Werteordnung politisch mehrheitsfähig zu machen. Habeck und Baerbock gehen mit ihrem aktuellen Vorgehen ein hohes politisches Risiko ein, das imponiert mir. Beide scheinen sich völlig bewusst zu sein, dass auch ihr ganz persönliches politisches Schicksal davon abhängt, ob sie diesen Erneuerungsprozess erfolgreich gestalten werden. Sie beweisen Mut, und davon brauchen wir noch viel mehr auch in den anderen Parteien.

So wünschenswert es auch wäre: Die Erfahrungen der letzten Jahre lassen daran zweifeln, dass die etablierten Parteien die Selbsterneuerung schaffen werden. Meine persönliche Meinung ist, dass die meisten etablierten Parteien in unserem Land nicht mehr die Kraft und Agilität besitzen, sich zu erneuern. Die Krise der etablierten Altparteien hält an, ihre Bindungskraft in die Gesellschaft nimmt jeden Tag ab. Glauben Sie mir, ich betrachte das ohne Vergnügen, denn ich habe durchaus große Sorge vor dem, was darauf folgen wird.

Letztlich gilt für Parteien das gleiche wie für Unternehmen und andere Organisationen: Wer sich nicht immer wieder erneuert, wird sterben. Ich bin davon überzeugt, dass wir in der Zukunft das Entstehen völlig neuer politischer Bewegungen auch in unserem Land erleben werden.

So wie Emanuel Macron es in Frankreich geschafft hat, in unbeschreiblich kurzer Zeit viele Menschen für seinen Traum von einem erneuerten Frankreich „in Bewegung" zu überzeugen. Oder auch so wie die „5 Sterne Bewegung" des Komikers Grillo in Italien, die jetzt ebenfalls das Land regiert.

Es wird nicht nur digital und disruptiv sondern auch bunt und lebendig in den nächsten Jahren, und einmal unabhängig davon, welche neuen Bewegungen sich bilden und erfolgreich sein werden: Die neuen Verantwortlichen in unserem Land werden viele spannende Aufgaben zu erledigen haben. Und unsere Aufgabe wird es sein, diesen Prozess aktiv mitzuge-stalten. Wir dürfen das nicht wieder einigen wenigen überlassen. Und die Digitalisierung gibt uns die Möglichkeiten dafür!

Die „da oben"

Der Untergang der Volksparteien hat auch etwas mit dem zu tun, was ich am Beginn dieses Buches schon kurz genannt hatte: Unsere gesellschaft-lichen Eliten in der Politik haben in den letzten Jahren zunehmend versagt. Sie haben sich von den Bürgern und ihren Sorgen weitestgehend entfernt. Viele haben den Bezug zur Realität verloren, andere sich im Zynismus besoffen.

Es gibt viele Gründe, warum in so vielen Ländern die Menschen sich den Populisten und Vereinfachern zugewendet haben. Ein wichtiger ist: Sie ha-ben schlichtweg die Schnauze voll von denen „da oben".

Ob wir nun Verständnis dafür haben oder nicht, ob wir es wollen oder nicht: Es ist so.

Die Menschen haben ein Gespür dafür, ob die „da oben" wirklich noch ihre Interessen vertreten. Und wer die Brisanz der Situation verstehen will, muss zur Kenntnis nehmen, dass die Menschen, die zum Beispiel aktuell in Deutschland die AFD wählen, extrem unterschiedlich gestrickt sind und sehr unterschiedliche Motive haben.

Diejenigen, die diese Leute pauschal als Rechtsradikale oder Nazis ab-tun, machen es sich viel zu leicht.

Natürlich trifft dieses auf den großen Teil der Führungskader zu. Aber manche Wähler dieser Partei gehören einfach zu den Verlierern der Globa-lisierung und auch der Digitalisierung. Sie kommen nicht mehr mit. Sie glau-ben nicht mehr daran, dass diese vierte industrielle Revolution auch für sie ein positives Versprechen, eine Zukunftsvision bereit hält. Wie denn auch? Wer hätte es ihnen je vermitteln sollen, wenn selbst die Verantwortlichen in Berlin zum erheblichen Teil noch nichts davon verstanden haben.

Aber viele der Wähler sind einfach auch nur Protestwähler gegen das Establishment, es sind viele frustrierte, sehr bürgerlich orientierte Menschen, die ernsthaft Sorge haben, dass dieser Rechtsstaat nicht mehr verlässlich ist. Das empfinden die einen, wenn ein Kontrollverlust durch Grenzöffnungen geschieht, andere, wenn nachhaltig und fortgesetzt gegen die eigenen Gesetze und europäische Verträge verstoßen wird, um Banken zu retten oder ein Land wie Griechenland in die endgültige Abhängigkeit zu zerren.

Andere wiederum haben das gleiche Gefühl des totalen Staatsversagens, wenn sie sich ein teures deutsches Dieselauto kaufen und dann wenige Jahre später kalt enteignet werden, weil sie von diesem Hersteller in voller Absicht betrogen wurden. Diese Menschen haben über mehrere Jahre erlebt, dass die verantwortlichen Minister der CSU und die Kanzlerin in großer Kollaboration mit den Tätern agieren, auch um den technologischen Fortschritt zu verlangsamen und ihnen, den Opfern, keinerlei Schutz gewähren. Und dann verlieren diese Menschen womöglich zurecht das Vertrauen in diesen Rechtsstaat, oder besser gesagt in seine Strukturen und handelnden Akteure. Denn dann hat der Staat längst versagt und einen gewichtigen Teil seiner Glaubwürdigkeit verloren.

Leider wird das Versagen politischer Eliten nicht wirklich leichter dadurch zu ertragen, dass es auf Seiten der Industrie manchmal noch schlimmer zugeht: kriminelle Handlungen, Falschaussagen, Betrug, Manipulation, das Entsetzen kennt kein Ende: Deutsche Bank, Volkswagen, Audi, Daimler, HSH Nordbank, WestLB, die Liste des großen Versagens ist lang.

Wenn, wie kürzlich geschehen, der „DIHK", also mit die höchste Instanz der Unternehmerschaft in unserem Lande, eine Hardwarenachrüstung der Betrugsfahrzeuge von VW und den anderen Herstellern fordert, dann ist das absolut richtig. Denn es sind fast 10 Millionen Menschen in unserem Land betrogen worden und darunter sind eben auch zahlreiche mittelständische Unternehmen und Handwerker als Geschädigte. Wenn der DIHK dann aber diese Forderung damit verbindet, dass wir Steuerzahler dieses mitfinanzieren sollen, dann schäme ich mich meiner Mitgliedschaft bei der IHK und meines Ehrenamtes als Vizepräsident der Kammer in meiner Heimat. Wie kann es sein, dass die höchste Vertretung der Unternehmer sich auf die Seite weniger krimineller Täter aus der Industrie stellt, statt an die Seite hunderttausender betrogener Mitgliedsunternehmen und Millionen

Bürgern. Die Verantwortlichen dieses Gremiums haben ihre Glaubwürdigkeit als gesellschaftlich relevanter Partner schwer beschädigt. Ich hoffe sehr, dass die dort handelnden Personen zur Besinnung kommen und ihre Haltung verändern.

Und im Sport? Uli Hoeneß, Franz Beckenbauer, Günter Netzer, Wolfgang Niersbach, alles Lügner und/oder Betrüger. Und viele sind auch noch ganz besonders solidarisch mit uns, ihren Landsleuten, die sie lange verehrt haben. Ob Boris Becker, Beckenbauer oder Netzer, sie alle kassieren hier in Deutschland ab und versteuern dann gerne zu günstigen Konditionen in Steuerparadiesen wie der Schweiz.

Warum sollten die Bürger zu solchen Leuten aufschauen?

Warum sollten sie ihre Kinder auffordern, denen nachzueifern?

Warum sollten das ihre Vorbilder sein?

Wir müssen leider zur Kenntnis nehmen, dass wir uns in einer sehr umfänglichen Vertrauenskrise befinden. Sie umfasst große Teile unserer gesellschaftlichen Lebenswirklichkeit. Denn die Gier ist grenzenlos.

Die Finanzmärkte haben sich in großen Teilen abgekoppelt. Produkte, die niemand versteht und eigentlich auch niemand von uns wirklich braucht, werden entwickelt und befeuern die Spekulationen. Digitale Tools befeuern das in ungeheurem Ausmaß. Algorithmen lassen Börsenkurse in Millisekunden in die Höhe schnellen oder in den Abgrund stürzen. Der Wert eines Unternehmens, der eigentlich von realen Fakten, von der Leistungskraft und wirtschaftlichen Perspektive dieses Unternehmens abhängen sollte, kann jederzeit zum Spekulationsobjekt irgendwelcher Finanzhaie werden. Schwerreiche Fondsgesellschaften und Hedgefonds, die Billionensummen verwalten, kaufen ungezügelt Beteiligungen an großen Konzernen, filetieren diese und zerschlagen sie, um den schnellen Profit für ihre Anleger zu organisieren.

Was von den Unternehmen manchmal übrig bleibt, was aus den Unternehmenskulturen und Markenkernen wird, interessiert dabei niemanden. Was aus den betroffenen Menschen wird, ist häufig die völlige Nebensache. Die gleichen Akteure wetten an den Börsen gegen Währungen oder Staaten. Sie können und dürfen ganze Volkswirtschaften ins Wanken bringen. Aus purer GIER! Was macht die Politik dagegen? Was machen die Menschen die wir alle als Vertreter des Volkes gewählt haben? Nichts!

Sie alle sehen dem zu. Nur wenn mal wieder ein stolzes Unternehmen zerschlagen werden soll, wie wir es aktuell in Deutschland mit Thyssen-Krupp erleben, dann kommen die Politiker. Dann macht der betroffene Ministerpräsident aufgeregte Konferenzen und Meetings, es werden Durchhalteparolen verkündet und wichtige Pressemitteilungen verschickt. Wenn Politik solche Dinge aber wirklich verändern will, dann muss sie die grundsätzlichen Spielregeln ändern. Wer abwartet, bis der Haifisch begonnen hat, das Opfer zu zerlegen, der kann nur noch die kümmerlichen Reste des Opfers zusammenkehren.

Mit Regeln Spiele entscheiden

Wir müssen endlich beginnen, konsequent diese Spielregeln der Wirtschaft zu ändern. Und endlich den Mut entwickeln, dieses kranke System des unseligen Raubtierkapitalismus zu beenden und ein neues, besseres Wirtschaftssystem entwickeln.

Ich will in einem Land und einem Wirtschaftssystem leben, das Chancengleichheit nicht nur verspricht, sondern für die Menschen durchsetzt. Egal aus welchem Elternhaus und aus welchem Bundesland sie kommen.

Ich will in einem Land leben, das Leistungsgerechtigkeit realisiert. Wer mehr kann, fleißiger ist als andere, mehr riskiert, mehr investiert, soll mehr haben. Ja natürlich! Aber doch nicht so wie heute. Es kann doch nicht sein, dass ein Chef hundert mal soviel verdient wie ein guter Mitarbeiter in seinem Unternehmen. Und die Lebensrealität ist bei uns in manchen Konzernen sogar noch deutlich darüber.

Wenn wir uns weiterentwickeln wollen als Gesellschaft, brauchen wir nicht nur raffinierte digitale Instrumente, nicht nur intelligente Systeme, die uns begleiten, sondern endlich mehr Gerechtigkeit.

Ich will ein neues System, welches nachhaltiges und gerechtes Leben und Wirtschaften in unserer Gesellschaft ermöglicht und durchsetzt. Ein System, das alle gesellschaftlichen Kosten berücksichtigt, in dem zum Beispiel

Kohlenstoffe, die ausgestoßen werden, einen hohen Preis haben. In dem Produkte und Anwendungen, die unsere Gesundheit, Umwelt und unser Klima zerstören, konsequent verteuert werden. Damit Produkte, die gut für uns Menschen und unsere Umwelt sind, sich am Markt durchsetzen können. Ein System, das Qualität bewertet nach Standards die wir mehrheitlich bestimmen. Ein System aber, das die Vergiftung unseres Grundwassers zulässt bzw. erfordert, darf nicht mehr mit unseren Steuergeldern befördert werden. Es gehört abgeschafft.

Ich will ein Wirtschaftssystem, in dem ein Unternehmer den Respekt bekommt, den er verdient. Vor allem dann, wenn er verstanden hat, dass unternehmerisches Handeln der Gesellschaft zu dienen hat. Wir müssen eine neue unternehmerische Kultur entwickeln, in der es zur Selbstverständlichkeit wird, dass statt der bisher üblichen Geschäftsbilanz eine Gemeinwohlbilanz erstellt wird.

Die echte Bilanz wirtschaftlichen Handelns erfasst die betrieblichen Verluste oder Erträge genauso wie die mit dem unternehmerischen Handeln verbundenen Gewinne und Verluste für die Allgemeinheit. Was nutzt es uns, wenn ein Unternehmen fantastische monetäre Gewinne macht, die auf Kosten unserer Gesellschaft gehen? Was nutzt es uns als Gesellschaft, wenn ein Aktionär eine tolle Rendite in Euro erzielt, weil unser Grundwasser verseucht wurde, unsere Kinder durch Antibiotikaresistenzen oder die schlechte Luft in unseren Städten krank werden und daran sterben? Was nutzt es uns, wenn jemand reich an Geld wird und wir dabei arm am Leben werden?

Es ist an der Zeit, diese Dinge zu ändern.

Die riesigen Chancen der Digitalisierung werden uns helfen, auf diesem schwierigen Weg voran zu kommen. Weil wir in revolutionären Zeiten leben, die alles in Frage stellen werden. Alles. Nichts wird so bleiben wie es ist. Auch nicht unser bestehendes Wirtschaftssystem. Es befindet sich bereits in der Selbstzerstörung. Das spüren wir doch alle: Es geht dem Ende zu.

Zeit also, unsere neue Wirtschaftsordnung zu gestalten. Gemeinsam! Und ein ganz wesentlicher Punkt wird dabei sein: die disruptiven Veränderungen in unserer Arbeitswelt im Sinne der Menschen zu organisieren.

Wertschöpfung gerecht verteilen

Es wird viel Kreativität und Bereitschaft für Neues brauchen, wenn diese vierte industrielle Revolution im nächsten Jahrzehnt unsere Arbeitswelt auf den Kopf stellen wird. Denn wie ich es Ihnen an anderer Stelle schon beschrieben habe: Spätestens in fünf bis zehn Jahren wird der begonnene Transformationsprozess dazu führen, dass Algorithmen und Roboter endlich einen großen Teil der Arbeiten ausführen werden, die wir bisher machen mussten. Dann werden dadurch aller Voraussicht nach sehr viele Arbeitsplätze für Menschen wegfallen. Und es ist naiv zu glauben, dass diese in gleicher Anzahl neu entstehen würden.

Und wissen Sie was? Das ist gut so!

Denn es geht um viel mehr als den Ersatz eines Arbeitsplatzes. Es geht in der Konsequenz um die Gestaltung einer neuen Epoche der Menschheit, die endlich möglich wird, wenn Algorithmen und Roboter einen ganz erheblichen Teil der Arbeit übernommen haben. Und glauben Sie mir bitte eines: Das machen die sehr sehr gut! Und sie sind sehr fleißig, denn sie arbeiten 24 Stunden am Tag, an 365 Tagen im Jahr. Sie fahren nicht in Urlaub, sind nie abgelenkt und werden auch nie müde. Die Leistungsfähigkeit dieser Systeme ist atemberaubend, und sie werden eine vorher nie da gewesene Wertschöpfung erarbeiten. Das ist wunderbar!

Allerdings nur dann, wenn es uns gelingt, diese extrem hohe Wertschöpfung auch gerecht zu verteilen. Das wird die zentrale politische Herausforderung der nächsten Dekade: Wie schaffen wir es zu verhindern, dass diese gigantische Wertschöpfung in den Kassen einiger weniger Großaktionäre der Plattformökonomien der Zukunft verschwindet? Wie gelingt es uns, einen fairen Anteil davon in unsere Gesellschaft fließen zu lassen?

Wer die spärliche öffentliche Debatte zu diesem Thema in Deutschland verfolgt, der weiß, dass es zu diesem Thema sehr unterschiedliche Ansätze gibt. Bill Gates zum Beispiel fordert seit vielen Jahren eine Art von Robotersteuer. Das würde bedeuten, dass der Eigentümer von Robotern für jede Stunde, die diese arbeiten, Steuern und Sozialversicherungsabgaben entrichtet, so wie er das heute auch für seine menschlichen Mitarbeiter tut.

Eine durchaus interessante Idee, die aber noch viele Schwächen hat. Ich würde es nicht so sehr von den Arbeitsstunden, sondern viel mehr von der konkreten Wertschöpfung, die erarbeitet wird, abhängig machen, welchen Teil das jeweilige Unternehmen abführen sollte. Das würde dann auch eine Möglichkeit schaffen, die enormen Wertschöpfungen von Algorithmen mit zu berücksichtigen.

Andere, wie Richard David Precht, sprechen von Finanztransaktionssteuern oder Abgaben auf jede Geldzahlung, die vorgenommen wird. Wieder andere meinen, die Steuern auf die Gewinne der jeweiligen Unternehmen würden das schon wunderbar regeln.

Ich glaube, dass keines dieser Modelle zu Ende gedacht ist und tatsächlich am Ende die Lösung dieser komplexen Aufgabe darstellen wird. Aber ich freue mich über jedes Modell, jeden einzelnen Vorschlag, jede Debatte. Denn die „richtige" Lösung, falls es diese je geben sollte, wird komplex und schwierig zu finden sein. Und vielleicht ist es ja am Ende eine Mischung solcher Ideen. In jedem Fall sollten wir uns darüber im Klaren sein, dass wir uns diesen bitternötigen und fairen Anteil an der enormen Wertschöpfung der Algorithmen und Roboter werden erkämpfen müssen. Die Datenkraken von heute und morgen werden uns diesen Teil nicht freiwillig abgeben. Es wird, das ist wohl absehbar, einen großen und umfassenden politischen Prozess brauchen, in dem wir als Gesellschaft Klarheit über ein zukünftiges Modell entwickeln und es dann gegen die Interessen derer, die heute diese Systeme steuern, durchsetzen müssen.

Aber so ist das nunmal, wenn man ein ganz neues und gerechteres Wirtschaftssystem entwickeln muss und darf. Spannend und hilfreich wäre es in diesem Zusammenhang eben auch zu experimentieren. Auch dabei können wir was von den Chinesen lernen. Was hält uns davon ab, in Deutschland einige Sonderzonen einzurichten, in denen wir mit Beteiligung der Zivilgesellschaft, der Politik und Wirtschaft unterschiedliche Modelle einfach mal für einen gewissen Zeitraum ausprobieren? Es ist nichts als Angst, die uns abhält!

Lasst uns diese Angst überwinden. Wir müssen neue Modelle diskutieren, entwickeln und ausprobieren. Sonst werden wir nie weiter kommen. Ein Beispiel: Wie wirkt sich sowas wie ein auskömmliches „Grundeinkommen" am Ende wirklich auf eine Gesellschaft aus? Was macht es mit uns Einzelnen? Wie sind die unmittelbaren Folgen für die Ökonomie und die Finanzen des Staates? Wie „bedingungslos" muss oder darf es am Ende sein?

Sage mir niemand, er könnte das überblicken und wirklich abschließend beurteilen. Alle bisherigen Modellprojekte, die irgendwo in Skandinavien oder anderswo organisiert wurden, waren viel zu klein, halbherzig und inkonsequent. Deshalb konnten sie auch keine verwertbaren Resultate bringen.

Mein Vorschlag: Nehmen wir eine durchschnittliche Stadt mit ungefähr 100.000 Einwohnern und machen wir es dort für 3 Jahre. Nehmen wir zum Beispiel Remscheid. Die Stadt wäre bestens geeignet dafür, denn sie ist in vielerlei Hinsicht durchschnittlich repräsentativ für unser Land. Dort spielen sich die Probleme und Freuden unserer Zeit ab. Nehmen wir eine Stadt wie Remscheid und finden wir heraus, was passiert. Mit allen Konsequenzen: Jeder Bürger dort bekommt ein Grundeinkommen, von dem er einigermaßen gut leben kann.

Begleiten wir das ganze wissenschaftlich und verfolgen, was in der Gesellschaft geschieht. Was machen die Menschen? Bleiben sie alle im Bett liegen, weil sie gar nicht mehr verdienen wollen, und verlieren jeden Antrieb? Werden sie kreativ und gründen viele kleine Unternehmen? Riskieren mal was? Engagieren sie sich ehrenamtlich in ihrem Gemeinwesen, weil der Lohn des Dankes so wertvoll ist? Was passiert mit den Berufen, die heute keine große gesellschaftliche Akzeptanz finden? Geht noch jemand putzen? Wenn ja, wie hoch muss der Stundenlohn denn werden, damit es jemand macht? Ist es uns das dann wert? Oder machen das dann alles Roboter? Falls ja, ist das eigentlich schlimm?

Vermutlich würden wir alle überrascht sein, wie unterschiedlich und vielfältig diese neue Welt aussieht, in jedem Fall würden wir sehr viel über uns lernen und daran wachsen. Vor allem, wenn das Experiment scheitern würde, denn wirkliches Wachstum entsteht am Ende immer nur nach einem Scheitern.

Niemals arbeitslos!

Diese vierte industrielle Revolution führt dazu, dass unsere Gesellschaft sich fundamental verändern wird. Und dieser große gesellschaftliche Transfomationsprozess betrifft natürlich am Ende jeden einzelnen von uns. Er ermöglicht uns einen Schritt heraus aus dieser Leistungsgesellschaft, die wir beim Beginn der ersten Industriellen Revolution vor ca. 250 Jahren betreten haben. Es war eine anstrengende, faszinierende und bereichernde Reise, die wir Menschen in diesem Zeitraum unternommen haben. Sie hat uns in die bisher beste Welt geführt, seit diese Reise begonnen hat. Aber wir sind jetzt an einer entscheidenden Gabelung angekommen, und es öffnet sich gerade eine Tür. Wenn es uns gelingt, diese Tür zu durchschreiten, dann haben wir ein Chance, den ganz großen nächsten Schritt zu machen.

Dann können wir diese Leistungsgesellschaft wieder verlassen und ein neues Zeitalter beginnen. Dann werden wir erleben, dass Maschinen die Arbeiten verrichten, die wir schon längst nicht mehr machen wollen. Dann können wir uns auf die Dinge und Tätigkeiten fokussieren, die uns wirklich wichtig sind. Denn es geht nicht darum, Menschen von Arbeit zu befreien. Zu arbeiten liegt in der Natur des Menschen, das war immer so. Unsere Vorfahren haben früher mehr als das doppelte an Arbeit geleistet als wir heute, aber nicht um zu leben, sondern um zu überleben. Aber für Geld zu arbeiten, Montag bis Freitag, von 9 bis 17 Uhr, das liegt keinesfalls in der Natur des Menschen, wie der Philosoph Richard David Precht zu sagen pflegt. Das haben wir erst in dieser Leistungsgesellschaft gelernt. Wenn wir diesen größten Transformationsprozess in der Geschichte der Menschheit gut organisiert bekommen, dann werden wir vielleicht in 15 oder 20 Jahren im Durchschnitt nur noch 5, 10, 15 oder 20 Stunden in der Woche arbeiten und dabei aber einen größeren Wohlstand genießen als heute.

Bitte, glauben Sie nicht denen, die die Mär verbreiten, dass das die Menschen in der Mehrheit unglücklich machen würde, weil sie unbedingt für Geld arbeiten WOLLEN. Denn denen, die so etwas behaupten, widerspreche ich energisch!

Dass Menschen gerne für Geld arbeiten, trifft bestimmt auf einige zu. Umso mehr, wenn diese das große Glück haben, einen erfüllenden und kreativen Job in angenehmem Umfeld zu machen. Ein Job, der sie fordert, ihnen Begegnung und Bestätigung verschafft. Und viele dieser Jobs werden auch erhalten bleiben, da Roboter sich noch sehr lange Zeit schwer tun werden, wenn irgendwo Kreativität und Empathie gefordert ist.

Aber trotzdem bin ich sicher, ein großer Teil der Menschen wäre dankbar, wenn er befreit würde von sinnentleerter oder stumpfsinniger Arbeit und miserablen Arbeitsbedingungen. Oder anders gesagt: Hätten Sie ein Problem damit, wenn Sie ab morgen nur noch halb so viel wie heute arbeiten dürften – und trotzdem das gleiche Geld zur Verfügung hätten?

Manche fragen mich an dieser Stelle: Aber was sollen die armen Menschen denn dann nur mit ihrer ganzen Zeit anfangen? Denen entgegne ich: Be cool! Seien Sie ohne Sorge. Wir Menschen sind unglaublich flexibel, und bisher haben wir bei jeder sich bietenden Gelegenheit neue Träume, Wünsche und Visionen entwickelt. Gesellschaft hat sich immer entwickelt, wir werden das in Zukunft genauso tun.

Was spricht also dagegen, die gewonnene Zeit für das zu nutzen, was richtig viel Spaß macht? Zum Angeln, zum Spazierengehen, zur gemeinsamen Arbeit in der Gemeinde, im Quartier, im Ehrenamt für eine politische Partei, die unseren Idealen entspricht, an den unterschiedlichsten Stellen unserer Gesellschaft. In der Familie, mit den Kids oder den Großeltern. Auf Reisen oder beim Sport im Verein. Vielleicht ein eigenes Startup gründen und einfach mal den eigenen unternehmerischen Erfolg suchen?

Ich bin fest überzeugt: Wenn sie finanziell abgesichert sind und Zeit haben, werden viele Menschen sehr kreativ und erfinderisch sein bei der Frage, was sie mit ihrer Zeit anfangen wollen.

Ich bin da ganz ohne Sorge, vielleicht weil ich selbst ein gutes Beispiel sein darf. Mein Privileg ist, dass ich das schon lange so leben darf. Ich verbringe maximal die Hälfte meiner Arbeitszeit damit Geld zu verdienen. Die übrige Zeit bin ich nur ehrenamtlich unterwegs und engagiere mich für Themen, die ich wichtig finde. Mit meinen Freunden in meinem Quartier, im Vorstand meiner Bürgerenergiegenossenschaft oder im Landesverband Erneuerbare Energien, als Vizepräsident der Bergischen IHK und und und.

Wissen sie was ich dafür bekomme? Keinen Cent!

Aber ich werde trotzdem reich belohnt. In alternativen Währungen: Ärger, Aufmerksamkeit, Dankbarkeit, Respekt, Freundschaft, Liebe. Alles wunderbare Währungen. Zuweilen viel wertvoller als Geld. Vor allem, wenn man schon so viel Geld hat, dass man sorgenfrei leben kann.

Und darum geht es doch. Dass wir eine Zukunft organisieren, in der möglichst alle Menschen in unserem Land und darüber hinaus sorgenfrei leben und arbeiten können. Ob Sie das dann ein Grundeinkommen nennen oder anders, spielt eigentlich keine wesentliche Rolle. Viel wichtiger ist:

Wir werden niemals ARBEITSLOS sein. Was für ein absurder Begriff. Wer hat den bloß erfunden?

Mal ehrlich: Hatten Sie jemals einen Tag, an dem Sie *arbeitslos* waren? Ohne Beschäftigung? Keinen Kaffee kochen? Kein Essen machen? Nicht mit dem Hund rausgehen? Nicht ums Kind oder um die Oma kümmern, keine Einkäufe erledigen? Nicht das Fahrrad reparieren, den Kindergottesdienst organisieren, den Hühnerstall ausmisten und die eigenen Gurken pflücken, nicht den Zaun oder Rasenmäher reparieren oder für die Familie das Essen kochen? Nicht mit Freunden an neuen innovativen Ideen für die Nachbarschaft arbeiten, nicht die Lebensmittel für das Foodsharing einsammeln, oder den Plan zur Errichtung der nächsten Solaranlage auf der Grundschule mit der Rektorin entwickeln? Glauben Sie mir, niemals wird uns die Beschäftigung ausgehen. Was uns aber hoffentlich ausgehen wird, ist der gesellschaftliche Zwang, für Geld einen Job machen zu müssen, damit wir leben oder überleben können.

Ich glaube, es lohnt sich, genau dafür zu streiten und: zu arbeiten. Ja, da ist sie schon wieder, die Arbeit ... Arbeit für uns alle, auch für SIE!

Handeln Sie!

Denn wie unsere Zukunft aussehen soll, das haben auch Sie in der Hand. Deswegen zum Ende dieses Buches noch einmal meine Bitte an Sie: Engagieren Sie sich! Zum Beispiel für die Menschen in Ihrem Quartier, für ein soziales Miteinander. Engagieren Sie sich in der Politik, um den Wandel zu forcieren. Ja, ich fordere Sie auf: Gehen Sie den Politikern so richtig auf die Nerven und lassen Sie nicht locker. Werden sie lautstark, verlangen Sie Aufklärung, Einordnung, Haltung. Ich will endlich wieder mehr Haltung zu den Schicksalsfragen unserer Zivilisation sehen. Beteiligen Sie sich an Demonstrationen, beteiligen Sie sich an Aufrufen! Fangen Sie an zu protestieren und zu revolutionieren. Revolution zu leben!

Haben Sie keine Lust, die Zukunftsgestaltung den gewählten Volksvertretern zu überlassen? Na hervorragend - dann machen Sie einfach selbst Politik: Engagieren Sie sich ehrenamtlich – in Bürgerbewegungen oder Bürgerorganisationen. Oder in einer politischen Partei. Suchen sie das Miteinander, das gemeinsame Kämpfen für ein gemeinsames Ziel. Das macht für alle Beteiligten deutlich mehr Spaß und motiviert nicht nur zusätzlich, es steigert auch die Aussichten auf einen gemeinsamen Erfolg.

Nehmen sie die Digitalisierung sehr bewusst wahr: Konzentrieren Sie sich darauf, wo Sie die neuen Technologien benutzen und wie diese Ihnen nutzen. Aber nehmen Sie auch zur Kenntnis, wo sie Ihnen schaden. Vielleicht können diese Anfangsschwierigkeiten ja durch eine bessere Organisation verändert werden, sodass die Risiken minimiert und die Ängste in Bezug auf die neuen Technologien nicht Realität werden.

Aber zu allem, was unsere Zukunft betrifft, gibt es einen Generalschlüssel: Bildung. Bilden Sie sich! Lesen, hören, googeln Sie alles, was Sie kriegen können. Machen Sie sich schlau.

Das klingt doch alles machbar. Stimmt's? Deshalb bin ich fest davon überzeugt, dass Sie Ihren Teil dazu beitragen, dass sich unsere und die kommende Generation nicht selbst ein Bein stellt und sich vom Wandel, den die Digitalisierung mit sich bringt, überrollen lässt.

Das stimmt mich total optimistisch. Auch in meinen Vorträgen merke ich immer wieder, wie sich auf den Gesichtern meiner Zuhörer der Aha-Moment breit macht: der *Es ist 5 vor zwölf*-Moment, gepaart mit der Erkenntnis, dass es keine andere Möglichkeit gibt, als endlich ins Handeln zu kommen.

Bestimmt wird es auch Parteien oder politische Bewegungen geben, die diese riesige Chance, welche wir durch die Digitalisierung bekommen haben, erkennen und wirklich dafür kämpfen werden. Für eine Begrenzung des Klimawandels wie auch für eine nachhaltige und gerechte Weltordnung. Aber egal, wie diese Organisationen irgendwann heissen werden – deren Arbeit wird nur gelingen, wenn wir alle ein aktiver Teil davon werden und vom Denken zum Handeln kommen.

Das ist unsere Privileg und unsere Last zugleich.

Das ist unser Job, den wir gemeinsam zu erledigen haben. Und wir haben allen Grund, optimistisch an diesen Job ranzugehen.

Und woher nehmen wir diesen Optimismus? Ich ziehe ihn für mich vor allem aus zwei Gründen. Der eine lautet:

Die Menschheit war immer in Bewegung.

Nehmen wir an, die Menschheit wäre ein lebender Organismus. Dann wäre in dem Moment, in dem das Herz aufhört zu schlagen, sich zu bewegen, der Ofen aus. Stillstand bedeutet Tod, bedeutet das Ende. Das will keiner. Das täte uns nicht gut. Deshalb brauchen wir die Aktion und die Reaktion, deshalb bewegen wir Menschen uns in jeder Sekunde. Veränderung, Wandel, Transformation und Zukunft sind einfach nur andere Worte für Bewegung. Das heißt, dass es keinen Grund zur Panik gibt. Wir werden uns weiter bewegen. Es liegt in unserer Natur.

Der zweite Grund für Optimismus lautet:

Der Schulterblick zeigt, dass es immer besser wurde.

Dankenswerterweise sind wir mit einer Portion sapiens ausgestattet, die uns dabei hilft, klug und kreativ mit den Veränderungen umzugehen. Wir Menschen haben Eiszeiten und große Dürren überlebt, fundamentale kriegerische Auseinandersetzungen, schreckliche Seuchen und verrückte Staatsmänner, politische Systeme sind gekommen und gegangen, Weltreiche haben sich entwickelt und brachen in sich zusammen. Wir haben so viel erlebt – da werden wir ja wohl mit der Digitalisierung und dem Zusammenbruch unseres politischen und Ökonomischen Systems fertig. Es ist eben dieser kurze Blick zurück in die Geschichte, der mir Hoffnung gibt. Die Veränderungen, die auf uns zukamen, haben wir immer irgendwie gemeistert. Mal besser, mal schlechter – aber immerhin hat sie uns in die beste Welt geführt, die es für Menschen je gegeben hat!

Wir sind unheimlich transformationserfahren und das ist eine Eigenschaft, auf die wir Menschen nun wirklich auch mal stolz sein dürfen. Mit dieser Erfahrung im Gepäck können wir alles wagen. Denn was haben wir nicht alles schon erreicht. Überlegen Sie mal:

Noch nie gab es so wenig hungernde Menschen,

Noch nie gab es so wenig Analphabeten,

Noch nie gab es so wenig Unfälle,

Noch nie gab es so wenig Kriegstote.

Und das weltweit! Ich schließe daraus, dass wir neben vielen Fehlern auch verdammt viel richtig gemacht haben in der Vergangenheit. Das sollte uns zuversichtlich stimmen, dass wir es auch in Zukunft richtig hinkriegen und unser digitales Leben nach unseren Wünschen gestalten.

Wir können Zukunft gestalten! Unsere Zukunft!

In der Bar der Champions

Zum Schluss möchte ich Sie auf eine kleine gedankliche Reise mitnehmen. Schließen Sie sie die Augen und stellen Sie sich eine edle Bar vor. Mit einem großen Saal. Gedämpftes Licht, lässiger Barjazz klingt vom Trio in der Ecke herüber. Sie und ich, wir stehen an der Bar. Ich habe Ihnen von der Digitalisierung erzählt, von den Transformationen, die bevorstehen. Ich bin noch ziemlich in Fahrt. Wir gönnen uns etwas prickelndes, kühles. Wir stoßen an, weil ich es geschafft habe, Sie zu überzeugen, dass die kommenden Jahre, Jahrzehnte etwas sind, worauf wir uns freuen können.

Wir schauen in den Raum hinein. Mal checken, wo wir hier überhaupt sind. An der Tür steht eine Tafel.

Internationaler ZukunftsMacherkongress – Alumnitreffen

Hm, was soll das bedeuten? Sie sehen sich die Menschen in diesem Raum etwas näher an. Die unterhalten sich locker miteinander. Sie müssen genauer hinschauen, um sie zu erkennen. Was Sie sehen, können Sie kaum glauben: Da drüben steht Muhammed Ali! Und unterhält sich mit Martin Luther King. Sie reiben sich die Augen. Daneben lacht Mutter Theresa laut auf, offenbar hat Steve Jobs neben ihr gerade einen guten Witz gemacht.

ZukunftsMacherkongress? Hm … Sie fragen sich, wie Sie hier gelandet sind. Schließlich sind diese Menschen hier wirklich Vorbilder für das entschiedene Vorangehen in Zeiten des starken Wandels. Sei es im technologischen, im humanitären, im politischen oder im sportlichen Bereich.

Sie fragen sich, was ausgerechnet wir beide unter all diesen historisch bedeutsamen Menschen zu suchen haben.

„Wir haben uns alle bemüht, das Notwendige zu tun. Das können Sie auch", sagt Mahatma Gandhi neben Ihnen und zwinkert uns beiden zu.

JETZT!

Es war vor 19 oder 20 Jahren, ich saß in der überfüllten Aula des Wuppertal-Instituts für Klima, Umwelt, Energie und erlebte einen Schlüsselmoment, den ich seither nie mehr vergessen habe.

130, vielleicht 140 Menschen hatten sich in den Raum gedrängt, weil sie den Vortrag des Präsidenten des Hauses hören wollten: Ernst Ulrich von Weizsäcker – eine der herausragenden europäischen Figuren in Sachen Umwelt- und Klimaforschung. Das Wuppertal-Institut war auch zu diesem Zeitpunkt schon eine der weltweit ersten Adressen, wenn es um die Themen Nachhaltigkeit, Klima, Umwelt und Energie ging. Ein Think Tank der ersten Stunde.

Das Thema Klimaschutz war in dieser Zeit noch keine großen Schlagzeilen wert, es drang darüber kaum etwas über die wissenschaftlichen Kreise hinaus an die Öffentlichkeit.

Von Weizsäcker sprach davon, dass der Kohlenstoff, den wir heute über die Verbrennung fossiler Energieträger freisetzen, ursprünglich in der Atmosphäre war. Und dass er erst später durch einen jahrhunderttausende langen Prozess in die Erdkruste hineingewandert war.

Er schilderte sehr eindrücklich den Veränderungsprozess in der Atmosphäre, den wir durch das zunehmende Freisetzen dieses in der Erde gespeicherten Kohlenstoffes auslösen: die Erderwärmung. Und dann kam eine Aussage, die mich und die Zuhörer um mich herum für einen Moment erstarren ließ.

Er machte uns klar, wie viel Kohlenstoff wir heute unbekümmert an einem einzigen Tag freisetzen: Er beschrieb anschaulich, in welch wahnsinnig kurzer Zeit wir, die Menschheit, mittlerweile die Menge an Kohlenstoff freisetzen, die in der Vorzeit eine Million Tage gebraucht hatte, um in die fossilen Speicher in der Erdkruste zu gelangen:

An nur EINEM einzigen Tag!

Trotz der vielen Menschen im Raum herrschte atemlose Stille. Ich war schockiert und merkte, wie es in allen Köpfen arbeitete und wie wir alle diese Information zu verdauen versuchten. Zum ersten Mal begriff ich in diesem Moment so richtig, dass ich mit meiner Art zu leben zu dieser Erwärmung unseres Klimas beitrug. Einer Erwärmung, die mit all ihren katastrophalen Auswirkungen am Ende die Überlebensfähigkeit der Menschheit auf diesem Planeten bedroht.

Ich erkannte, dass ich Teil des Problems war. Und dass es auch auf mich ankommt, JETZT etwas daran zu ändern.

Ab diesem Tag keimte in mir der Wille, endlich auch Teil der Lösung zu werden.

Ich begann, die Welle, die sich da auftürmt, zu sehen und zu deuten. Noch nicht in allen Facetten, noch nicht in aller Konsequenz. Und doch klar genug, um zu erkennen, dass ich etwas tun kann und auch tun muss.

Vieles habe ich seither in Frage gestellt, unendlich vieles neu gedacht und gemacht. Ich habe mich auf Experimente eingelassen, neue Technologien eingekauft und ausprobiert. Habe im Machen unendlich viel gelernt. Was geht und was eben noch nicht geht. Viele neue Erkenntnisse gesammelt. Über mich und andere, über meine kleine Welt und die da draußen.

Dieser Tag und dieser Mann haben mein Leben verändert.

Mich treibt es seit vielen Jahren um, Menschen mitzunehmen und sie dafür zu begeistern, ihren Beitrag zu leisten, damit das Unmögliche eben möglich wird. Ich glaube fest daran, dass es nur gelingen wird unsere Welt, oder besser gesagt unsere Gesellschaft, zu retten, wenn wir alle unseren ganz persönlichen Beitrag leisten, jeder im Rahmen seiner Möglichkeiten.

Es sind alles Menschen die diese technologischen Innovationen voran treiben, Menschen wie Sie und ich. Wir sind die, die diese Gesellschaft unendlich weit nach vorne und zugleich an den Rand des Abgrunds gebracht haben.

Es ist jetzt an der Zeit, dass wir uns entscheiden.

Denn wir leben nunmal in der spannendsten, aufregendsten und gefährlichsten Zeit der Menschheitsgeschichte.

Wollen wir Opfer, Täter oder Retter sein?

Wollen wir zusehen wie alles zerstört wird und die ewig gestrigen wieder die Oberhand gewinnen und uns unsere Lebensgrundlage geraubt wird, oder wollen wir endlich aufstehen und uns wehren?

Sind wir bereit, aus der Komfortzone herauszukommen und endlich etwas zu riskieren? Sind wir bereit, gemeinsam den MUT aufzubringen, den es jetzt braucht? In dieser besonderen Zeit?

Meine Bitte an Sie ist einfach: Fangen Sie jetzt an, wenn Sie es nicht längst getan haben, bitte kämpfen Sie für unsere gemeinsame Zukunft:

Bitte werden Sie alle ZukunftsMacherinnen und ZukunftsMacher.

Ich lade Sie alle in mein Netzwerk ein.

Werden Sie Mitglied einer großen Community und lassen Sie uns gemeinsam für unsere Zukunft kämpfen.

www.derzukunftsmacher.de

VITA

Leidenschaft und glasklare Analyse, Begeisterung für Zukunftstechnologien und aktives Engagement für ein menschlicheres Miteinander in der Zukunft – das macht Jörg Heynkes aus.

Der erfolgreiche Unternehmer und Autor beweist jeden Tag, dass soziales und ökologisches Engagement und ökonomischer Erfolg nicht im Widerspruch zueinander stehen müssen.

Er übt aktuell seinen elften Beruf aus, leitet mehrere Unternehmen, in denen er unter anderem auch häufig mit Robotern und künstlicher Intelligenz arbeitet, und ist an zahlreichen Forschungsprojekten zu technologischer und gesellschaftlicher Transformation beteiligt.

Jörg Heynkes kämpft darum, durch die Nutzung neuer Technologien und gesellschaftliche Entwicklung den Klimawandel zu begrenzen und ein Überleben der Menschheit zu ermöglichen.

Mit der Begeisterung des Aktivisten und der Tatkraft des Machers begeistert er sein Publikum und wirbt für eine bessere und gerechtere Welt, die wir dank der Digitalisierung erreichen können – wenn wir jetzt anfangen, sie zu gestalten. Wenn wir endlich vom Denken ins Handeln kommen.